All about KOREAN SIDE DISH

짜지 않은
반찬

김외순

현재 대경대학 호텔조리학부 호텔조리학과 교수로
재직 중이며 쿠띠프 요리 교실을 운영하고 있다.
식재료, 영양학, 조리법 등 음식 전반에 걸친 탄탄한
이론과 노하우로 방송, 강연, 촬영, 메뉴 개발 및
컨설팅 등 여러 방면에서 활발하게 활동하고 있다.
전통 한식부터 실용 반찬, 향토 요리, 건강 요리 등
각종 한식을 총망라해 선보이며 무엇보다 실용적인
요리를 추구한다. 〈우먼센스〉 〈여성중앙〉 〈퀸〉 〈주부생활〉
〈여성동아〉 〈여성조선〉 〈에쎈〉 〈쿠켄〉 〈베스트베이비〉
〈리빙센스〉 등 국내 유수의 잡지를 비롯해
EBS '최고의 요리 비결', KBS '무엇이든 물어보세요',
MBC '생방송 오늘' 등 각종 방송에 출연하면서
다양한 요리와 살림 정보를 소개하고 있다.

저서
〈짜지 않은 아이 반찬〉
〈과일식초 건강요리 49가지〉
〈저칼로리 고구마밥상 50가지〉
〈체질밥상 보약밥상〉
〈따뜻한 가족밥상〉
〈1주일 1만원 도시락〉
〈김치가 쉽다〉

All about KOREAN SIDE DISH

짜지 않은
반찬

건강을 생각한다면,
단순하지만 소박한 우리 맛을…

저는 시장에서 계절의 변화를 제일 먼저 알아챕니다. 향긋한 달래와 냉이가 소복하게 쌓여 있는 모습을 보면 그제서야 등 뒤로 내리쬐는 봄 햇살이 따뜻하게 느껴지고, 파릇한 오이와 탱글탱글한 풋고추가 눈에 띄면 여름이 성큼 다가온 걸 느끼죠. 요즘엔 계절이 무색하게 사시사철 못 구하는 재료가 없다지만, 그래도 제철에 나오는 재료만 할까요? 시장에 가면 계절이 바뀔 때마다 쏟아져 나오는 갖가지 신선한 채소와 과일, 물 좋은 해산물 등이 제 발길을 멈추게 합니다. '오늘은 뭘 살까?' '아, 이런 재료가 나올 때가 됐구나!' 이것저것 자꾸만 장바구니 속으로 집어넣고 싶은 욕심을 억누르느라 애써 발걸음을 재촉하곤 하지요.

저는 음식을 만들면서 수많은 레시피를 개발하는 입장이지만 가족을 위한 음식은 항상 간단하면서 재료의 특성을 잘 살릴 수 있는 메뉴 위주로 식탁에 올립니다. 너무 많은 부재료를 첨가하거나 이런저런 양념에 의존하기보다 각 재료가 갖고 있는 맛과 식감, 영양을 최대한 살려서 요리하는 게 가장 건강하고 맛있는 음식을 만드는 비결이라고 생각하기 때문이죠.
최근엔 건강식에 대한 관심이 무척 높아서 몸에 좋다는 음식들을 찾아다니면서 먹는 세상이지만, 건강식은 특별한 게 아닙니다. 재료의 궁합을 잘 맞춰서 먹고, 과하거나 부족하지 않게 먹고, 짜거나 자극적인 맛에 탐닉하지 않고, 소박하고 단순하게 먹는 것이지요.
특히 외식이나 패스트푸드를 즐겨 먹는 사람들이 많아서 대체로 입맛이 짠맛에 익숙해져 있어요. 짠맛이 건강에 해롭다는 건 익히 알려진 사실이지요. 그러니 가능하면 외식을 줄이고 집에서 손수 만들어 가족들 밥상을 준비하면 어떨까요? 다소 서툴더라도, 또 조금 번거롭더라도 가족을 사랑하는 마음과 정성을 보탠다면 세상 그 어떤 음식보다도 맛있는 맛을 낼 수 있답니다.

한식은 밥이 주식이기 때문에 반찬이 무엇보다도 중요합니다. 그래서 매일 어떤 반찬을 만들어야 좋을지가 살림하는 주부들의 고민거리지요. 이 책은 주부들의 고민을 어떻게 하면 조금이나마 덜어줄 수 있을까 하는 생각으로 만들었습니다. 늘 먹는 익숙한 재료이지만, 우리 입맛에 가장 잘 맞고 건강에 좋은 것들만 골라서 간단하게 조리하면서도 맛은 최대한 살린 레시피들이 수두룩하게 담겨 있으니까요. 모쪼록 이 책을 통해서 밥상 차리는 일이 부담 없고 즐거운 일이 되길 바랍니다.

2013년 9월
요리연구가 김외순

CONTENTS

이제는 저염 밥상이다
- 014 왜, 소금이 문제일까?
- 016 몸속에 쌓인 염분, 쏙 빼주는 '칼륨' 식품
- 018 짜지 않게! 저염 반찬 만들기

PART 01

사계절 건강한 식탁
채소 반찬

- 022 오이나물
- 024 오이생채
- 026 오이고추장무침
- 028 가지나물
- 030 가지튀김
- 032 가지채소볶음
- 034 애호박눈썹나물
- 036 애호박새우젓볶음
- 038 호박전
- 040 풋고추잡채
- 042 풋고추전
- 044 피망어묵볶음
- 046 피망잡채
- 048 감자채볶음
- 050 알감자조림
- 052 감자양파간장조림
- 054 콩나물무침
- 056 콩나물매운무침
- 058 콩나물간장볶음
- 060 콩나물다시마냉채
- 062 숙주나물
- 064 숙주굴소스볶음
- 066 숙주오이냉채
- 068 마늘종보리새우볶음
- 070 마늘종초고추장무침
- 072 시금치나물
- 074 시금치오징어무침
- 076 시금치들깨볶음
- 078 깻잎나물
- 080 깻잎참치전
- 082 양배추볶음
- 084 양배추찜
- 086 미나리나물
- 088 미나리숙주무침
- 090 부추오이무침
- 092 부추액젓무침
- 094 부추장떡
- 096 쑥갓나물무침
- 098 쑥갓겉절이
- 100 상추겉절이

102	참나물무침	162	모둠버섯잡채
104	참나물겉절이	164	양송이두반장조림
106	배추꼬막무침	166	표고버섯고구마조림
108	배추느타리버섯굴소스볶음	168	표고버섯찜
110	봄동겉절이	170	새송이버섯간장볶음
112	봄동나물	172	팽이버섯폰즈소스냉채
114	열무홍합살볶음	174	김자반
116	열무된장무침	176	김간장무침
118	얼갈이겉절이	178	미역레몬고추장소스무침
120	냉이무침	180	미역줄기볶음
122	냉이콩가루된장무침	182	미역깨무침
124	달래묵무침	184	다시마조림
126	달래오이무침	186	다시마말이
128	브로콜리마늘볶음	188	파래무무침
130	두릅된장무침	190	파래굴전
132	두릅숙회	192	톳두부무침
134	무나물	194	톳콩나물무침
136	무생채	196	고사리나물
138	무다시마조림	198	취나물볶음
140	연근조림	200	마른호박볶음
142	연근빈대떡	202	마른호박돼지고기볶음
144	우엉조림	204	마른가지볶음
146	우엉채볶음	206	마른가지소고기볶음
148	도라지나물	208	시래기된장지짐이
150	도라지생채	210	시래기들깨볶음
152	더덕생채	212	무말랭이액젓무침
154	더덕구이	214	무말랭이간장조림
156	씀바귀토장무침	216	도토리묵무침
158	애느타리버섯나물	218	청포묵무침
160	느타리버섯전	220	메밀묵김치무침

PART 02

바다의 싱싱함이 깃든
생선&해산물 반찬

224 가자미양념조림	284 삼치된장구이
226 가자미살감자조림	286 삼치조림
228 갈치무조림	288 청어소금구이
230 갈치양념구이	290 양미리조림
232 갈치생강간장구이	292 양미리찜
234 조기고추장조림	294 굴튀김
236 조기찜	296 굴전
238 조기탕수	298 꼬막과 양념장
240 굴비양념구이	300 꼬막살채소무침
242 임연수어소금구이	302 오징어볶음
244 임연수어고구마조림	304 오징어불고기
246 코다리조림	306 오징어미나리초고추장무침
248 코다리콩나물찜	308 통오징어양념구이
250 북어양념구이	310 오징어링조림
252 동태매운조림	312 주꾸미매운볶음
254 동태살전	314 주꾸미마늘구이
256 명태무조림	316 낙지콩나물매운볶음
258 대구조림	318 낙지해초무침
260 대구포두반장볶음	320 새우케첩볶음
262 대구살풋고추조림	322 새우튀김
264 대구살베이컨말이	324 새우장
266 꽁치소금구이	326 꽃게무침
268 꽁치강정	328 꽃게장
270 꽁치고추장조림	330 꽃게튀김
272 꽁치깻잎채소말이튀김	332 도미찜
274 고등어소금구이	334 병어양념구이
276 고등어김치조림	336 장어양념구이
278 고등어무조림	338 문어초무침
280 자반고등어찜	340 패주버터구이
282 삼치간장구이	342 연어구이

PART 03

영양 가득 푸짐한
고기반찬

- 346 닭봉매운조림
- 348 닭고기매운볶음
- 350 닭다리살튀김고추장소스
- 352 닭고기채소조림
- 354 닭고기간장찜
- 356 닭고기김치찜
- 358 닭안심견과류볶음
- 360 닭가슴살가지볶음
- 362 닭다리살피망볶음
- 364 닭가슴살겨자소스냉채
- 366 닭다리살고추장꼬치
- 368 닭가슴살카레소스구이
- 370 닭다리살양념구이
- 372 돼지고기고추장볶음
- 374 돼지고기두반장볶음
- 376 돼지고기김치볶음
- 378 돼지고기부추볶음
- 380 돼지갈비찜
- 382 돼지고기생강구이와 파채무침
- 384 돼지고기배추찜
- 386 돼지고기삼합
- 388 돼지고기강정
- 390 돼지고기양배추볶음
- 392 삼겹살청양고추소스무침
- 394 소고기버섯불고기
- 396 소고기청경채굴소스볶음
- 398 소고기꽈리고추볶음
- 400 소갈비찜
- 402 소고기사태매운찜
- 404 소고기무양념조림
- 406 소고기완자조림
- 408 소고기감자고추장조림
- 410 소고기오이볶음
- 412 소고기단호박찜
- 414 떡갈비새송이버섯찜
- 416 소고기숙주냉채
- 418 소고기채소말이조림

PART 04

몸에 좋은 완전식품
두부 & 달걀 반찬

- 422 두부구이양념조림
- 424 두부멸치양념조림
- 426 두부명란조림
- 428 두부강정
- 430 연두부와 양념장
- 432 구운두부냉채
- 434 두부햄전
- 436 두부잡채
- 438 두부참치동그랑땡
- 440 두부채소볶음
- 442 두부굴소스볶음
- 444 두부매운볶음
- 446 두부선
- 448 두부통새우찜
- 450 두부날치알무침
- 452 두부소박이
- 454 달걀새우젓찜
- 456 가쓰오부시달걀찜
- 458 달걀두부찜
- 460 달걀명란뚝배기찜
- 462 달걀말이
- 464 달걀김말이
- 466 달걀치즈말이
- 468 달걀부추볶음
- 470 달걀새우볶음
- 472 달걀햄구이
- 474 달걀견과류매운조림

계량컵
1컵은 200cc로 일반적으로 종이컵이나 찻잔도 200cc이므로 계량컵이 없으면 종이컵이나 찻잔으로 계량해도 양이 동일하다. 또 일반 밥공기는 250cc 정도로 생각하면 된다.

- 계량컵 1컵 = 200cc
- 종이컵, 찻잔 1컵 = 200cc
- 밥공기 1공기 = 250cc

계량스푼
1큰술은 밥숟가락 2술과 비슷하고, 계량스푼 1작은술은 찻숟가락 1½술과 비슷하다.

- 계량스푼 1큰술 = 15cc
- 계량스푼 1작은술 = 5cc
- 밥숟가락 1술 = 7.5cc
- 찻숟가락 1술 = 3cc

PART 05 매일 반찬 걱정 없는 저장 밑반찬

- 478 소고기장조림
- 479 돼지고기장조림
- 480 닭가슴살마늘장조림
- 481 메추리알호두장조림
- 482 꽈리고추달걀장조림
- 483 새송이버섯장조림
- 484 마른홍합조림
- 486 멸치간장볶음
- 487 뱅어포구이
- 488 오징어채무침
- 489 마른새우볶음
- 490 북어채무침
- 491 오이양파피클
- 492 무비트파프리카피클
- 494 연근우엉피클
- 495 양배추오이피클
- 496 배추풋고추피클
- 498 양파장아찌
- 499 고추장아찌
- 500 오이간장장아찌
- 501 오이지무침
- 502 마늘장아찌
- 503 마늘종간장장아찌
- 504 삭힌고추무침
- 505 삭힌깻잎양념
- 506 김장아찌
- 507 도라지고추장장아찌
- 508 더덕고추장장아찌
- 509 오징어젓무침
- 510 조개젓무침
- 511 명란젓무침
- 512 어리굴젓무침
- 513 김부각
- 514 깻잎부각
- 515 고추부각
- 516 다시마와 미역튀각

요리가 쉬워지는 책 속 부록

- 518 맛 & 건강 담은 홈메이드 천연 조미료
- 520 요리에 자신만만! 양념장 & 소스
- 522 맛내기 공략, 4대 조리법 마스터하기

524 INDEX

이제는 저염 밥상이다

한국인의 **건강을 위협하는** 가장 큰 원인은 **짜게 먹는 습관**이다. 사시사철 밥상에 오르는 김치, 장아찌와 젓갈류 같은 저장식품, 국과 찌개 등이 오랜 세월 우리 입맛을 짠맛에 길들여 놓은 것이다. 그래서 음식이 싱거우면 맛이 없게 느끼고 자꾸 짠맛을 찾게 되는 악순환이 반복된다. 건강해지고 싶다면 이제부터라도 음식을 짜지 않게 먹고, 짠맛에 탐닉하기보다는 **싱거운 맛에 익숙**해지도록 신경 쓴다. 그리고 **재료 본연의 맛**에 다가가자.

왜, 소금이 문제일까?

소금은 인체에 꼭 필요하지만 과하면 문제가 생긴다.
짜게 먹는 습관은 고혈압이나 심혈관계 질환, 암 등을 유발할 수 있기 때문.
건강 유지에 필요하기도 하고 질병을 부르기도 하는 소금의 진실.

소금은 인류가 만든 원초적인 조미료
소금은 초기 인류가 소금으로 음식에 맛을 더하는 방법을 알기 수십억 년 전부터 지구가 만들어낸 원초적인 조미료라 말할 수 있다. 소금은 우리가 먹는 그 어떤 물질과도 다르다. 소금은 단순한 무기 미네랄이며, 바닷물 속에 들어온 암석들로부터 나온다. 소금은 필수영양소로 인체에 없어서는 안 되는 화학물질이며, 우리가 먹는 음식에 맛을 내는 기본적인 양념으로 천연 원료다. 또 음식의 향을 강하게 하고 쓴맛을 완화하며 식탁에 올려 개인의 취향에 따라 첨가할 수 있는 몇 안 되는 재료 중의 하나다.
쓴맛이 나는 잎사귀를 좀 더 먹음직스럽게 만들었다는 뜻을 지닌 '샐러드'와 '소스' 외에 '소시지' 역시 '소금'에서 이름이 유래되었다. 소시지를 만드는 과정에서 소금은 단순한 맛 내기 재료 이상의 역할을 하기 때문인데, 소금은 기본적인 화학적 성질 덕분에 다른 재료들을 쓸모 있게 바꾸기도 한다.

소금은 음식을 보존하고 맛을 좋게 한다
나트륨은 물에서 용해되어 전하를 띤 원자들(양전하를 띠는 나트륨 이온과 음전하를 띠는 염소 이온)로 나뉜다. 이 원자들은 어떤 분자들보다 작고 움직임이 자유로워서 우리가 먹는 음식에 쉽게 침투하며 단백질이나 식물 세포벽들과 유용한 방식으로 반응한다. 어떤 종류의 농축액이든 삼투압에 의해 수분을 끌어내기 때문에 음식에 들어 있는 소금은 부패 박테리아의 증식을 억제하는 한편 소금에 내성이 있는 박테리아의 증식을 허용한다. 그 결과 음식을 보존하면서 맛을 좋게 해준다.

짠맛을 좋아하는 것은 반복된 식습관의 결과다
짠맛에 대한 민감성은 사람에 따라 다르다. 같은 음식을 먹어도 어떤 사람은 짜다고 하고 어떤 사람은 적당하다거나 싱겁다고 다르게 말하는 경우가 많기 때문이다. 혀바닥에 있는 미각 수용체의 숫자, 건강, 나이, 경험 등 여러 가지 요인에 의해 이렇게 말하는 것아다. 젊은 성인들은 물 10ℓ에 소금 1작은술이 녹아 있는, 농도가 0.05%인 소금 용액의 짠맛을 인지할 수 있지만, 60세 이상의 성인은 일반적으로 이보다 염도가 두 배 더 높아야 짠맛을 느낄 수 있다. 짠맛에 대한 기본적인 선호는 선천적인 것으로 보이는데 그것은 소금이 필수영양소이기 때문이다. 그러나 특정한 짠 정도를 좋아하는 것은 반복된 식습관과 경험으로 형성된 것이라고 할 수 있다. 일정한 짠맛에 지속적으로 노출되면 더 짠맛을 원하게 되기도 한다. 이렇게 맛의 기댓값이 달라지는 데 걸리는 시간은 2~4개월 정도이다.

소금을 많이 먹으면 고혈압을 부른다

염소 이온과 나트륨 이온은 인체의 과학적 균형을 유지하는 데 필수적인 성분. 이들은 대부분 인체의 모든 세포들을 둘러싸고 있는 혈장(혈액 중의 액체 부분)에 머물며, 그곳에서 세포 안에 들어 있는 칼륨을 비롯한 이온들과 균형을 맞춘다. 하루 소금 필요량은 1g 정도. 하지만 신체 활동을 통해 약간의 체액과 미네랄이 손실되므로 권장량은 1g보다 조금 더 필요하다.
오랫동안 의학자들은 지속적으로 소금을 과잉 섭취하면 혈관 속 혈장의 부피가 과도하게 늘어나 고혈압이 유발되고, 고혈압으로 인해 혈관이 손상되며 심장병과 뇌졸중 위험이 증가한다고 생각해왔다. 현재로서는 혈압에 영향을 미치는 가장 유익한 습관은 칼륨과 칼슘, 각종 미네랄이 풍부한 채소와 과일, 씨앗 등을 많이 섭취하는 것과 심혈관계를 훈련하는 운동을 병행하는 것이다.

소금은 신장과 뼈, 소화기관에도 나쁜 영향을 미친다

나트륨을 과도하게 섭취하면 신장의 활동이 많아진다. 신장은 체내의 여러 시스템을 조율하는 것을 돕는 기관인데, 이 신장이 혈액으로부터 나트륨을 흡수해 배출한다. 그러므로 나트륨을 많이 섭취하면 신장이 통제하는 기관에 간접적인 영향을 끼칠 여지가 많다. 소금이 뼛속의 칼슘 유실을 초래해 칼슘 섭취 요구량이 늘어나고 만성질환을 악화시킨다는 증거가 있다. 우리 몸은 과도한 염분을 희석하고 배출시키지만, 소화계의 표면이 잠재적으로 염분에 노출되어 손상될 수 있고 이 때문에 소화계의 여러 가지 암 발병 위험을 높인다는 증거도 있다.

요오드가 첨가된 소금은 갑상샘 조절에 유용하다

소량의 요오드화칼륨이 함유된 요오드 첨가 소금은 갑상샘이 적절하게 기능하는 데 필수적인 미네랄을 공급한다. 갑상샘은 인체의 열 생산과 단백질 대사, 신경계 발달을 관장한다. 요오드는 염소의 화학적 사촌이며 물고기나 해초, 해안가에서 자라는 농작물 등에서 발견된다. 중국의 농촌 지역은 요즘에도 요오드 결핍이 심각한 문제인데, 요오드 결핍은 아이들의 신체적·정신적 장애를 유발한다.

밥상에 자주 오르는 소금 도둑

라면 국민 간식으로 굳건하게 자리 잡은 라면. 요즘엔 한 끼 식사로 라면을 선택하는 경우도 많은데, 염분 함유량이 많은 요주의 식품이다. 라면을 끓일 때에는 수프의 양을 절반 이하로 줄여서 넣고 국물은 먹지 않는다.

마른 생선 멸치, 새우, 북어포 등은 칼슘이나 단백질 공급원으로 좋지만, 염분 함량이 높아서 주의해야 한다. 특히 멸치볶음은 염분이 많은 멸치에 간장까지 넣어 볶으므로 기름을 붓는 격. 물에 여러 번 씻어서 소금기를 빼낸 뒤 조리해야 한다.

단무지 김밥 속 재료로 빠지지 않고 들어가는 단무지 역시 소금에 절여서 만들기 때문에 그 어떤 식품보다도 염분 함량이 높다. 특히 아이들이 먹는 김밥 재료로는 적당치 않으므로 오이나 다른 재료로 대신하는 것이 좋다.

햄과 소시지 가공식품은 대부분 염분 함량이 매우 높은데 햄과 소시지도 예외는 아니다. 가능하면 먹지 않는 것이 좋지만, 꼭 먹어야 할 때에는 끓는 물에 데쳐 염분을 뺀 뒤 간하지 않고 조리한다.

장아찌와 젓갈류 오랫동안 우리 밥상에 꾸준히 올라온 장아찌와 젓갈류는 소금 범벅이나 다름없다. 특히 시판하는 제품은 보관 기간을 늘리기 위해 상당한 양의 소금을 사용한다. 아이들이 잘 먹는 피클도 마찬가지. 가능하면 먹지 않는 것이 가장 좋고, 집에서 담글 때는 소금의 양을 줄이고 조금씩만 담가서 며칠 안에 다 먹도록 한다.

김치류 한국인의 염분 과다 섭취에 일조하는 것이 바로 김치류이다. 발효식품으로서의 우수성도 있지만 염분 과다 섭취라는 문제도 있는 만큼, 효과적인 섭취가 필요하다. 오래 보관해두고 먹기보다는 조금씩 짜지 않게 담가서 먹거나 즉석에서 겉절이로 만들어 먹는 방법이 권할 만하다.

국물류 국, 탕, 찌개, 전골 등의 국물이 문제. 소금물을 마시는 거나 다름없기 때문이다. 국물을 싱겁게 조리하거나 국물은 먹지 않고 건더기만 건져 먹는 것이 좋다.

몸속에 쌓인 염분, 쏙 빼주는 '칼륨' 식품

짠맛에 길들여진 입맛을 당장 바꾸기 어렵다면 몸속에 쌓인 염분을 배출하는 '칼륨'에 주목하자.
칼륨은 체내에 쌓여 있는 염분을 배출해 고혈압인 사람들이 꼭 챙겨 먹어야 할 만큼 염분 걱정을 덜어준다.

오이
수분을 90% 이상 함유해 이뇨 작용이 뛰어나고 수분 배출을 원활하게 해준다. 칼륨이 풍부해서 몸속에 쌓인 염분을 배출하는 효능도 뛰어나다. 평소에 몸이 자주 붓거나 짠 음식을 즐겨 먹는다면 오이를 많이 먹어 소변을 통해 체내의 염분을 배출하도록 한다. 오이는 굳이 조리하지 않고도 먹을 수 있는 채소이므로 과일 대신 간식으로 먹거나 싱겁게 담근 오이무침을 김치 대용으로 먹으면 좋다.

상추
칼륨과 식이 섬유가 풍부한 편. 대개 상추는 쌈으로 많이 먹는데, 짠맛이 강한 쌈장의 양만 잘 조절한다면 궁합이 잘 맞는 섭취법이다. 오이, 당근 등을 넣어 양념장에 버무린 겉절이로 즐기는 방법도 권할 만하다.

감자
열을 내리는 효과가 뛰어나 몸에 열이 많은 사람이 먹으면 좋다. 칼륨도 풍부해서 몸속의 나트륨을 배출하는 데 도움이 된다. 감자를 삶아서 간식으로 먹거나 짜지 않게 조리해 밥반찬으로 즐긴다. 감자를 갈아서 만든 즙을 공복에 마시면 고혈압인 사람의 혈압 조절에도 효과 만점.

고구마
혈관에 쌓인 염분을 배출해 혈관을 깨끗하고 튼튼하게 해준다. 식이 섬유도 많아 숙변을 제거하고 변비를 예방하는 데도 도움이 된다. 가능한 한 껍질째 삶아서 먹는 것이 좋으므로 하루에 한 개 정도는 삶은 고구마를 챙겨 먹자.

당근
몸속의 염분을 배출하고 식이 섬유도 많아 변비 예방에 좋다. 당근은 단맛이 진한 채소이므로 생것 그대로 간식처럼 먹어도 좋고, 사과와 함께 갈아서 주스로 마시면 많은 양을 먹을 수 있다. 감자와 함께 볶아 먹어도 좋다.

양배추
체내의 염분 밸런스를 조절하는 효과가 있다. 익히면 효능이 떨어지므로 가능하면 생것으로 먹는다. 곱게 채 썰어서 샐러드로 먹거나 당근과 사과를 함께 넣고 갈아 주스로 만들어 마신다. 양배추를 데쳐서 쌈으로 먹고 그 물을 마시는 방법도 있다.

토마토
칼륨이 풍부해 염분 배출은 물론 체내 수분을 조절하는 효능이 있다. 생것 그대로 먹거나 주스로 갈아 마셔도 되고, 샐러드나 소스 등으로 즐겨도 된다. 흔히 토마토는 설탕보다는 소금과 궁합이 맞는다고 하지만 저염식을 위해서라면 굳이 소금과 함께 먹을 필요는 없다.

아스파라거스
엽산과 칼륨이 풍부한 아스파라거스는 혈압 조절에 도움이 되고 나트륨 배출 효과도 뛰어나다. 데쳐서 샐러드에 곁들이거나 볶음밥 등에 넣어 먹는다. 당근, 오이 등과 함께 즙을 내서 마시면 염분 배출 효과를 높이고 한 번에 많은 양을 먹을 수 있다.

바나나
칼륨뿐 아니라 무기질과 펙틴도 풍부해 변비 예방에 좋다. 고혈압이 있는 사람이 하루에 바나나 한 개씩 먹으면 뇌졸중에 걸리는 것을 예방할 수 있을 정도로 혈압 조절에 좋은 과일이다.

사과

칼륨이 풍부한 대표적인 과일. 식이 섬유인 펙틴도 많아 콜레스테롤 수치를 떨어뜨리는 작용을 한다. 펙틴은 장운동을 활발하게 해줘 변비 예방에도 좋다. 펙틴은 껍질에 많이 들어 있으므로 깨끗하게 씻어 껍질째 먹는다. 양배추, 당근 등과 함께 갈아서 먹는 것도 좋다. 사과는 아침에 먹는 것이 가장 좋으므로 가능하면 아침에 한 개씩 챙겨 먹도록.

건강을 위협할 수 있는 **나.트.륨.**

건강을 위협하는 것은 단순히 소금이 아니라 소금에 함유된 나트륨 성분이다. 나트륨은 체내의 수분 조절에 관여하여 근육의 자극 반응을 조절하고, 근육의 수축과 혈액의 양, 혈압을 유지하는 역할을 한다. 나트륨이 부족하면 신장병, 설사, 구토, 발한, 단백질 결핍이 나타나지만, 대개 나트륨은 모든 식품에 어느 정도 들어있기 때문에 결핍증은 거의 나타나지 않는다. 오히려 나트륨을 너무 많이 섭취하면 혈액 내 수분이 많아져서 혈압이 높아지고 위에 부담을 주어 고혈압과 위암의 가능성이 높아진다. 그러므로 가능하면 염분 섭취를 줄여 나트륨이 체내에 흡수, 축적되는 것을 막아야 한다.

짜지 않게! 저염 반찬 만들기

WHO(세계보건기구)에서 권장하는 나트륨의 하루 권장량은 2000mg 미만이다.
그러나 한국인의 하루 평균 나트륨 섭취량은 4900~5000mg으로 권장량보다 훨씬 많다.
김치, 젓갈, 장아찌, 국 등을 적게 혹은 싱겁게 먹어 지금보다 나트륨 섭취량을 절반 이하로 줄여야 한다.

나물류는 먹기 직전에 양념하거나 찍어 먹는다
나물은 양념에 무쳐두면 시간이 지나면서 간이 싱거워지기 때문에 더 많은 간을 첨가하게 된다. 그러므로 삶은 나물은 미리 양념에 무쳐두지 말고 먹기 직전에 무친다. 또 양념을 만들어두었다가 먹을 때 찍어 먹으면 입에서 느끼는 간은 똑같지만 실제 섭취하는 염분은 훨씬 적어진다.

채소는 무침이나 겉절이보다 가능한 한 생으로 먹는다
채소는 되도록 간을 해서 조리하기보다 생으로 먹는 것이 염분 섭취를 줄이는 방법이다. 오이무침보다는 생오이, 양념에 버무린 상추겉절이보다는 상추쌈, 양배추김치 보다는 양배추샐러드를 먹는 식이다.

조림이나 볶음에 육수를 넣으면 짠맛을 줄일 수 있다
조림, 볶음, 국 등을 만들 때는 소금이나 간장의 양을 줄이고 다시마 국물이나 멸치국물 등을 섞으면 자연적으로 간이 되고 감칠맛도 더 좋다.

불고기는 간장과 육수를 섞어서 양념한다
불고기 양념을 할 때 간장을 그냥 넣어 짠맛이 강하게 배어들게 하기보다는 육수와 간장을 섞어 희석한 뒤 양념해 짠맛을 줄인다. 또 과일, 채소 등을 많이 넣어서 짠맛이 강해지지 않도록 하는 것도 좋다.

절임 반찬은 염도를 낮춰 보관기간을 줄인다
장아찌나 젓갈, 김치처럼 소금에 오랫동안 절인 채소는 짠맛이 많이 배어 있으므로 가능하면 자제하고, 장아찌나 젓갈을 만들더라도 소금에 절이는 시간을 줄이거나 식초 등에 절여 염분 흡수량을 줄인다.

향이 강한 양념이나 재료를 적극 활용한다
소금으로만 100% 간을 맞추기보다 향이 강한 채소를 많이 넣거나 고춧가루, 마늘 등의 향이 강한 양념을 적절히 넣으면 간의 필요성을 잘 느끼지 못한다.

신맛 나는 재료를 가까이한다
음식을 싱겁게 만들면 대부분 간이 맞지 않아서 맛없다고 느끼는 경향이 있다. 이럴때는 레몬즙이나 매실청, 오미자청 같은 신맛 나는 재료를 첨가하면 소금 간을 적게해도 싱겁거나 맛없다는 생각이 그다지 들지 않는다. 신맛 자체가 강해서 싱거운 맛을 잘 느끼지 못하게 하기 때문이다.

저나트륨 미네랄 소금을 사용한다
같은 소금이라도 정제염은 염분이 섭취된 다음 몸 밖으로 배출되지 않지만 미네랄 소금은 입에서 느끼는 짠맛은 그대로지만 실제 몸 밖으로 배출되는 나트륨의 양은 더 많다. 그러므로 소금을 고를 때는 미네랄이 함유된 천연 소금을 선택한다.

저염 간장·된장·고추장을 먹는다
요즘엔 간장, 된장, 고추장을 집에서 담가 먹는 대신 시판하는 제품을 사 먹는 가정이 점점 늘고 있는 추세다. 시판 제품을 구입할 때는 가능하면 저염 제품을 구입하도록 한다.

나트륨 배출 효과가 있는 식품을 먹는다
이미 짠맛에 길들여진 경우 염분 섭취를 갑자기 줄이는 건 쉽지 않다. 일정한 기간을 정해놓고 그 기간 안에 몇 %까지 염분 섭취를 줄이겠다는 계획을 세운 뒤 차츰 염분의 양을 줄여 나간다. 갑자기 염분 섭취량을 줄이기가 어려울 때는 체내의 나트륨을 배출하는 효과가 있는 식품을 적극적으로 섭취한다. 감자, 우유, 콩류, 브로콜리, 양배추, 귤, 미역, 시금치, 버섯류, 견과류 등 칼륨, 칼슘, 마그네슘이 풍부한 식품은 나트륨 배출 효과가 있다.

즐겨 먹는 음식, 나트륨은 얼마나 들어 있을까?

나트륨은 영양소의 하나로 나트륨이 많이 들어 있는 식품이 소금이다. 세계보건기구가 정한 나트륨 일일 권장량은 2000mg. 나트륨 2000mg은 소금 5g(5000mg)과 같다. 그런데 우리나라 사람들은 대부분 권장량보다 훨씬 많은 5000mg 가량을 섭취한다. 한국인이 즐겨 먹는 음식(한 그릇 기준) 역시 나트륨 함량이 높다.

짬뽕 4000mg	물냉면 1800mg	된장찌개 950mg
자반고등어 1토막 3500mg	김치찌개 1500mg	햄 3조각(60g) 800mg
칼국수 3000mg	떡볶이(1인분) 1390mg	김밥 1줄 700mg
라면 2100mg	피자 1조각 1300mg	멸치볶음(15g) 650mg
우동 2100mg	배추김치 1100mg	

출처: 식품의약품안전처

PART

01

사계절 건강한 식탁 채소 반찬

오이, 호박, 시금치, 콩나물, 감자, 고추….
늘 접하는 재료라 그 진가를 잊을 때가 많지만,
채소만큼 우리 몸에 좋은 것도 없다.
가능한 짜지 않게 간을 맞추고,
지나친 양념 사용을 자제해 담백하게 맛을 내고,
다양한 색깔의 채소를 골고루 식탁에 올려보자.
효과는 몸에 좋은 보약이 따로 필요 없을 정도.

오/
이/
로/

오이나물

수분과 칼륨이 많은 오이는 염분과 노폐물을 없애줘 짜게 먹는 습관이 있는 사람이 간간하게 맛 내 반찬으로 만들어 먹으면 좋다. 볶으면 씹히는 맛이 특별해진다.

오이 1개
다진 마늘 1작은술
깨소금 ½큰술
참기름 1작은술
식용유 1큰술
저염소금(씻기용·절이기용) 조금

1. 오이는 소금으로 문질러가면서 씻은 뒤 깨끗이 헹군다.
2. 오이를 0.3cm 두께로 동그랗게 썬다.
3. 오이에 소금 1작은술을 넣어 10분 정도 절인 다음 씻어서 물기를 꼭 짠다.
4. 팬에 식용유와 다진 마늘을 넣고 살짝 볶은 다음 절인 오이를 넣고 중간 불에서 살짝 볶는다.
5. 오이가 다 볶아지면 불을 끄고 깨소금과 참기름을 넣어 버무린 다음 그릇에 담는다.

중불에서 살짝 볶아야 제맛
오이를 센 불에 볶으면 탈 수 있고 약한 불에 볶으면 수분이 많이 생기므로 중간 불에 살짝 볶는다. 그래야 파릇한 색깔도 살아나고 아삭거린다. 또 소금에 절인 오이는 물기를 꼭 짜야 고슬고슬하게 볶아져 맛있다.

오이생채

식초와 설탕을 넣어 새콤하면서 아삭하게 무친 오이생채는 입맛을 돋게 해 더위로, 혹은 피로로 입맛이 떨어질 때 상에 내면 좋은 반찬이다.

오이 1개
양파 ¼개
저염소금(씻기용) 조금

생채 양념
다진 마늘 1작은술
고춧가루 ½큰술
식초 2큰술
저염소금 ½작은술
설탕 2큰술
깨소금 ½큰술

1 오이의 오톨도톨한 돌기를 칼로 제거한 다음 소금으로 문질러 깨끗하게 씻는다.

2 오이를 길이로 반 잘라서 어슷하게 썰고, 양파는 곱게 채 썬다.

3 준비한 생채 양념을 고루 섞는다.

4 ②의 오이와 양파에 양념을 넣고 버무려서 그릇에 담는다.

양념은 먹기 직전에 넣고 버무린다
수분이 많은 채소를 양념에 무칠 때는 타이밍이 중요하다. 미리 양념에 무쳐두면 물기가 많이 생겨 간이 싱거워지고 지저분하다. 양념만 미리 만들어두었다가 먹기 직전에 버무려야 신선하고 맛있다.

오이고추장무침

소금에 절인 오이를 고추장에 버무리면 매콤한 맛이 입안을 개운하게 한다.
설탕을 넣어 단맛을 더하면 밥반찬은 물론 국수의 고명으로 얹어도 맛있다.

오이 2개
굵은소금(씻기용·절이기용) 조금
올리고당 1큰술

무침 양념
고추장 2큰술
다진 마늘 ½큰술
설탕 1큰술
깨소금 1큰술

1. 오이는 돌기를 제거하고 소금으로 문질러 깨끗하게 씻은 다음 필러로 껍질을 벗긴다.
2. 오이를 길이로 반 자른 뒤 4등분 해 속의 씨를 제거하고, 0.5×5cm 크기로 자른다.
3. 오이에 소금, 올리고당을 넣고 15분 정도 절인 다음 씻어서 물기를 꼭 짠다.
4. 준비한 무침 양념을 모두 섞은 후 ③의 오이에 넣고 고루 무친다.

※ 소금을 조금 넣고 올리고당을 넣어 절이면 짜지 않게 수분을 빼기 좋다.

오이 껍질의 불순물은 소금으로 닦아
생것으로 먹는 오이는
특히 주의해서 손질한다.
오톨도톨한 오이의 껍질에는
불순물이나 농약이 묻어 있으므로
돌기를 도려내고 소금으로 문질러
흐르는 물에 깨끗이 씻는다.

가/
지/
로/

가지나물

보라색이 식욕을 돋우는 가지는 안토시아닌이 풍부한 식품으로 고혈압이 있거나 열이 많은 사람에게 좋다. 기름을 넣어 조리하면 흡수율이 좋아진다.

가지 2개
다진 마늘 ½큰술
저염국간장 1큰술
참기름 ½큰술
깨소금 1큰술

1. 가지는 꼭지를 잘라내고 길이로 길게 2등분 한다.
2. 가지를 김이 오른 찜기에 넣고 8~10분간 찐다.
3. 가지가 다 쪄지면 한 김 내보낸 다음 결대로 찢는다.
4. 볼에 가지를 넣고 마늘, 국간장, 참기름, 깨소금을 넣어서 버무린다.

김 오르고 10분 이내에 쪄야

가지를 찌는 시간은
불의 세기에 따라 다르지만
대개 김이 오른 다음 가지를 넣고
10분 이상 찌지 않는 것이 좋다.
너무 오래 찌면 흐물흐물해지는
데다 수분이 많아져 양념에
무치더라도 맛이 떨어진다.

가지튀김

가지는 칼슘과 철분 등 미네랄은 풍부하지만 다른 영양소는 별로 없다.
게다가 과육이 스펀지 상태여서 육류나 기름 등을 더해 조리하면
부족한 영양소를 챙길 수 있고 맛도 좋아진다.

가지 1개
다진 돼지고기(다리살) 50g
달걀물 1개 분량
밀가루 ½컵
빵가루 1컵
물 1큰술
식용유 적당량
굵은소금(절이기용) 조금

고기 양념
참기름 ½작은술
깨소금 1작은술
후춧가루 조금

1 다진 돼지고기에 양념 재료를 모두 넣고 밑간해둔다.

2 가지는 통으로 어슷하게 썰고 소금을 뿌려 살짝 절인 뒤
  밀가루를 앞뒤로 묻힌다.

3 빵가루는 물을 고루 뿌려서 촉촉하게 준비한다.

4 ②의 가지 한쪽 면에 ①의 양념한 고기를 붙인다.

5 고기를 붙인 가지에 달걀물, 빵가루 순으로 옷을 입힌다.

6 오목한 팬에 식용유를 적당량 붓고 팬을 달군 다음
  빵가루를 묻힌 가지를 넣고 바삭하게 튀긴다.

빵가루에 물을 뿌려 튀김옷을 입힌다
튀김을 할 때 겉은 타고 속은 덜 익는 경우가 있는데,
빵가루에 물을 뿌려 어느 정도 수분을 머금게 한 다음 재료에 빵가루를 묻혀서
튀기면 겉은 타지 않으면서 속까지 잘 익는다.

가지채소볶음

가지를 이용해 반찬을 만들 때 부드럽지만 물컹하게 씹히는 맛이 내키지 않을 땐 고소한 기름에 볶아본다. 쫄깃하게 씹히는 껍질의 식감이 식욕을 돋워준다.

가지 1개
양파 1/3개
당근 1/5개
녹색 피망 1/4개
다진 마늘 1작은술
저염간장 1/2큰술,
참기름 1작은술
깨소금 1큰술
식용유 1큰술
굵은소금(절이기용) 조금

1 가지는 세로로 2등분 한 다음 어슷하게 썬다.

2 가지에 소금을 뿌려 10분간 절인 다음 씻어서 물기를 제거한다.

3 양파는 채 썰고, 당근은 세로로 반 잘라서 어슷하게 썬다.
   피망도 양파와 같은 길이로 채 썬다.

4 팬에 식용유를 두르고 다진 마늘을 볶은 다음
   당근, 양파, 가지, 피망 순으로 넣어 볶다가 간장을 넣는다.

5 채소가 볶아지면 불을 끈 다음 깨소금, 참기름을 넣고 섞는다.

소금에 절여 볶으면 씹는 맛이 쫄깃
가지볶음은 가지를 소금에
절이는 게 포인트.
가지를 썰어 소금에 살짝 절인 다음
기름에 볶으면 간이 잘 배어들고
씹는 맛이 쫄깃하다.

호/박/으/로/

애호박눈썹나물

씨가 크고 많은 애호박은 맛이 덜한 편. 이런 호박은 반으로 갈라 속을 긁어낸 다음 썰어서 살짝 볶아 나물로 만들면 부드럽고 소화도 잘된다.

애호박 1개
다진 마늘 1작은술
참기름 1작은술
깨소금 ½큰술
식용유 1큰술
실고추 조금
굵은소금(절이기용) 조금

1. 애호박은 길게 반으로 잘라 숟가락으로 씨를 긁어낸다.

2. 씨를 뺀 애호박은 0.3cm 두께로 얇게 썬다.

3. 애호박에 소금을 뿌려 살짝 절여서 숨을 죽인다.

4. 절인 애호박은 씻어서 물기를 제거한다.
   팬에 식용유를 두르고 마늘을 볶다가 애호박을 넣어서 볶는다.

5. 애호박이 투명하게 볶아지면 실고추를 넣고 불을 끈 다음
   참기름, 깨소금을 넣어 마무리한다.

씨 많은 채소는 도려낸 뒤 조리
열매채소의 씨를 제거한 뒤
썰면 눈썹 모양이 되는데,
이렇게 조리한 것을
눈썹 나물이라고 한다.
씨가 많아서 먹기 힘든 채소에
많이 이용하는 조리법이다.

애호박새우젓볶음

주성분이 당질인 호박은 익히면 더욱 단맛이 증가한다.
이때 짭조름한 새우젓을 넣어 간을 맞추면 새우젓의 감칠맛까지 더해져 맛있다.

애호박 1개
양파 ¼개
풋고추 ½개
붉은 고추 ½개
다진 마늘 ½큰술
새우젓 ½큰술
깨소금 ½큰술
참기름 1작은술
식용유 1큰술
다시마 국물 ½컵

1 애호박은 길게 반으로 잘라 0.5cm 두께로 도톰하게 썬다.

2 양파는 채 썰고 풋고추와 붉은 고추는 어슷하게 썬다.

3 새우젓은 곱게 다진 다음 즙을 짜서 준비한다.

4 팬에 식용유를 두르고 다진 마늘과 양파를 볶다가 애호박, 새우젓즙, 다시마 국물을 넣고 뚜껑을 덮는다.

5 애호박이 속까지 익으면 뚜껑을 열어 풋고추와 붉은 고추를 넣고 어느 정도 볶다가 불을 끈 다음 깨소금, 참기름을 넣는다.

도톰하게 썰면 모양이 살아 있어
애호박은 부드러워서 열을 가하면 쉽게 으스러지는데, 도톰하게 썬 호박에 간이 잘 배고 호박이 부서지지 않도록 하려면 뚜껑을 덮어 짧은 시간에 조리하는 것이 좋다. 다시마 국물을 넣으면 새우젓의 짠맛을 중화할 수 있다.

호박전

호박전은 만들기는 간단하지만 접시에 담아놓으면 손이 많이 간 음식처럼 보인다.
간장에 찍어 먹으면 밥반찬은 물론 간식으로도 손색없다.

애호박 1개
밀가루 ½컵
달걀물 2개 분량
식용유 적당량
굵은소금(절이기용) 조금

1. 애호박은 0.4cm두께로 동그랗게 썬다.
2. 애호박에 소금을 뿌려 5분 정도 살짝 절인 뒤 키친타월에 올려 물기를 제거한다.
3. 애호박 앞뒤로 밀가루를 묻힌 뒤 달걀물에 담가 고루 옷을 입힌다.
4. 팬에 식용유를 두르고 애호박을 앞뒤로 노릇하게 부친다.

깔끔한 전은 옷 입히기가 관건
소금 뿌려 절인 호박은
표면의 물기를 가볍게 닦아낸 후
밀가루를 묻혀야 달걀물도
고루 입혀져 전 모양이 깔끔하다.
또한 전을 부친 후 축축
늘어지는 것도 피할 수 있다.

풋/고/추/로/

풋고추잡채

갖은 채소를 채 썰어 만든 잡채로 다이어트에도 좋다.
양파, 당근, 버섯 등 냉장고 속에 있는 자투리 채소를 활용해본다.

풋고추 6개(100g)
마른 표고버섯 4개
죽순(통조림) ½개
양파 ¼개
다진 마늘 1작은술
저염소금 ⅕작은술
깨소금 ½큰술
참기름 ½큰술
식용유 1큰술

표고버섯 양념
저염간장 ½큰술
설탕 1작은술
참기름 ½작은술
후춧가루 조금

1 풋고추는 깨끗이 씻어 반 갈라 씨를 제거하고 어슷하게 썬다.

2 표고버섯은 따뜻한 물에 불린다.

3 부드럽게 불린 표고버섯은 채 썰어 표고버섯 양념 재료를 모두 넣어 무친다. 죽순은 통조림에서 꺼내 젓가락으로 하얀 석회질을 살살 긁어낸 다음 4cm 길이로 채 썰어 소금으로 간한다. 양파도 같은 길이로 썬다.

4 팬에 식용유를 두르고 마늘을 볶다가 썰어둔 양파, 죽순, 표고버섯을 넣어 볶는다.

5 마지막에 ①의 고추를 넣어 함께 볶는다.
   불을 끄고 깨소금, 참기름을 넣어 완성한다.

죽순은 소금 간, 표고버섯은 간장 간
죽순과 표고버섯은 미리 밑간을 해야 다른 재료와 맛의 조화가 잘된다. 죽순은 소금으로, 표고버섯은 간장으로 간을 맞춰야 맛있다. 고추는 불을 끄기 직전에 넣어 살짝만 볶아야 색감과 씹는 느낌이 잘 살아난다.

풋고추전

알이 좀 크고 다소 짙푸른 풋고추를 반으로 잘라 속을 털고
다진 돼지고기를 양념해 채운 고추전은
다른 전에 비해 느끼한 맛이 적어 밥반찬으로 좋다.

풋고추 8개
다진 돼지고기(안심) 80g
밀가루 4큰술
달걀물 1개 분량
식용유 적당량
굵은소금(절이기용) 조금

돼지고기 양념
다진 양파 1큰술
다진 마늘 ½작은술
저염소금 ⅙작은술
깨소금 ½작은술
참기름 ½작은술
후춧가루 조금

1 고추는 반 갈라 씨를 제거하고 소금을 뿌려 5분 정도 두었다가 물기를 제거한다.

2 다진 돼지고기는 준비한 양념을 넣어 밑간한다.

3 체에 밀가루를 넣고 살살 흔들어 ①의 고추 안쪽 면에 옷을 입힌다.

4 밀가루 묻힌 고추에 ②의 밑간한 고기를 편편하게 채워 넣는다.

5 고기가 보이는 쪽에 밀가루를 골고루 묻힌 다음 달걀물에 적셔 옷을 입힌다.

6 팬에 식용유를 두른 다음 달걀물 묻힌 쪽이 바닥에 오도록 놓고 노릇하게 부친다.

고기전은 중간 불에서 천천히
돼지고기는 완전히 익혀 먹어야 탈이 없다.
고기를 채운 부분이 아래쪽으로 오도록 팬에 놓고 중간 불로 천천히 익히면 달걀물이 타지 않으면서 돼지고기도 충분히 익는다.

피/망/으/로/

피망어묵볶음

피망에 어묵을 넣고 볶아 밥과 더욱 잘 어울리는 반찬으로 만들었다.
아삭한 맛에 어묵의 쫄깃한 맛이 더해져 씹는 맛까지 좋아진다.

녹색 피망 1개
붉은 피망 1개
어묵 150g
양파 ¼개
다진 마늘 1작은술
깨소금 1큰술
참기름 1작은술
식용유 1큰술
후춧가루 조금

볶음 양념
저염간장 1½큰술
다진 마늘 ½큰술
설탕 1큰술

1 피망은 깨끗이 씻어 씨를 제거한 다음 사방 3cm 크기로 썬다. 양파도 같은 크기로 썬다.

2 어묵은 끓는 물을 살짝 끼얹은 뒤 피망과 같은 크기로 썬다.

3 볶음 양념은 재료를 분량대로 고루 섞어 미리 만들어놓는다.

4 팬에 식용유를 두르고 마늘을 볶다가 양파와 어묵을 넣고 ③의 볶음 양념을 붓는다.

5 재료가 볶아지면 마지막에 피망을 넣고 볶다가 불을 끄고 깨소금, 참기름, 후춧가루를 넣어 완성한다.

채소는 단단한 것부터 볶는다
여러 종류의 채소를 함께 볶을 때는
서로 익는 시간이 다르므로
볶는 순서를 달리해야 한다.
당근이나 감자 같은
단단한 것들을 먼저 볶고
부드러운 잎채소를 나중에 볶는다.
파프리카나 피망 종류는 나중에 넣어
살짝 볶아 색감을 살린다.

피망잡채

비타민 C가 레몬에 버금가는 피망은 감기 예방, 피로 회복에 좋은 채소.
일반적으로 생것으로 많이 먹지만 기름에 볶아 먹어도 효율적이다.
피망은 잡채는 물론 멸치볶음에 고추 대신 넣어도 맛있다.

녹색 피망 1개
붉은 피망 ½개
당면 100g
돼지고기(등심) 100g
양파 ⅓개
목이버섯 2장
다진 마늘 ½큰술
식용유 1큰술

고기 양념
저염간장 ½작은술
깨소금 1작은술
참기름 2작은술
후춧가루 조금

당면 양념
저염간장 3큰술
설탕 2큰술
참기름 ½큰술

1. 피망은 반으로 잘라 꼭지와 씨를 제거한 다음 0.3×5cm 크기로 채 썬다.
2. 돼지고기도 피망과 같은 길이로 채 썰어 간장, 후춧가루, 참기름 ⅓작은술을 넣어서 밑간해둔다.
3. 양파는 채 썰고, 목이버섯은 찬물에 불린 다음 꼭지를 제거하고 사방 2cm 크기로 뜯어서 준비한다.
4. 당면은 30분간 불려서 끓는 물에 삶은 뒤 찬물에 헹궈 물기를 빼고, 준비한 양념을 넣어 밑간한다.
5. 당면을 기름 두르지 않은 팬에 면이 들러붙을 정도로 볶아서 식힌다.
6. 달군 팬에 식용유를 두르고 다진 마늘을 볶다가 썰어둔 채소를 넣어 볶은 다음 식힌다.
7. 볼에 ⑤의 식힌 당면과 ⑥의 식힌 채소, 깨소금, 남은 참기름을 넣어서 무친다.

당면 애벌 간은 필수!
맛있는 잡채는 각 재료의 간 맞추기에 달려 있다. 특히 당면에 간을 충분히 하지 않으면 잡채가 싱거워지므로 반드시 애벌로 밑간을 한 다음 볶는다. 또 당면과 채소는 각각 볶아서 식힌 뒤 무쳐야 잘 불지 않는다.

감/자/로/

감자채볶음

담백하고 깔끔한 맛이 좋은 감자채볶음.
당근, 양파, 파프리카 등을 더하면 푸짐하게 즐길 수 있다.
감자를 물에 헹군 후 볶아야 팬에 달라붙지 않고 부서지지 않는다.

감자(중간 크기) 2개
깨소금 ½큰술
참기름 ½작은술
식용유 1큰술
물 ¼컵
굵은소금(절이기용) 조금

1 감자는 껍질을 벗겨 사방 0.5×5cm 크기로 채 썰어 찬물에 헹군다.

2 감자에 소금을 넣고 부러지지 않을 정도로 절인다.

3 절인 감자를 찬물에 헹군 다음 체에 밭쳐 물기를 뺀다.

4 팬에 식용유를 두르고 감자채와 물을 넣어 투명하게 볶는다.

5 감자가 다 익으면 불을 끄고 깨소금, 참기름을 넣는다.

전분을 뺀 뒤 볶아야 들러붙지 않아
감자볶음을 할 때 감자가
팬에 들러붙거나 타기 쉬운데,
이는 감자의 전분 때문이다.
감자를 썰 때 칼에 묻어 나오는
하얀 가루가 바로 전분이다.
감자를 썰어서 찬물에 잠시 담가두면
전분이 빠져나와 볶을 때
들러붙지 않는다.

알감자조림

감자는 콜레스테롤 수치를 떨어뜨리고 몸속에 쌓인 노폐물을 배출한다.
그래서 혈압이 높은 사람, 부종이 있는 사람들에게 권할 만한 식품이다.

알감자 300g
저염간장 4큰술
맛술 1큰술
설탕 ½큰술
올리고당 5큰술
물 2컵

1 알감자는 겉의 싹 등을 제거하고 바락바락 문질러 깨끗하게 씻은 뒤 깨끗한 물에 헹군다.

2 냄비에 알감자를 넣고 간장, 설탕, 맛술, 물 2컵을 넣고 끓인다.

3 알감자가 부드럽게 익도록 불을 줄여 국물이 ¼ 정도로 줄어들 때까지 은근하게 조린다.

4 알감자에 올리고당을 넣고 윤기가 나면서 국물이 거의 없어지면 불을 끈다.

※ 기호에 따라 통깨를 뿌린다.

**껍질째 조리하는 알감자는
충분히 익혀야**

일반 감자는 껍질을 벗겨 조리하지만 알감자는 껍질째 조리하기 때문에 간이 충분히 배어들도록 조리해야 한다. 조림장을 만들 때 물을 넉넉히 붓고 감자가 충분히 익으면 불을 낮춰 간이 깊숙이 배어들도록 조리하는 것이 맛 내기 비결.

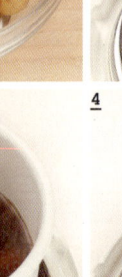

감자양파간장조림

익히면 단맛이 증가하는 양파를 넣어 부드럽고 깔끔하게 조린 반찬.
다진 소고기나 닭고기를 조금 넣으면 감칠맛이 나면서 영양분도 보충할 수 있다.

감자(중간 크기) 2개
양파 ½개
마른 청양고추 1개

조림 양념
저염간장 2큰술
올리고당 3큰술
물 1컵

1. 감자는 껍질을 벗겨 사방 2cm 크기로 자른 다음 찬물에 담가 전분을 뺀다.
2. 양파도 감자와 같은 크기로 자른다. 마른 청양고추는 1cm크기로 썬다.
3. 냄비에 감자와 간장, 올리고당, 물을 넣어서 조린다
4. 조리는 동안 수저나 주걱 등으로 젓지 않는다.
5. 국물이 거의 없어질 때쯤 ②의 양파, 마른 청양고추를 넣고 한 번 더 조린 다음 불을 끄고 그릇에 담는다.

부서지지 않게 감자를 조리려면…
감자의 껍질을 벗겨서 조릴 때 다른 양념과 함께 물엿이나 올리고당도 미리 넣어 조리면 감자의 모양이 흐트러지지 않고 깨끗하게 조릴 수 있다.
또 조리는 동안 숟가락 등으로 젓지 않아야 감자가 부서지거나 깨지지 않고 모양이 잘 유지된다.

콩/나/물/로/

콩나물무침

우리나라 대표 반찬 중 하나인 콩나물무침. 아스파라긴산이 많이 들어 있어
숙취 해소에 좋고 비타민 C와 식물성 단백질도 풍부한 알찬 식재료.

콩나물 300g
다진 마늘 1작은술
저염소금 1작은술
깨소금 ½큰술
참기름 1작은술
물 3큰술

1 콩나물은 씻어서 찬물에 5분 정도 담가 두었다가 꼬리를 제거한다.

2 냄비에 콩나물을 담고 분량의 소금 ½작은술과 물을 넣어
   뚜껑을 닫는다.

3 콩나물에서 김이 나면 5분간 가열한 다음 뚜껑을 열고
   물을 따라낸다.

4 볼에 콩나물을 담고 뜨거울 때 다진 마늘을 넣어서 버무리고,
   소금 ½작은술, 깨소금, 참기름을 넣어서 무친다.

콩나물은 소금을 넣고 데친다
콩나물을 익힐 때 물을 조금 넣고
소금을 넣으면 아삭하게 씹히는
맛을 그대로 살릴 수 있고 골고루
간이 배어 더 맛있게 먹을 수 있다.
또 뚜껑을 열었다 닫았다 하면
비린내가 나므로 다 익은 뒤 뚜껑을
열거나 처음부터 뚜껑을 연 채 익힌다.

콩나물매운무침

아삭하게 데친 콩나물에 고춧가루를 넉넉히 넣어 매콤하게 무친 밥반찬.
무엇보다 아삭한 맛이 나도록 데치는 것이 맛 내기 포인트.

콩나물 300g
풋고추 ½개
붉은 고추 ½개
다진 마늘 1작은술
다진 파 ½큰술
고춧가루 ½큰술
저염소금 ⅔작은술
깨소금 ½큰술
참기름 ½작은술
물 3큰술

1 콩나물은 찬물에 흔들어 씻은 다음 물에 5분 정도 담가둔다.

2 냄비에 콩나물, 소금 ⅓작은술, 물을 넣는다.

3 콩나물에서 김이 나면 5분간 가열한 다음 뚜껑을 열고 물을 따라낸다.
   볼에 콩나물과 소금 ⅔작은술, 다진 마늘을 넣어서 버무린다.

4 콩나물에 고춧가루를 넣어서 무치고, 풋고추와 붉은 고추는
   사방 0.3cm 크기로 잘게 썬다.

5 ④의 콩나물에 다진 파, 고추, 깨소금, 참기름을 넣어서 무친다.

**콩나물이 뜨거울 때
제일 먼저 마늘 넣기**
콩나물을 익혀서 무침 양념을 넣을 때
제일 먼저 해야 할 것은 콩나물이
뜨거울 때 곱게 다진 마늘을 넣는 것.
그러면 생마늘의 아린 맛이
나지 않고 적당히 매운맛이 감돌면서
심심한 콩나물의 맛을 확 살려준다.

콩나물간장볶음

대개 콩나물로 만든 볶음이나 조림은 소금으로 간을 하지만 간장으로 간을 맞췄다.
소금 간은 맛이 깔끔한 반면, 간장을 넣으면 좀 더 감칠맛이 돈다.

콩나물 250g
양파 ½개
당근 ⅕개
쪽파 5뿌리
다진 마늘 ½큰술
저염간장 2큰술
깨소금 1큰술
참기름 1작은술
후춧가루 조금
식용유 1큰술

1. 콩나물은 꼬리를 조금만 제거하고 물에 흔들어가면서 씻은 다음 찬물에 5분간 담근다.
2. 양파와 당근은 곱게 채 썰고, 쪽파는 다듬어 3cm 길이로 썬다.
3. 팬에 식용유를 두르고 마늘을 볶아 매운 향을 낸다.
4. 마늘이 익으면서 매콤하게 향이 올라오면 ①의 콩나물을 건져 물기를 뺀 뒤 넣어 볶는다.
5. 콩나물에 간장을 넣고 중간 불에서 빨리 볶다가 썰어둔 양파와 당근을 넣고 볶는다.
6. 콩나물의 숨이 죽고 비린 맛이 나지 않을 정도로 볶은 다음 쪽파를 넣어서 섞는다. 불을 끄고 깨소금과 참기름, 후춧가루를 넣는다.

콩나물을 볶을 때는 중불이 적당
콩나물을 센 불에서 볶으면 질겨질 수 있고 약한 불에서 덜 볶으면 비려지기 때문에 신경 써야 한다. 너무 세지 않은 중불에서 볶는 게 적당하고, 콩나물에서 물이 나오기 때문에 별도로 물을 넣을 필요가 없다.

콩나물다시마냉채

삶은 콩나물을 차게 식힌 뒤 갖은 채소를 넣어 소스에 버무린 냉채.
늘 먹는 콩나물이지만 조리법에 변화를 줘 색다르게 즐길 수 있는 반찬이다.

콩나물 200g
불린 다시마(사방 5cm) 5장
오이 ½개
양파 ⅓개
참기름 1작은술
굵은소금(데치기용) 조금

냉채 소스
저염간장 2큰술
식초 2큰술
설탕 1½큰술
다진 마늘 1작은술
깨소금 1큰술
포도씨유 2큰술

1 콩나물은 물에 흔들어가면서 씻은 다음 꼬리를 조금 제거하고 찬물에 5분간 담근다.

2 끓는 물에 소금을 조금 넣고 콩나물을 데쳐 건진다.

3 데친 콩나물은 찬물에 씻은 다음 다시 찬물에 담가 열기를 뺀다.

4 오이는 5cm 크기로 썰어 돌려깍은 다음 채를 썰고, 양파는 곱게 채 썬다.
   오이와 양파는 각각 찬물에 담갔다가 물기를 제거한다.
   불린 다시마는 곱게 채 썬다.

5 포도씨유를 제외한 나머지 냉채 소스 재료를 한데 넣어 잘 섞은 다음 설탕이 녹으면 포도씨유를 넣어서 섞는다.

6 볼에 콩나물, 오이, 양파, 다시마 채를 넣은 다음 참기름을 넣어서 버무리고 ⑤의 냉채 소스를 넣어서 다시 버무린다.

닭가슴살이나
게맛살을 넣으면 더 푸짐
콩나물냉채에 색색의 파프리카나 게맛살, 닭가슴살을 더하면 밥반찬뿐만 아니라 멋진 일품요리로도 추천할 만하다. 여기에 톡 쏘는 겨자 소스를 곁들이면 입맛을 돋울 수 있다. 겨자 소스는 취향에 따라 겨자와 마늘의 양을 조절한다.

숙/주/로/

숙주나물

숙주는 비타민 C가 풍부하고 아스파라긴산도 많아 해독 작용이 뛰어나다.
흔히 나물로 만들어 먹지만 볶음이나 국물 요리에도 이용할 수 있다.

숙주 300g
쪽파 2뿌리
저염소금 2/3작은술
깨소금 1큰술
참기름 1작은술
굵은소금(데치기용) 조금

1 숙주는 찬물에 흔들어 씻은 다음 5분 정도 담가둔다.
2 끓는 물에 소금을 조금 넣고 숙주를 3분 정도 삶는다.
3 삶은 숙주는 찬물에 헹군 다음 1분 정도 찬물에 담가 열기를 빼준다.
4 숙주의 물기를 뺀 뒤 소금 2/3작은술을 넣어서 먼저 무친다.
5 송송 썬 쪽파와 깨소금, 참기름을 넣어서 무친다.

소금 간 한 뒤
참기름으로 맛을 돋워야
숙주는 제일 먼저 소금을 넣어
간을 맞춘 다음 나중에 참기름을
넣어야 정확하게 간을 맞출 수 있다.
일단 데친 숙주에 기름이 들어가면
간이 고루 잘 배지 않기 때문이다.

숙주굴소스볶음

숙주, 표고버섯, 죽순 등을 굴소스로 볶은 중국풍 반찬. 담백하면서도 아삭하게 씹히는 맛이 좋은 숙주를 볶을 때 굴소스를 넣으면 감칠맛이 확 살아난다.

숙주 200g
죽순(통조림) ½개
마른 표고버섯 2개
붉은 고추 ½개
풋고추 ½개
굴소스 1큰술
다진 마늘 1작은술
후춧가루 조금
식용유 1큰술

1 숙주는 뿌리를 다듬어서 찬물에 흔들어 씻은 다음 찬물에 5분 정도 담가둔다.

2 죽순은 통조림에서 꺼내 속의 하얀 석회를 젓가락으로 살살 긁어낸 다음 흐르는 물에 씻어서 3cm 크기로 썬다.

3 마른 표고버섯은 뜨거운 물에 불린 다음 부드러워지면 채 썰고, 고추는 반으로 갈라 채를 썬다.

4 팬에 식용유를 두르고 다진 마늘을 볶다가 숙주를 넣어서 볶는다.

5 ④에 죽순, 굴소스를 넣어서 볶다가 표고버섯, 고추를 넣고 후춧가루를 뿌려서 한 번 더 볶은 다음 그릇에 담는다.

센 불에서 재빨리 볶아야
숙주볶음을 맛있게 하려면 불 조절과 시간이 중요하다. 볶는 시간이 길면 수분이 빠져나가 숙주가 가늘고 탄력 없어진다. 오목한 팬에 숙주를 넣고 센 불에서 재빨리 볶아야 숙주가 늘어지지 않고 탱탱하며 아삭하게 씹히는 맛을 제대로 살릴 수 있다.

숙주오이냉채

가끔 특별한 맛이 생각날 때 만들면 좋은 메뉴.
아삭한 오이와 색색의 파프리카를 숙주에 더한 냉채로
톡 쏘는 겨자 소스에 버무리면 잃었던 입맛이 살아난다.

숙주 100g
오이 ½개
노란 파프리카 ⅓개
붉은 파프리카 ⅓개
다진 마늘 ½작은술
굵은소금(데치기용·씻기용) 조금

겨자 소스
발효 겨자 1큰술
물 2큰술
저염간장 ½큰술
식초 2큰술
설탕 2큰술
저염소금 ½작은술
참기름 1작은술

1 숙주는 꼬리를 다듬어서 찬물에 흔들어 씻은 다음 5분 정도 담가둔다.

2 끓는 물에 소금을 넣고 숙주를 3분 정도 삶는다.

3 삶은 숙주는 찬물에 헹군 다음 1분 정도 찬물에 담가 열기를 뺀다.

4 오이는 소금으로 문질러 씻은 다음 길이로 반 잘라 어슷하게 썰고, 파프리카도 씻어서 5cm 길이로 채 썰어서 찬물에 담갔다가 물기를 제거한다.

5 숙주는 체에 밭쳐서 물기를 제거한 다음 숙주, 오이, 파프리카에 마늘을 넣어 잘 섞어서 냉장 보관한다.

6 분량의 겨자 소스를 만들어서 상에 내기 전에 ⑤의 재료와 버무려 그릇에 담는다.

데친 숙주는 물에 담가 열기를 뺀다
냉채는 모든 재료와 소스를 차게 준비해 먹어야 제맛을 낼 수 있다. 데친 숙주는 찬물에 담가 열기를 충분히 빼는 게 중요하다. 그리고 숙주를 손으로 눌러 물기를 짜면 모양이 부서지므로 체에 밭쳐서 물기를 빼 탱탱한 모양을 그대로 살린다.

마늘종으로

마늘종보리새우볶음

마늘종은 익히면 매운맛은 사라지고 단맛이 난다. 영양 면에서도 마늘과
별 차이가 없는 건강식품이다. 멸치나 새우 같은 건어물과 맛이 잘 어울린다.

마늘종 200g
보리새우 50g
붉은 고추 ½개
식용유 1½큰술
굵은소금(데치기용) 조금

볶음 양념
저염간장 1큰술
설탕 1큰술
올리고당 1큰술
맛술 1큰술
다진 마늘 1작은술
저염소금 ¼작은술
깨소금 ½큰술
참기름 1작은술

1 마늘종은 5cm 길이로 자른다. 붉은 고추는 사방 0.3cm 크기로 썬다.

2 끓는 물에 소금을 조금 넣고 마늘종을 데친 다음 찬물에 1분 정도
   담가 열기를 뺀다.

3 보리새우는 체에 담아 살살 흔들어 부스러기를 털고,
   팬에 식용유를 둘러 바삭하게 볶아서 접시에 담아둔다.

4 팬에 식용유를 둘러 다진 마늘을 볶은 뒤 마늘종, 소금을 넣어
   볶다가 간장, 설탕, 올리고당, 맛술을 넣는다.

5 ④에 ③의 볶아둔 새우와 붉은 고추를 넣고 한 번 더 볶은 다음
   불을 끄고 깨소금과 참기름을 뿌린다.

보리새우는 따로 볶아야 고소해
보리새우는 짠맛이 나므로 따로 간을
하지 않고 마늘종에만 간을 해야
전체적으로 간이 짜지지 않는다.
또 보리새우를 따로 볶아야
고소한 맛이 그대로 살아 있으므로
보리새우와 마늘종을 각각 볶은 뒤
가볍게 섞어 마무리한다.

마늘종고추장무침

5월이 제철인 마늘종은 이 시기에 출하된 것이 살이 통통하고 단맛이 가장 진하다. 국산은 끝이 잘려 있지 않으므로 살 때 잘 살펴본다.

마늘종 200g
굵은소금(데치기용) 조금

초고추장
고추장 3큰술
식초 2큰술
고춧가루 ½큰술
설탕 2큰술
올리고당 4큰술

1 마늘종은 5cm 길이로 자른 다음 끓는 물에 소금을 넣어 데친다.

2 데친 마늘종은 찬물에 1분 정도 담가 열기를 빼고 체에 밭쳐 물기를 뺀다.

3 볼에 올리고당을 제외한 나머지 초고추장 재료를 넣어 조금 두었다가 올리고당을 넣어서 고루 섞는다.

4 초고추장에 ②의 물기 뺀 마늘종을 넣고 고루 버무린다.

고추장과 고춧가루를 먼저 섞은 후 올리고당을 넣는다
고추장과 고춧가루, 올리고당이 함께 들어가는 양념의 경우 올리고당이 고춧가루보다 먼저 들어가면 고춧가루가 잘 불지 않는다. 고추장과 고춧가루를 먼저 섞어서 고춧가루에 수분이 충분히 배게 한 다음 올리고당을 넣어야 고춧가루가 겉돌지 않는다.

시금치로

시금치나물

가장 많이 밥상에 오르는 나물 반찬 가운데 하나인 시금치나물은 간장으로 무치는 것이 기본. 참기름이나 들기름을 넣어 맛과 향을 더하면 더욱 맛있다.

시금치 1단(400g)
다진 마늘 1작은술
깨소금 1큰술
저염국간장 1작은술
참기름 ½큰술
저염소금 ¼작은술
굵은소금(데치기용) 조금

1. 시금치는 무른 잎은 떼어내고 뿌리 쪽의 꼭지를 칼로 잘라낸다.
2. 시금치는 작은 것은 그대로, 큰 것은 칼로 2~4등분 해 5cm 길이로 자른다.
3. 소금을 조금 넣은 끓는 물에 손질한 시금치를 넣어 살짝 데쳐서 숨이 죽을 정도가 되면 찬물에 여러 번 헹궈서 물기를 꼭 짠다.
4. 볼에 시금치를 넣고 다진 마늘, 국간장, 소금, 깨소금을 넣어서 무친 다음 참기름을 넣어서 버무린다.

삶을 때는 뿌리 부분부터
시금치는 충분한 양의 끓는 물에 소금을 넣고 뿌리 부분부터 넣어야 전체적으로 부드럽게 삶을 수 있다. 끓는 물에 넣었다 바로 꺼내는 정도로만 삶아야 잎이 무르지 않고, 삶은 후 재빨리 건져 찬물에 헹궈야 색이 산다.

시금치오징어무침

부드러운 시금치와 쫄깃한 오징어를 한데 무친 이색 반찬.
산성과 알칼리성의 조화는 물론 새로운 맛이 밥맛을 부추긴다.

시금치 1단(400g)
오징어 ½마리
다진 마늘 1작은술
저염국간장 1작은술
저염소금 ¼작은술
깨소금 1큰술
참기름 ½큰술
굵은소금(데치기용) 조금

1. 시금치는 뿌리 쪽의 꼭지를 잘라내고 큰 것은 칼로 2~4등분 해서 5cm 길이로 자른다.

2. 시금치에 뜨거운 물을 부어 숨이 죽을 정도가 되면 찬물에 여러 번 헹궈서 물기를 꼭 짠다.

3. 오징어는 내장을 제거하고 껍질을 벗겨 씻은 다음 끓는 물에 소금을 넣고 삶아서 먹기 좋게 채 썬다.

4. 볼에 시금치를 넣고 다진 마늘, 국간장, 소금, 깨소금을 넣어서 무친다.

5. 시금치에 간이 배면 오징어와 참기름을 넣어서 고루 버무린다.

오징어를 너무 두껍게 썰지 않는 것이 좋다

부드러운 시금치와 오징어의 궁합이 잘 맞으려면 데친 오징어를 시금치와 잘 어울리는 맛이 나도록 너무 두껍게 썰지 않는 것이 좋다.

시금치들깨볶음

시금치에 칼슘이 많은 들깨를 넣어 조리하면 시금치에 들어 있는 수산을 몸 밖으로 배출시키는 효과를 얻을 수 있고 고소한 맛도 더할 수 있다.

시금치 1단(400g)
다진 돼지고기 50g
양파 ¼개
들깻가루 2큰술
생강 ½쪽
마른 청양고추 ½개
다진 마늘 1작은술
저염간장 1큰술
맛술 1큰술
후춧가루 조금
식용유 1큰술

1. 시금치는 뿌리 쪽의 꼭지를 잘라내고 큰 것은 2~4등분 해 5cm 길이로 자른다.
2. 시금치는 씻어서 물기를 제거하고, 양파는 곱게 채 썬다. 생강도 곱게 채 썰고 마른 청양고추는 잘게 썬다.
3. 팬에 식용유를 두르고 생강 채와 다진 마늘을 볶다가 다진 돼지고기, 맛술, 간장을 넣어서 볶는다.
4. 돼지고기가 익으면 손질해둔 시금치, 양파, 고추와 후춧가루를 넣고 볶은 다음 시금치가 숨이 죽으면 들깻가루를 넣고 고루 섞는다.

데치면 날아가는 수산 성분
시금치는 비타민과 무기질이 고루 들어 있는 알칼리성식품으로 사포닌과 질 좋은 섬유소가 들어 있어 변비에도 좋고 철분과 엽산으로 인해 빈혈 예방에도 좋다. 생것으로 먹기도 하지만 주로 데치거나 볶아서 익혀 먹으므로 수산으로 인한 결석 걱정은 하지 않아도 된다.

깻
잎
으
로

깻잎나물

깻잎은 철분과 오메가3 지방이 풍부해서 여자들에게 특히 좋은데
살짝 데친 후 들기름으로 밑간해 볶은, 향이 살아 있는 반찬이다.

깻잎 200g
저염국간장 ½큰술
다진 마늘 1작은술
깨소금 1큰술
들기름 1큰술
굵은소금(데치기용) 조금

1 깻잎은 흐르는 물에 씻은 뒤 끓는 물에 소금을 넣고 살짝 데친다.

2 데친 깻잎을 찬물에 헹궈 물기를 꼭 짠다.

3 볼에 물기 짠 깻잎을 넣고 국간장, 다진 마늘, 깨소금, 들기름을
   넣어서 조물조물 무친다.

4 팬을 달군 다음 양념 무친 깻잎을 넣어 센 불에서 재빨리 볶아서
   식힌다.

고명으로 이용해도 좋아

깻잎은 끓는 물에 1분 정도
충분히 삶아야 색이 예쁘고
검은 물이 나오지 않는다.
데친 깻잎은 여전히 향이 남아
들기름을 더하지 않고 된장이나
고추장으로 무쳐도 맛있다.
잎이 넓은 것은 굵직하게 채 썰어
가볍게 볶아서 국수나 비빔밥의
고명으로 넣어도 좋다.

깻잎참치전

참치나 다진 고기를 양념해서 깻잎으로 감싸 만든 전은
깻잎의 향이 먹을수록 입맛을 돋운다. 깻잎으로 소를 감싼 모양 역시 정갈하다.

깻잎 12장
밀가루 1컵
달걀물 2개 분량
식용유 적당량

참치 소
참치 통조림 1캔(150g)
다진 양파 2큰술
빵가루 2큰술
달걀물 2큰술
참기름 ½작은술
저염소금 ⅛작은술
후춧가루 조금

1. 깻잎은 1장씩 씻어 마른 행주나 키친타월로 감싸 물기를 제거한다.
2. 참치는 체에 밭쳐 기름을 뺀다.
3. 볼에 참치를 넣고 나머지 참치 소 재료를 넣어 고루 섞는다.
4. ①의 깻잎 앞뒤에 밀가루를 고루 묻힌다.
5. 깻잎 반쪽에 ③의 참치 소를 올린 뒤 반 접는다.
6. ⑤를 달걀물에 담갔다 건진 다음 달군 팬에 식용유를 둘러 앞뒤로 노릇하게 굽는다.

불 조절에 실패하면 타기 쉬워
참치는 국물을 완전히 뺀 뒤 전을 부쳐야 느끼하지 않다.
참치 대신 두부나 다진 새우살, 흰 살 생선살 등을 양념해 소로 채우면
색다른 맛을 즐길 수 있다. 너무 센 불에서 익히면 속이 익기 전에
겉이 탈 수 있으므로 기름의 양과 불의 세기에 신경 써야 한다.

양/배/추/로/

양배추볶음

양배추에는 특유의 냄새가 나는데 생으로 먹을 때 더 강하게 느낄 수 있다.
채소와 새우 가루 등의 재료를 더해 볶으면 이 냄새를 누그러뜨릴 수 있다.

양배추(중간 크기) ¼통
쪽파 2뿌리
붉은 피망 ¼개
새우 가루 1큰술
다진 마늘 1작은술
깨소금 ½큰술
참기름 1작은술
식용유 1큰술
굵은소금(절이기용) 조금

1 양배추는 두꺼운 줄기 부분은 제거하고 1×4cm 크기로 썰어서 씻는다.

2 양배추에 소금을 넣고 20분간 절여 숨을 죽인다.

3 쪽파는 3cm 길이로 썰고, 피망은 4cm 길이로 곱게 채 썬다.

4 팬에 식용유를 두르고 다진 마늘을 볶다가 ②의 절인 양배추를 넣어서 볶는다.

5 양배추가 조금 볶아지면 쪽파와 피망, 새우 가루를 넣는다. 불을 끄고 깨소금, 참기름을 넣어서 완성한다.

살짝 볶아야 아삭한 맛 살아나
양배추의 영양을 제대로 살리려면
익히지 않고 채 썰어
샐러드로 먹는 게 좋다.
열을 가해 조리할 때는 아삭한 맛이
살아 있는 정도로 살짝 볶아야
영양소 손실을 피할 수 있다.

양배추찜

양배추는 익혀 먹는 게 부드럽고 단맛이 더 돈다.
너무 오래 찌면 물컹거릴 수 있어 찌는 시간을 잘 체크한다.

양배추(작은 것) ½통

간장 양념
저염간장 2큰술
다진 파 1큰술
다진 마늘 ½큰술
다시마 국물 2큰술
고춧가루 ½큰술
볶은 들깨 2큰술
들기름 1큰술

1 양배추는 4등분 해 밑동을 자르고 겉잎을 떼어낸 다음 2~3쪽으로 뜯어둔다.

2 찜통에 김이 오르면 양배추를 절단면이 바닥에 오도록 해서 10분 정도 찐 다음 식힌다.

3 준비한 간장 양념을 만들어 찐 양배추에 곁들인다.

끓는 물에 데치면 간편해

양배추 잎을 1장씩 떼어서 끓는 물에 살짝 데치면 굳이 찜통에 찌지 않아도 더 간편하게 빨리 익힐 수 있다. 이때는 뚜껑을 열고 데쳐야 양배추 특유의 휘발성 냄새가 날아간다. 양배추 잎을 데치고 남은 물은 맛국물로 활용해도 된다.

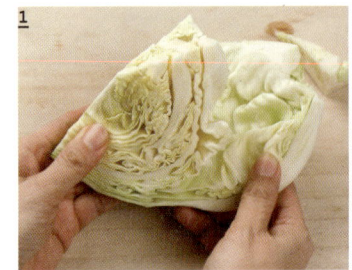

미/나/리/로/

미나리나물

찌개나 전골 위에 얹어 향을 돋우는 미나리를 나물로 만들었다.
미나리 특유의 향은 발한과 보온 작용을 하는 정유 성분으로 감기에 효과적이다.

미나리 ½단(100g)
깨소금 1큰술
참기름 ½큰술
저염소금 ⅔작은술
굵은소금(데치기용) 조금

1 미나리는 다듬어 미나리 한 줄기로 묶어 줄기 전체를 끓는 물에 소금을 조금 넣고 데친다.

2 데친 미나리는 찬물에 헹궈 물기를 꼭 짠다.

3 미나리를 5cm 길이로 썬 다음 볼에 미나리와 소금을 넣고 살살 무친다.

4 미나리에 간이 배면 깨소금과 참기름을 넣어서 고루 버무린다.

거머리는 동전으로 제거
미나리를 손질하다 보면
거머리가 나오는 경우가 많은데
뿌리를 잘라내고 넓은 그릇에
미나리를 담고 소금을 뿌려두거나
구리 성분의 10원짜리 동전을
넣어두면 거머리를 없앨 수 있다.
흐르는 물에 깨끗하게 씻는 것이
조리의 기본!

미나리숙주무침

향긋한 미나리와 아삭거리는 숙주의 맛은 서로 잘 어울리는 데다
색감도 좋아 눈이 먼저 반기게 되는 반찬. 미나리는 살짝 데쳐야 질깃하지 않다.

미나리 150g
숙주 100g
깨소금 1큰술
참기름 ½큰술
저염소금 ½작은술
굵은소금(데치기용) 조금

1 미나리는 밑동을 잘라내고 끓는 물에 소금을 조금 넣어 데친다.

2 데친 미나리는 찬물에 헹궈 물기를 꼭 짠 다음 5cm 길이로 썬다.

3 숙주는 찬물에 담갔다가 끓는 물에 소금을 조금 넣어 데친 뒤
   찬물에 헹궈 물기를 제거한다.

4 볼에 숙주와 소금을 넣고 무친 다음 미나리를 넣어
   좀 더 버무린다.

5 재료에 간이 배면 깨소금과 참기름을 넣어서 버무린다.

**숙주를 물에 담가놓으면
성장 촉진제 제거에 효과**

숙주를 조리하기 전 찬물에 담가놓으면
성장 촉진제나 농약 등의 성분이
빠져나와 안심하고 먹을 수 있다.
또 데칠 때 소금을 조금 넣으면
맛있는 성분이 빠져나오는 걸
방지할 수 있다. 미나리는 데친 후
물기를 너무 꼭 짜면 질겨지므로
물기를 조금 남겨둔 채 조리한다.

부/
추/
로/

부추오이무침

몸을 따뜻하게 만드는 부추와 찬 성질의 오이를 함께 넣어 만든 반찬.
김치 대신 먹어도 좋고 고기 요리가 메인일 때 곁들이 반찬으로 손색없다.

부추 ⅕단(80g)
오이 1개
양파 ¼개
굵은소금(씻기용) 조금

무침 양념
식초 1½큰술
고춧가루 2작은술
설탕 1큰술
깨소금 1큰술
참기름 1작은술
저염소금 ⅔작은술

1 부추는 끝에 시든 것을 떼어내 다듬은 다음 뿌리 쪽부터 가지런히 씻어서 물기를 제거하고 4cm 길이로 썬다.

2 오이는 소금으로 문질러 씻은 뒤 길이로 4등분 한 다음 가운데 씨를 도려내고 2cm 길이로 썬다. 양파는 곱게 채 썬다.

3 준비한 양념 재료를 고루 섞어 무침 양념을 만든다.

4 볼에 양파와 오이, 무침 양념을 넣어 먼저 버무린다.

5 부추를 넣고 버무린 다음 그릇에 담는다.

풋내 나지 않게 마지막에 버무린다
부추는 쉽게 무르고 풋내가 나기 쉽다.
다른 채소를 먼저 양념에 버무린
다음 부추는 나중에 넣어 살짝만
버무려야 풋내가 나지 않고 신선하다.
부추는 손으로 버무리기보다
나무젓가락을 사용하면
풋내를 줄일 수 있다.

부추액젓무침

아무리 솎아내도 잘 자라 정력 채소로도 알려져 있는 부추를 액젓으로 무치면
부추 특유의 유화알릴 향을 누그러뜨리고 감칠맛을 더할 수 있다.

부추 ⅓단(150g)
멸치 액젓 1½큰술
고춧가루 2작은술
깨소금 1큰술
참기름 1큰술

1. 부추는 끝에 시든 것을 떼어내고 다듬은 다음 가지런히 모아 잡고
   뿌리 쪽부터 씻어서 물기를 제거하고 4cm 길이로 썬다.

2. 볼에 부추와 액젓, 고춧가루, 깨소금, 참기름을 넣고
   살짝 버무려 상처 나지 않도록 무친다.

상처가 생기면 풋내 나므로 주의해야
부추는 상처가 생기면 풋내가 나므로
손질할 때 주의해야 한다.
무른 것은 떼어버리고 씻을 때는
힘을 주거나 비비지 말고
흐르는 물에 살살 흔들어서 씻는다.
양념에 무칠 때도 살살 버무려야
풋내가 나지 않는다.

부추장떡

부침개 같지만 고추장으로 양념해 밥반찬이 되는 여름철 별미인 장떡.
주로 채소만 넣지만 홍합살 등을 넣어 맛을 더하면 입맛이 더욱 당긴다.

부추 ⅓단
양파 ¼개
풋고추 ½개
붉은 고추 ½개
홍합살 60g
밀가루 ⅔컵
달걀 1개
고추장 1큰술
식용유 적당량
굵은소금(씻기용) 조금
물 ¼컵

1 부추는 끝에 시든 것을 다듬은 다음 뿌리 쪽부터 가지런히 씻어서 물기를 제거하고 4cm 길이로 썬다.

2 양파는 채 썰고 풋고추와 붉은 고추는 어슷하게 썬다.

3 홍합살은 옅은 소금물에 흔들어 씻은 다음 물기를 제거하고 잘게 다진다.

4 밀가루에 달걀, 고추장, 물을 넣어 고루 섞어 반죽한다.

5 반죽에 손질해놓은 홍합살, 양파, 고추, 부추를 넣어 고루 섞는다.

6 달군 팬에 기름을 두른 다음 반죽을 한 수저씩 떠 넣어 타지 않도록 속까지 잘 익게 앞뒤로 부친다.

간간하게 간해야 반찬으로 적당
장떡은 주전부리로도 즐기지만 반찬으로 내려면 간이 좀 간간하고 질척거리지 않아야 한다.
홍합살을 넣으면 자칫 물이 생길 수 있으므로 소금으로 간한 후 물기를 충분히 제거하여 반죽의 농도를 되직하게 하는 것이 좋다.

쑥/갓/으/로/

쑥갓나물무침

쑥갓을 데칠 때 소금을 넣고 뚜껑을 열어야 파르스름한 색이 사는데, 데친 후 바로 찬물에 헹궈 물기를 빼야 향과 색 모두 살릴 수 있다..

쑥갓 200g
붉은 고추 ⅓개
다진 마늘 1작은술
저염국간장 ½큰술
깨소금 1큰술
참기름 ½큰술

1 쑥갓은 시든 잎과 억센 줄기를 떼어내 손질한다.

2 끓는 물에 소금을 조금 넣고 쑥갓을 줄기부터 넣어서 데친다.

3 데친 쑥갓은 찬물에 헹군 뒤 물기를 꼭 짜서 4cm 길이로 자른다.

4 볼에 쑥갓과 마늘, 국간장, 깨소금을 넣어 고루 무친 다음 참기름을 넣어 한 번 더 버무린다. 그릇에 담고 곱게 채 썬 붉은 고추를 고명으로 얹는다.

**나물보다는 튀김이
영양소 파괴가 적어**
쑥갓은 나물로 가장 많이 해 먹지만 나물은 영양소 파괴가 조금 많은 편. 생으로 먹는 것이 부담스러우면 나물보다는 튀김이 권할 만하다. 튀김은 좀 번거롭긴 해도 나물로 조리하는 것보다 영양소 파괴가 덜한 것은 물론 씹히는 맛도 좋다.

쑥갓겉절이

칼슘과 비타민 A가 많은 쑥갓은 향이 독특하고 맛이 산뜻해 생으로 먹으면
입맛을 돋우고 장의 기능을 원활하게 한다. 쑥갓의 향을 살리려면 마늘은 넣지 않는다.

쑥갓 150g
오이 ½개
양파 중간크기 ¼개
붉은 고추 ½개
굵은소금(씻기용) 조금

양념
저염간장 1½큰술
식초 1큰술
고춧가루 ½큰술
설탕 1큰술
깨소금 ½큰술
참기름 ½큰술

1 쑥갓은 시든 잎과 억센 줄기를 제거한 다음 깨끗이 씻어서
   물기를 빼고 4cm 길이로 썬다.

2 오이는 소금으로 문질러 돌기를 제거한 다음 흐르는 물에 씻어서
   길이로 반 자르고 어슷하게 썬다.

3 양파는 곱게 채 썰고, 고추는 씨를 제거한 다음 채 썬다.

4 고춧가루, 간장, 식초, 설탕, 깨소금, 참기름을 고루 섞어
   양념을 만든다.

5 볼에 쑥갓, 오이, 양파, 고추를 넣고 양념을 넣어서 살살 버무린다.

쌈으로 먹어도 맛있다

쑥갓을 상추와 곁들여 쌈으로 먹으면
쑥갓 향을 그대로 즐길 수 있다.
쑥갓을 하루 120g 정도만 섭취해도
비타민 A의 하루 섭취량을
충분히 넘는다고 한다.
향기도 진해 식욕을 돋우는 효과가
커 입맛 없을 때 생것으로 먹으면
잃었던 입맛을 찾을 수 있다.

상/추/로/

상추겉절이

철분과 비타민 A가 풍부해 빈혈 예방과 체질 개선에 효과적인
상추로 만든 겉절이는 입맛을 자극하는 스피드 반찬. 한 끼 먹을 양만 만든다.

청상추 10장
적상추 10장
양파 ¼개
쪽파 3뿌리
참기름 ½큰술

겉절이 양념
저염간장 1큰술
식초 1큰술
고춧가루 ½큰술
설탕 ½큰술
깨소금 1큰술

1. 상추는 흐르는 물에 깨끗이 씻은 다음 물기를 털고 먹기 좋은 크기로 뜯어놓는다.
2. 양파는 곱게 채 썰고 쪽파는 다듬어 씻어 3cm 길이로 썬다.
3. 준비한 양념 재료를 고루 섞어 겉절이 양념을 만든다.
4. 상추에 참기름을 넣고 버무린다.
5. ④에 양파, 쪽파를 넣고 겉절이 양념을 넣어 살살 버무린다.

참기름으로 먼저 버무리면 물러지지 않아
상추는 조직이 연하기 때문에 양념을 넣어서 상에 내면 바로 시든다. 양념에 무치기 전에 참기름으로 먼저 버무리면 약간의 코팅 효과를 얻을 수 있는데, 간장과 식초 등의 간이 배어 잎이 물러지는 속도를 늦추기 위한 지혜.

참/나/물/로/

참나물무침

소금과 국간장으로 깔끔하게 간한 나물 반찬. 무칠 때 액젓이나 국간장을 넣으면 감칠맛이 더해져 맛있지만 지나치게 간이 세지지 않도록 주의한다.

참나물 300g
저염소금 ½작은술
다진 마늘 1작은술
저염국간장 1작은술
깨소금 1큰술
참기름 ½큰술
굵은소금(데치기용) 조금

1 참나물은 다듬어 끓는 물에 소금을 조금 넣고 데친다.

2 데친 참나물을 찬물에 헹궈 열기를 뺀다.

3 참나물의 물기를 꼭 짜서 3cm 길이로 자른 다음 볼에 참나물과 국간장을 넣고 버무린다.

4 참나물에 마늘, 소금 ½작은술, 깨소금을 넣어서 무친 다음 참기름을 넣어서 고루 섞는다.

참기름은 마지막에 넣어 향을 돋운다
참나물은 끝을 잘라두면 갈변하므로 삶기 직전에 끝을 잘라서 삶는다. 또 나물을 무칠 때 참기름을 넣어 향을 더하는 경우가 많은데 맨 마지막에 넣어 향을 살리는 것이 조리 요령이다. 깨소금이 통깨보다 고소한 향이 더 좋다.

참나물겉절이

참나물은 잎이 부드럽고 줄기가 가는 데다 향긋한 냄새가 돌아 생으로 먹기에 좋다.
양념장을 만들 때 향을 살리기 위해 다진 마늘은 넣지 않는다.

참나물 150g

양념
까나리 액젓 1½큰술
식초 1큰술
고춧가루 1큰술
설탕 1큰술
깨소금 1큰술
참기름 1작은술

1 참나물은 다듬어 씻어서 물기를 털고 5cm 길이로 썬다.

2 준비한 양념 재료를 고루 섞어 양념을 만든다.

3 볼에 참나물과 양념을 넣어 고루 버무린다.

**잎이 연한 채소류는
먹기 직전에 양념**

참나물이나 상추처럼 잎이 크고 연한 채소류로 만드는 겉절이는 양념에 미리 버무리면 숨이 죽고 수분이 흘러나와서 지저분하다. 재료 손질만 끝낸 뒤 먹기 직전에 양념에 버무려 먹는다.

배/추/로/

배추꼬막무침

배추는 데치거나 볶으면 달착지근한 맛이 나고 부드러워진다. 데쳐서 살만 발라놓은 꼬막과 함께 무치면 영양 균형을 이루면서 별미 반찬이 된다.

배추 잎 4장(100g)
꼬막 200g
붉은 고추 ½개
다진 마늘 1작은술
저염국간장 1큰술
깨소금 ½큰술
들기름 1큰술
맛술 1큰술
굵은소금(데치기용) 조금

1. 배추는 밑동을 잘라 끓는 물에 소금을 넣고 데친 뒤 찬물에 헹궈 물기를 뺀다.

2. 데친 배추는 물기를 꼭 짜서 2cm 크기로 썰고 다시 물기를 짠다. 붉은 고추는 다지듯 잘게 썬다.

3. 꼬막은 바락바락 문질러 씻은 다음 끓는 물에 소금, 맛술을 넣고 삶는다.

4. 삶은 꼬막은 껍질에서 살을 떼어낸 다음 차게 식힌다.

5. 볼에 배추와 국간장, 마늘을 넣고 무쳐서 간을 맞춘 다음 꼬막살, 깨소금, 들기름을 넣어서 버무려 그릇에 담고 붉은 고추를 고명으로 올린다.

데친 배추는 작게 썰어야 간이 잘 배어들어

데친 배추는 꼬막살과 비슷한 크기로 잘라야 간이 잘 배어든다. 배추를 데쳐 물기를 꽉 짜도 오래 두면 물기가 생길 수 있으므로 1~2번 먹을 분량만 준비하는 것이 좋다.

배추느타리버섯굴소스볶음

중국 요리에 자주 사용되는 굴소스를 넣고 센 불에서 볶은 반찬.
굴소스는 감칠맛이 진하면서 짠맛이 살짝 돌아 조리할 때 정확하게 계량해 넣는다.

배추속대 100g
애느타리버섯 60g
붉은 고추 1개
마늘 2쪽
생강 ½쪽
대파 ¼뿌리
굴소스 1큰술
참기름 1작은술
후춧가루 조금
식용유 1큰술

1. 배추는 밑동을 잘라내고 한 잎씩 떼어 깨끗이 씻은 뒤 4cm 크기로 썬다.
2. 애느타리버섯은 밑동을 잘라서 큰 것은 찢고 작은 것은 뜯어 준비한다.
3. 붉은 고추는 길이로 반 자른 다음 2cm 크기의 마름모 모양으로 썬다.
4. 마늘, 생강은 편으로 썰고, 대파는 2cm 길이로 썬다.
5. 팬에 식용유를 두르고 마늘과 생강을 볶아 향을 낸다.
6. 마늘과 생강이 숨이 죽고 매운 향이 올라오면 배추와 굴소스를 넣어 볶은 뒤 버섯을 넣고 한 번 더 볶는다.
7. 배추와 버섯이 숨이 죽으면 불을 끄고 후춧가루와 참기름을 뿌려 고루 섞는다.

볶음 요리에 마른 고추를 넣으면 풍미가 살아나

담백한 배추볶음에 여러 가지 향신채를 넣으면 훨씬 깊은 맛이 난다. 마늘, 생강 등의 향신 재료를 볶을 때는 마른 고추를 넣어 매운맛을 더하는 것은 물론 센 불에서 재빨리 볶으면 더 풍미 있고 칼칼한 맛을 낼 수 있다.

봄동겉절이

김장김치가 다 떨어질 무렵 칼칼하게 버무린 봄동 한 접시면 입맛이 돈다.
오이나 달래를 넣으면 봄 향기가 물씬 풍긴다.

봄동 100g
양파 ¼개
풋고추 ½개
붉은 고추 ½개

겉절이 양념
저염국간장 1큰술
식초 1½큰술
고춧가루 ½큰술
설탕 1큰술
저염소금 ⅛작은술
깨소금 1큰술
참기름 1작은술

1 봄동은 밑동을 자르고 한 잎씩 떼어낸 뒤 작은 잎은 그대로, 큰 잎은 5cm 길이로 잘라서 준비한다.

2 봄동을 깨끗이 씻어서 물기를 제거한다.
양파는 곱게 채 썰고, 풋고추와 붉은 고추는 어슷하게 썬다.

3 고춧가루를 뺀 겉절이 양념 재료를 모두 섞는다.

4 볼에 봄동과 양파, 고추를 넣고 겉절이 양념을 넣어 고루 버무린 다음 마지막으로 고춧가루를 넣고 다시 한 번 버무린다.

**고춧가루를 마지막에 넣으면
칼칼한 맛이 살아나**

겉절이를 무칠 때 고춧가루를
다른 양념과 함께 무치면
덩어리가 져서 고루 무쳐지지 않으므로
다른 양념에 먼저 버무린 뒤
고춧가루는 나중에 따로 넣는다.
이렇게 하면 칼칼한 맛도 더 살아난다.

봄동나물

배추보다 고소하고 단맛이 진한 봄동은 된장국을 끓여도 맛있지만 데쳐서 된장 양념이나 간장 양념에 버무리면 밥과 잘 어울리는 개운한 반찬이 된다.

봄동 200g
다진 마늘 1작은술
저염국간장 1큰술
깨소금 ½큰술
참기름 ½큰술
굵은소금(데치기용) 조금

1 봄동은 밑동을 자르고 한 잎씩 떼어내서 씻는다.

2 끓는 물에 소금을 조금 넣고 봄동을 데친다.

3 데친 봄동을 찬물에 헹궈 물기를 꼭 짠 다음 먹기 좋게 썰어서 나머지 물기를 짠다.

4 볼에 봄동과 마늘, 국간장을 넣고 무친 다음 깨소금과 참기름을 넣어서 잘 섞는다.

잎 사이 흙을 꼼꼼히 씻어내야

봄동은 다른 채소와 달리 제철이 뚜렷한데, 늦겨울과 초봄에 나온 것이 영양과 맛이 뛰어나다. 노지에서 넓게 퍼져 자라므로 조리하기 전 밑동을 잘라 잎 사이사이에 낀 이물질이나 흙을 말끔히 씻어내는 것이 조리 포인트.

열/
무/
로/

열무홍합살볶음

데치지 않은 열무에 신선한 홍합살을 넣어 맛을 낸 별미 반찬.
홍합살을 먼저 볶다가 열무를 넣어야 열무의 아삭한 맛을 살릴 수 있다.

열무 200g
홍합살 150g
다진 마늘 ½큰술
저염간장 1큰술
맛술 1큰술
깨소금 1큰술
후춧가루 조금
식용유 1큰술
굵은소금(홍합살 씻는용)

1   열무는 겉잎을 떼어내고 붙어 있는 무는 칼로 긁어서 다듬는다.
    무가 큰 것은 세로로 반 가른다.

2   열무를 깨끗이 씻은 다음 5cm 길이로 썬다.

3   홍합살은 수염을 제거한 다음 옅은 소금물에 흔들어
    깨끗하게 씻어서 물기를 제거한다.

4   팬에 식용유를 둘러 마늘을 볶다가 홍합살과 맛술을 넣어서 볶는다.

5   홍합살이 어느 정도 익으면 열무를 넣고 간장, 후춧가루를 넣는다.
    열무의 숨이 죽으면 깨소금을 넣고 불을 끈다.

홍합살은 센 불에서 재빨리 볶아야
홍합살이 익으면서 물이 생길 수
있으므로 센 불에서 재빨리 볶다가
열무를 넣어야 물이 덜 생긴다.
신선한 홍합을 사용해
밑 손질을 잘하는 것이
깔끔한 반찬 만들기 포인트.

열무된장무침

열무는 주로 김치로 만들어 먹지만 데쳐서 나물로 만들어도 밥과 잘 어울린다.
된장이나 고추장 모두 맛이 잘 어울리는데 무째 손질해 데쳐 조리한다.

열무 250g
된장 1큰술
다진 마늘 ½큰술
고춧가루 2작은술
깨소금 1큰술
참기름 1큰술
굵은소금(데치기용) 조금

1 열무는 겉잎을 떼어내고 붙어 있는 무는 칼로 긁어서 다듬는다.
2 손질한 열무는 끓는 물에 소금을 조금 넣어 데친다.
3 삶은 열무는 찬물에 헹군 다음 물기를 꼭 짜서 5cm 길이로 썬다.
4 볼에 열무와 된장, 마늘, 깨소금을 넣어 무친다.
5 열무에 간이 배면 고춧가루와 참기름을 넣어서 버무린다.

참기름은 소량만 넣어
된장 향을 살린다

된장으로 무친 나물은 구수한 향이
돌아 맛있는데 고춧가루를
약간 넣으면 고춧가루 특유의
칼칼한 맛이 더해져 더욱 맛있다.
참기름은 마지막에 조금만 넣어
된장의 향을 누그러뜨리지 않게 한다.

얼/갈/이/로/

얼갈이겉절이

배추보다 부드럽고 물 많은 얼갈이는 여름 김치의 대표 재료. 얼갈이를 큼직하게 잘라 새콤달콤한 양념장으로 버무린 겉절이 한 접시면 밥 한 그릇 뚝딱!

얼갈이 200g

겉절이 양념
저염간장 3큰술
식초 2큰술
고춧가루 1큰술
설탕 1½큰술
깨소금 1큰술
참기름 ½큰술

1. 얼갈이는 밑동을 잘라서 5cm 길이로 자른 다음 씻어서 물기를 제거한다.
2. 준비한 양념 재료를 고루 섞어 겉절이 양념을 만든다.
3. 볼에 얼갈이를 넣고 먹기 직전에 겉절이 양념을 넣어서 버무린다.

양념은 미리 만들어 숙성시킨다
채소를 이용해 겉절이를 만들 때 들어가는 양념이 비슷한 경우가 많다. 미리 만들어 밀폐 용기에 담아 냉장고나 김치냉장고에 보관해두면 숙성이 되어 맛이 좋아진다. 이렇게 미리 준비해놓으면 조리 시간을 줄일 수 있다.

냉이로

냉이무침

요즘에야 계절이 따로 없는 채소가 되었지만 그래도 봄에 나는 냉이를
이용하는 것이 맛 내기 첫째 비결. 씁쌀한 맛을 누그러뜨리는 것이 조리 첫 단계.

냉이 300g
개조개 1개
맛술 1큰술
굵은소금(데치기용·해감용) 조금

무침 양념
고추장 2큰술
식초 2큰술
다진 마늘 1작은술
설탕 1큰술
깨소금 1큰술
참기름 1작은술

1 냉이는 겉잎은 떼어내고 뿌리 쪽은 흙을 제거해서 다듬는다.

2 끓는 물에 소금을 조금 넣고 냉이를 데친 다음
    찬물에 여러 번 헹군다.

3 데친 냉이는 물기를 짜서 2cm 길이로 먹기 좋게 자른다.

4 개조개는 솔로 껍질을 문질러 씻은 다음 연한 소금물에 담가
    해감한 뒤 끓는 물에 맛술과 함께 넣고 데친다.

5 개조개가 입을 벌리면 살만 도려내 2cm 크기로 썬다.

6 볼에 냉이와 개조개를 넣고, 준비한 양념 재료를 고루 섞어 만든
    무침 양념을 넣어 조물조물 무친다.

냉이의 향을 살리려면 살짝 데친다
냉이는 나물로 먹을 경우
너무 오래 삶으면 향이 많이 나지
않아서 맛도 줄어든다.
소금을 조금 넣은 끓는 물에
뿌리부터 넣어 10까지만 센 뒤
꺼내서 찬물에 재빨리 헹궈
열기를 뺀 다음 조리해야
향긋한 향이 잘 살아 있다.

냉이콩가루된장무침

콩가루는 삶은 콩이나 두부에 비해 소화 흡수율이 낮은 편. 그러나 냉이와 함께 조리하면 소화액의 분비를 돕는 냉이의 효능으로 소화력이 좋아진다.

냉이 300g
볶은 콩가루 2큰술
된장 1½큰술
다진 마늘 ½큰술
깨소금 1큰술
참기름 1큰술
굵은소금(데치기용) 조금

1 냉이는 누런 겉잎은 떼어내고 뿌리 쪽은 흙을 털어낸 뒤 칼로 긁어서 다듬는다.

2 끓는 물에 소금을 조금 넣고 냉이를 데친 뒤 찬물에 여러 번 헹군다.

3 데친 냉이는 물기를 짜서 먹기 좋게 2cm 길이로 자른다.

4 볼에 냉이를 넣고 된장, 마늘, 깨소금을 넣어서 무친 다음 참기름을 뿌린다.

5 양념이 고루 어우러지면 콩가루를 넣고 한 번 더 버무린다.

뿌리의 흙을 말끔히 씻어낸 뒤 조리
냉이는 뿌리의 흙을 말끔히 털어낸 후 씻어야 데친 후에도 깔끔하다. 데친 냉이에 콩가루, 쌀가루, 달걀, 돼지고기를 넣어 반죽한 뒤 기름에 부쳐도 맛있는 냉이 반찬이 된다.

달/래/로/

달래묵무침

달래에는 비타민 C가 특히 많은데 열에 약한 것이 흠이다. 생으로 먹으면 영양소 손실을 피할 수 있다. 식초를 더하면 비타민 파괴가 더뎌진다.

달래 1묶음(60g)
올방개묵 ½모
붉은 고추 ½개
고춧가루 ½큰술
저염소금 ⅓작은술
깨소금 1큰술
참기름 ½큰술

1. 달래는 깨끗이 다듬어 씻은 다음 4cm 정도 길이로 자른다.
2. 올방개묵은 흐르는 물에 씻은 뒤 사방 0.5×5cm 크기로 썬다.
3. 볼에 묵을 먼저 담고 소금과 참기름을 넣어서 버무린다.
4. 묵에 달래와 잘게 다진 붉은 고추, 고춧가루, 깨소금을 넣어서 살살 버무린 다음 그릇에 담는다.

알칼리성식품, 달래
비타민이 골고루 들어 있는 달래는 겨울보다 활동량이 많은 봄철에 먹기에 적당한 채소이다.
달래는 파, 마늘과 맛이 비슷하나 이들 채소가 산성인 데 비해 달래는 알칼리성이다.

달래오이무침

새콤달콤하게 맛을 낸 달래오이무침. 톡 쏘며 개운한 맛이 돌아 입맛 없을 때 상에 내면 좋은 반찬. 설탕과 식초를 동량으로 해야 맛이 치우치지 않는다.

달래 1단(60g)
오이 1개
식초 1큰술
설탕 1큰술
저염소금 ½작은술
깨소금 1큰술
참기름 1작은술
굵은소금(씻기용) 조금

1. 달래는 알뿌리 부분의 껍질을 벗기고 다듬어 깨끗이 씻은 다음 4cm 길이로 자른다.

2. 오이는 돌기를 칼로 도려내고 소금으로 문질러 씻은 다음 길이로 반 잘라 어슷하게 썬다.

3. 식초, 설탕, 소금, 깨소금, 참기름을 고루 섞어 양념을 만든다.

4. 볼에 달래와 오이를 넣고 고루 섞은 뒤 양념장을 넣어 살짝 버무린다.

다양하게 활용하는 달래 양념장

달래를 송송 썰어 넣으면 달래 향 가득한 양념장이 되는데, 비빔밥, 콩나물무침, 두부조림에 넣거나 비빔국수의 양념장으로 넣는 등 다양하게 응용할 수 있다. 또한 생선을 조릴 때 달래를 듬뿍 넣으면 비릿한 맛이 누그러진다.

브/로/콜/리/로/

브로콜리마늘볶음

브로콜리의 비타민 C 함유량은 레몬의 2배! 비타민 A와 비타민 B1·B2, 칼륨, 인, 칼슘 등의 미네랄도 풍부한 브로콜리에 통마늘을 넣어 볶은 건강 반찬.

브로콜리 ½송이(150g)
마늘 20쪽
마른 청양고추 1개
저염간장 1큰술
후춧가루 조금
물 ¼컵
식용유 1큰술
굵은소금(데치기용) 조금

1 브로콜리는 깨끗이 씻은 뒤 3cm 크기로 썬다.

2 손질한 브로콜리는 끓는 물에 소금을 넣고 데친 다음 찬물에 담가 열기를 뺀다.

3 마늘은 껍질을 벗겨 꼭지를 자르고, 마른 청양고추는 0.5cm 크기로 자른다.

4 팬에 식용유를 둘러 마늘과 마른 청양고추를 볶다가 간장, 물을 넣고 좀 더 볶는다.

5 마늘이 익으면 브로콜리와 후춧가루를 넣고 살짝 볶는다.

봉오리가 단단하고 꽉 찬 것이 신선
브로콜리를 고를 때는 봉오리가 단단하고 가운데가 둥그렇고 꽉 들어찬 것이 좋다. 누런색을 띤 것은 오래된 것이므로 주의. 브로콜리는 익혀도 영양소 파괴가 많지 않으므로 데친 후 냉동 보관해두면 조리 시간을 줄일 수 있다.

두릅으로

두릅된장무침

두릅은 끓는 물에 소금을 약간 넣어 파르스름하게 데쳐 나물로 무쳐 먹어도 맛있다.
된장으로 무치면 두릅 특유의 씁쌀한 맛이 누그러져 밥반찬으로 좋다.

두릅 2팩(120g)
붉은 고추 ½개
굵은소금(데치기용) 조금

된장 양념
된장 1큰술
다진 마늘 1작은술
깨소금 ½큰술
들기름 1큰술

1 두릅은 밑동을 자르고 겉잎을 뗀 다음 가시를 칼로 긁어 없앤다.

2 끓는 물에 소금을 조금 넣고 두릅이 파래지도록 데친 다음 찬물에 30초 동안 담가 열기를 뺀다.

3 삶은 두릅은 5cm 길이로 잘라서 물기를 뺀다.
   붉은 고추는 사방 0.3cm 크기로 잘게 썬다.

4 볼에 들기름을 제외한 양념 재료를 모두 넣고 고루 섞어 양념을 만든다.

5 양념에 잘라놓은 두릅과 붉은 고추를 넣고 조물조물 무친 다음 들기름을 넣는다.

두릅을 데칠 땐
끓는 물의 양을 넉넉하게
두릅을 데칠 때 데치는 물이 작거나 물의 온도가 너무 낮으면 데친 후 색이 검게 변한다. 물을 넉넉하게 잡고 물이 팔팔 끓으면 두릅이 충분히 잠기게 넣어 10초 정도 데친다. 데친 뒤 찬물에 담가서 열기를 빼면 색이 살아나고 씹는 느낌도 좋아진다.

두릅숙회

단백질과 회분을 다량 함유한 두릅은 비타민 C도 많은 편이다.
두릅은 특유의 씁쓸한 맛과 향이 나는데 초고추장에 찍어 먹으면 입맛을 돋운다.

두릅 2팩(120g)
굵은소금(데치기용) 조금

유자청 초고추장
고추장 2큰술
유자청 1큰술
식초 2큰술
맛술 1큰술
설탕 1½큰술
깨소금 1큰술

1 두릅은 밑동을 자르고 겉잎을 떼어낸다.

2 두릅은 가시를 칼로 살살 긁어낸 다음 흐르는 물에 씻어
   물기를 턴다.

3 끓는 물에 소금을 조금 넣고 두릅이 파래지도록 데친다.

4 삶은 두릅은 찬물에 헹구고, 찬물에 30초 정도 담가
   열기를 뺀 다음 물기를 뺀다.

5 유자청을 곱게 다진 다음 나머지 초고추장 재료를 모두 넣고
   고루 섞는다. 그릇에 두릅을 담고 유자청 초고추장을 곁들여 낸다.

싱싱할수록 가시가 많아
두릅은 싱싱할수록 가시가 많다.
칼끝으로 가시를 제거하지 않으면
먹을 때 불편하다. 데칠 때는
줄기부터 먼저 끓는 물에 넣고
연한 잎 부분을 나중에 넣는다.
데칠 때 소금을 조금 넣으면 색깔이
파릇해지고 비타민 파괴도 덜하다.

무
로

무나물

무를 익히면 단맛이 돌아 소화불량으로 밥 먹기 힘들거나
소화력이 떨어질 때 먹으면 좋다. 너무 무르지 않게 조리하는 것이 포인트.

무(5cm) 1토막(300g)
깨소금 1큰술
저염소금 ½작은술
물 ¼컵

1 무는 씻어서 필러로 껍질을 벗긴 다음 사방 0.4×5cm 크기로 채 썬다.

2 오목한 팬에 무채를 넣고 소금과 물을 넣어서 끓인다.

3 팬 뚜껑을 덮고 7분 정도 끓여서 무를 익힌다.

4 불을 끈 뒤 깨소금을 넣어 고루 섞는다.

들기름으로 볶으면 고소해
무를 소금에 살짝 절인 다음
물기를 꼭 짜서 들기름으로
달달 볶는 방법도 있다.
조리하고 남은 무는 비닐 랩으로
싸 공기와 접촉하는 면을 줄이면
냉장고에 오래 두고 먹을 수 있다.

무생채

무에는 소화 효소가 들어 있어 육류나 생선이 곁들여지는 밥상에 반찬으로 내면 좋다.
무생채를 만들 때 무채는 너무 가늘지 않게 썰어야 씹는 맛이 좋다.

무(5cm) 1토막(400g)
다진 마늘 ½큰술
고춧가루 1큰술
설탕 ½작은술
깨소금 1큰술
굵은소금(절이기용) ½큰술

1 무는 깨끗이 씻어 사방 0.4×5cm 길이로 썬다.

2 무채에 소금을 넣고 절인다.

3 무가 절여지면 물기를 꼭 짜서 고춧가루를 넣고 고루 버무려 고춧물을 들인다.

4 볼에 다진 마늘, 설탕, 깨소금을 넣고 고루 섞어 양념을 만든 뒤 ③에 넣어 버무린다.

무생채엔 고운 고춧가루가 적당
채 썬 무를 살짝 절인 후 고춧가루를 넣어 애벌로 무치면 붉은색이 고루 배어들어 더욱 맛있어 보인다.
다른 양념이 들어가면 고춧물이 잘 들지 않는다.
무생채는 곱게 빻은 고춧가루를 사용하면 더욱 깔끔하다.

무 다시마조림

무를 큼직하게 썰어 소고기와 다시마를 넣어 조린 반찬.
담백하면서도 깔끔한 맛이 나며 다진 소고기를 넣어 감칠맛을 더했다.

무(5cm) 1토막(400g)
다시마(사방 5cm) 5장
다진 소고기(다리살) 50g

조림 양념
저염간장 3큰술
맛술 1큰술
설탕 1큰술
올리고당 3큰술
물 3컵

1. 무는 필러로 껍질을 벗겨 사방 5cm 크기, 1.5cm 두께로 썬다.
2. 끓는 물에 무를 넣어 살짝 데친다.
3. 냄비에 다시마와 물 3컵을 넣고 끓이다가 거품이 나면 불을 끄고 그대로 식힌 다음 건져서 사방 2cm 크기로 썬다.
4. 냄비에 무와 ③의 다시마 국물, 간장, 설탕을 넣어 자작하게 조린다.
5. ④에 썰어놓은 다시마를 넣고 간장 간이 배어들면 올리고당을 넣는다.
6. 국물이 자작하게 졸면 소고기, 맛술을 넣고 볶은 다음 그릇에 담는다.

생선과 무는 찰떡궁합
생선회나 생선구이에 무 간 것을 곁들여 먹으면 산성식품을 중화하는 역할을 한다. 생선을 조릴 때 무를 넣어도 맛과 영양의 궁합이 잘 맞는다. 닭고기, 가쓰오부시, 마른 새우 등을 넣고 함께 조려도 맛있다.

연/근/으/로/

연근조림

연근이나 우엉 등의 뿌리채소는 딱딱해 조림을 할 경우 간이 잘 배지 않을 수 있다.
삶을 때 찬물에서부터 삶아야 부드럽게 익고 간이 잘 밴다.

연근 1개(300g)
저염간장 3큰술
식초 1큰술
맛술 1큰술
설탕 ½큰술
올리고당 5큰술
통깨 1큰술
물 4컵

1 연근은 필러로 껍질을 벗겨 0.2cm 두께로 썬다.

2 연근을 식초 1큰술을 넣은 물에 10분 정도 삶아
   찬물에 헹군다.

3 냄비에 데친 연근을 넣고 물, 간장, 맛술, 설탕을 넣어
   센 불에서 끓이다가 약불로 줄인다.

4 국물이 ⅓ 정도로 줄면 올리고당을 넣는다.
   그래야 서걱거리지 않고 부드럽다.

5 국물이 자작해지면 불을 끄고 통깨를 뿌린다.

올리고당은 마지막에 넣는다

올리고당은 설탕의 단맛을 유지하며
칼로리를 줄이기에 좋고 식이 섬유가
많이 들어 있어 배변 활동에도 좋다.
하지만 열에 의해 영양소가 변형되기
때문에 넣는 타이밍이 중요.
불에서 내리거나 한 김 식힌 후
넣어야 한다.

연근빈대떡

탄수화물과 섬유질이 많은 연근을 강판에 갈아 쌀가루를 조금 더해 부친 이색 빈대떡.
아삭아삭 씹히는 연근이 먹는 즐거움을 더해준다.

연근 ½개(200g)
다진 소고기 50g
쪽파 5뿌리
양파 ⅓개
풋고추 1개
붉은 고추 1개
달걀 2개
쌀가루 3큰술
저염소금 ½작은술
식용유 적당량

식초 물
물 1컵
식초 1작은술

**씹는 느낌을 좋게 하려면
강판으로 갈아야**

강판 대신 믹서로 갈아도 되지만
조리 후 씹는 느낌이 다른 데다
물이 많이 생겨 빈대떡을 부쳤을 때
늘어지기 쉽다. 고명 재료에
변화를 주면 맛과 모양 모두
다양하게 즐길 수 있다.

1 연근은 껍질을 벗긴 다음 식초 물에 담가둔다.

2 연근을 강판에 갈아둔다.

3 쪽파는 다듬어 2cm 길이로 썰고, 양파도 2cm 굵기로 채 썬다.
   풋고추와 붉은 고추는 어슷하게 썬다.

4 볼에 ②와 ③의 재료, 다진 소고기, 달걀, 쌀가루를 넣어
   고루 섞고 소금으로 간을 맞춘다.

5 달군 팬에 식용유를 두른 다음 ④의 반죽을 떠 넣고
   고추를 고명으로 올린 다음 앞뒤로 노릇하게 굽는다.

우 / 엉 / 으 / 로 /

우엉조림

섬유질이 풍부한 우엉 반찬은 변비로 고생하는 사람들이 먹으면 좋다.
짭조름하게 조리면 일주일 정도는 냉장고에 두고 먹어도 맛의 변화가 거의 없다.

우엉 200g
마른 청양고추 1개

식초 물
물 1컵
식초 1큰술

조림 양념
저염간장 3큰술
설탕 1큰술
올리고당 4큰술
맛술 2큰술
물 3컵

1 우엉은 씻어서 필러로 껍질을 벗긴다.

2 우엉을 어슷하게 썰어 식초 물에 담근다.

3 끓는 물에 우엉을 5분 정도 데친 다음 냄비에 담는다.

4 청양고추를 잘게 썬 다음 ③의 냄비에
   물, 간장, 설탕, 맛술, 청양고추를 넣어 끓인다.

5 국물이 거의 졸아들면 올리고당을 넣고 윤기가 나도록 더 조린다.

**칼칼한 맛을 더하고 싶을 때
청양고추로!**
간장을 기본 양념으로 해 조림을 할
경우 매운맛이 진한 청양고추를
1~2개 넣으면 칼칼한 맛이
더해져 밥과 더욱 잘 어울린다.
우엉을 조린 후 올리고당을 넣어
단맛을 더하면 입맛을 돋운다.

우엉채볶음

씹는 맛이 좋은 우엉과 소고기, 표고버섯, 양파, 고추 등의 재료를 채 썰어서 볶은 건강 반찬.
우엉을 너무 길고 두껍지 않게 채 썰어야 먹기에 좋다.

우엉 150g
소고기(불고기용) 50g
마른 표고버섯 3개
양파 ¼개
붉은 고추 ½개
쪽파 3뿌리
다진 마늘 1작은술
참기름 ½큰술
식용유 1큰술

식초 물
물 1컵
식초 1큰술

볶음 양념
저염간장 2큰술
물엿 1큰술
맛술 1큰술
설탕 1큰술
깨소금 1큰술

1 우엉은 껍질을 벗긴 다음 0.2×5cm 크기로 채 썰어 식초 물에 담가둔다.

2 표고버섯은 뜨거운 물에 불려서 밑동이 부드러워지면 떼어내고 물기를 꼭 짜 곱게 채 썬다.

3 양파, 붉은 고추는 우엉과 같은 크기로 채 썰고, 소고기도 같은 크기로 채 썬다. 쪽파는 다듬어 4cm 길이로 썬다.

4 준비한 볶음 양념 재료를 고루 섞는다.

5 팬에 식용유를 둘러 마늘과 소고기를 볶다가 ④의 볶음 양념을 조금 덜어 넣는다.

6 ⑤에 썰어놓은 우엉, 표고버섯, 양파를 넣고 나머지 볶음 양념을 넣은 다음 국물이 거의 없어지도록 볶는다.

7 마지막으로 붉은 고추와 쪽파를 넣고 고루 섞은 다음 불을 끄고 참기름을 뿌린다.

성인병 예방에 좋은 우엉~
우엉의 주성분은 당질이지만 녹말이 적고 대부분 이눌린이라는 성분으로 구성되어 신장 기능을 높이고 이뇨 효과가 있다. 게다가 암세포 발생을 억제한다고 하니 조림 외에 볶음, 전, 우엉밥 등으로 변화를 줘 식탁에 자주 올린다.

도/라/지/로/

도라지나물

도라지는 더덕에 못지않은 맛과 향을 갖고 있는데 칼슘과 철분이 많은 알칼리성식품이다. 기름으로 볶은 후 소금으로 간하면 깔끔하다.

도라지 150g
저염소금 ½작은술
깨소금 ½큰술
참기름 1작은술
식용유 ½큰술
굵은소금(씻기용) 조금

1. 도라지는 적당한 굵기로 갈라 6cm 길이로 자른 다음 옅은 소금물에 담가 아린 맛을 제거한다.

2. 도라지를 바락바락 주물러 뿌연 물이 나오도록 한 다음 찬물에 헹궈 물기를 뺀다.

3. 끓는 물에 도라지를 살짝 데친 다음 찬물에 담갔다가 물기를 뺀다.

4. 팬에 식용유를 두른 다음 도라지를 넣고 소금으로 간을 맞춰 볶는다. 도라지에 어느 정도 간이 배면 불을 끄고 깨소금과 참기름을 섞은 다음 재빨리 식힌다.

도라지, 소금으로 주물러 쓴맛을 빼야

도라지는 손질을 잘하지 않으면 쓴맛이 남아 반찬으로 만들어놓아도 손이 가지 않게 된다.
소금으로 충분히 주물러 씻어야 쓴맛이 빠지는데 통째로 요리하는 경우가 아니라면 적당한 굵기로 가른 후 손질하면 쓴맛을 제대로 뺄 수 있다.

도라지생채

손으로 쭉쭉 찢은 도라지를 충분히 손질해 씻은 후 고춧가루와 설탕, 식초로
새콤달콤하게 만든 양념에 무치면 쌉싸래한 맛과 향이 입맛을 자극한다.

도라지 250g
쪽파 2뿌리
굵은소금(씻기용) 조금

생채 양념
고추장 2큰술
다진 마늘 ½큰술
식초 2큰술
고춧가루 1큰술
설탕 1½큰술
깨소금 ½큰술

1 도라지는 가늘게 갈라서 6cm 길이로 다듬은 다음
   옅은 소금물에 담가 아린 맛을 뺀다. 쪽파는 다듬어 송송 썬다.

2 도라지를 바락바락 주물러 뿌연 물이 나오도록 한 다음
   찬물에 헹궈 깨끗한 면 보로 감싸 물기를 뺀다.

3 볼에 도라지를 넣고 먼저 고춧가루를 넣어 조물조물 버무려
   고춧물을 들인다. 고춧가루를 제외한 나머지 양념 재료를
   고루 섞어 생채 양념을 만든다.

4 도라지에 고춧물이 들었으면 생채 양념을 넣어 무친 다음
   송송 썬 쪽파를 넣어 섞는다.

**도라지를 생채로 무칠 땐
가늘고 짧게 손질해야**

도라지로 생채를 만들 경우에는
볶음으로 조리할 때보다 조금 더
가늘게 갈라야 양념이 잘 배어
더 맛있다. 호흡기 계통 질환에
두루두루 효과를 볼 수 있고
강장제로도 인정받고 있는 식품.

더덕으로

더덕생채

더덕은 익히지 않고 생것으로 먹어야 쌉쌀한 향과 맛을 고루 느낄 수 있다.
마늘이나 파 등의 향이 강한 양념류는 넣지 않아야 제맛을 살릴 수 있다.

더덕 200g
굵은소금(씻기용) 조금

무침 양념
식초 1½큰술
고춧가루 ½큰술
저염소금 ⅓작은술
설탕 1큰술
깨소금 ½큰술

1. 더덕은 껍질을 벗겨 두꺼운 것은 3등분, 가는 것은 길이로 2등분 한 다음 방망이로 밀어서 부드럽게 손질한다.
2. 더덕을 잘게 찢어서 준비한다.
3. 연한 소금물에 더덕을 담가 쓴맛을 우려낸 다음 씻어서 물기를 빼둔다.
4. 더덕에 고춧가루를 넣어 무친다. 고춧가루 물이 들면 식초, 설탕, 깨소금, 소금 ⅓작은술을 넣어 무친다.

더덕, 미끌미끌한 성분을 씻어내야~
생긴 것이 인삼과 비슷해 '사삼'이라고도 불리는 더덕은 껍질을 벗긴 후 물에 불려 미끌미끌한 사포닌 성분을 우려내야 한다. 더덕은 생으로, 구워서, 절임류로 다양하게 조리해 밥상에 자주 올린다.

더덕구이

더덕을 2~3등분 해서 방망이로 두들겨 부드럽게 만든 후
간장에 참기름을 더한 '유장'을 발라 굽고 여기에 고추장 양념을 덧발라 구운 고급 반찬.

더덕 200g
다진 잣 1큰술
굵은소금(씻기용) 조금

유장
저염간장 1작은술
참기름 1큰술

구이 양념
고추장 1큰술
다진 파 1큰술
다진 마늘 ½큰술
설탕 1큰술
깨소금 ½큰술
참기름 ½큰술
후춧가루 ¼작은술

1 더덕은 윗부분의 간두를 제거한 다음 돌려 깎으면서 껍질을 제거한다.

2 더덕을 두꺼운 것은 3등분, 가는 것은 길이로 2등분 해서 자른 다음 방망이로 자근자근 두들기거나 밀대로 밀어서 옅은 소금물에 담가 쓴맛을 우려낸다.

3 더덕의 물기를 제거한 다음 간장과 참기름을 섞은 유장을 앞뒤로 발라 팬에 굽는다.

4 준비한 양념 재료를 섞어 구이 양념을 미리 만들어놓는다.

5 ③의 애벌구이한 더덕에 구이 양념을 발라가면서 팬에 굽는다. 불은 너무 세지 않게 해서 구운 뒤 접시에 담고 다진 잣을 뿌린다.

'유장'은 재료의 맛과 영양가 손실을 막아줘

간장과 참기름을 더해 만든 '유장'을 더덕에 발라 애벌구이를 하면 간이 깊숙이 배어든다. 고추장 양념을 발라 구우면 타기 쉬운데, 애벌로 구웠기 때문에 타지 않을 정도로 살짝만 구워도 된다. 번거롭더라도 애벌구이를 하는 것이 맛과 모양이 좋은 더덕구이를 만드는 비결.

씀/바/귀/로/

씀바귀토장무침

씀바귀에는 칼륨과 칼슘이 많은 대신 비타민 A는 거의 들어 있지 않다.
다른 채소와 비교할 수 없을 정도의 쓴맛이 나서 충분히 우린 후 조리해야 한다.

씀바귀 200g
된장 1큰술
고추장 1큰술
설탕 1큰술
깨소금 1큰술
참기름 ½큰술
굵은소금(데치기용) 조금

1 씀바귀는 지저분한 잔뿌리를 훑어내고 다듬는다.

2 끓는 물에 소금을 조금 넣고 씀바귀를 데친 뒤 찬물에 헹궈 물에 5분 정도 담가둔다.

3 데친 씀바귀는 물기를 꼭 짜서 4cm 길이로 썬다.

4 볼에 된장, 고추장, 설탕, 깨소금을 넣어서 섞은 다음 ③의 씀바귀를 넣고서 버무린다. 마지막으로 참기름을 넣어 고루 섞는다.

**된장과 고추장을 섞어 양념하면
쓴맛이 줄어**

씀바귀는 데치고 찬물에 우려도 쓴맛이 진하게 나는 경우가 많은데, 이때는 된장과 고추장을 동량으로 넣고 섞은 토장으로 양념해 구수한 맛과 칼칼한 맛을 더하는 것이 좋다. 설탕을 넣어 감칠맛을 더하면 쓴맛이 줄어든다.

버섯으로

애느타리버섯나물

버섯과 들깨는 맛뿐 아니라 영양 궁합도 좋다. 데친 애느타리버섯을 국간장과 소금으로 간한 후 들깻가루로 고소한 맛을 더한 영양 반찬.

애느타리버섯 200g
대파(파란 대 부분) ¼뿌리
저염국간장 1작은술
들깻가루 2큰술
참기름 1작은술
굵은소금(데치기용) 조금

1 애느타리버섯은 밑동을 잘라내고 작은 것은 그대로, 큰 것은 작게 뜯는다. 대파는 곱게 채 썬다.

2 끓는 물에 소금을 조금 넣고 버섯을 살짝 데친 다음 찬물에 헹궈 물기를 꼭 짠다.

3 볼에 버섯과 대파 채, 국간장을 넣고 조물조물 무친다.

4 버섯에 간이 충분히 배면 들깻가루와 참기름을 넣어 무친다.

들깻가루로 맛의 포인트를
버섯은 칼로리가 거의 없는 데다 동맥경화를 예방할 수 있는 물질을 포함하고 있는 건강 재료. 애느타리버섯 특유의 담백한 맛에 포인트를 주기 위해 들깻가루를 넣어 맛을 냈다. 심심하게 간해야 버섯의 제맛을 즐길 수 있다.

느타리버섯전

쫄깃한 느타리버섯에 달걀을 풀어 넣고 부친 전으로 밥반찬은 물론 술안주로도 잘 어울린다. 버섯을 싫어하는 아이들도 좋아할 만한 반찬.

느타리버섯 100g
쪽파 5뿌리
양파 ¼개
달걀 2개
저염소금 ⅓작은술
참기름 1작은술
식용유 적당량

1 느타리버섯은 흐르는 물에 재빨리 씻어 물기를 닦은 다음 밑동을 잘라내고 1cm 길이로 썬다.

2 쪽파는 다듬어 버섯과 같은 길이로 썰고, 양파도 같은 크기로 썬다.

3 볼에 버섯, 쪽파, 양파, 참기름을 넣고 고루 섞은 다음 달걀과 소금을 넣고 섞는다.

4 달군 팬에 식용유를 두르고 ③의 반죽을 한 숟가락씩 떠 넣어 앞뒤로 노릇하게 굽는다.

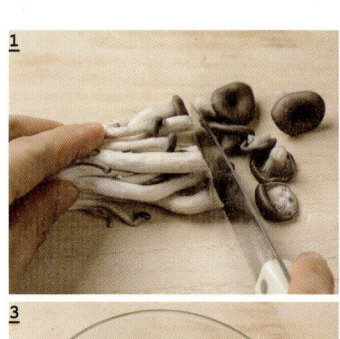

따뜻할 때 먹어야 제맛

느타리버섯으로 전을 부칠 때는 생것을 쓴다. 밀가루 없이 달걀만 풀어 넣고 참기름과 소금으로만 간을 해 깔끔하면서 씹는 맛이 좋다. 식으면 물이 생기고 늘어질 수 있으므로 따뜻할 때 상에 낸다.

모듬버섯잡채

풍미가 좋은 여러 종류의 버섯을 한데 볶은 저칼로리 건강 반찬.
밥 위에 얹어 비벼 먹어도 좋고 비빔국수 위에 고명으로 얹어 먹어도 맛있다.

마른 표고버섯 6개
새송이버섯 1개
애느타리버섯 10개
목이버섯 3장
붉은 피망 ¼개
쪽파 5뿌리
다진 마늘 1작은술
저염간장 2큰술
설탕 1큰술
후춧가루 ¼작은술
깨소금 1큰술
참기름 1큰술
다시마 국물 ¼컵
식용유 1큰술

1 마른 표고버섯은 뜨거운 물에 담가 부드럽게 불린 다음 기둥을 잘라낸 후 곱게 채 썬다.

2 새송이버섯과 애느타리버섯도 손질한 후 표고버섯과 같은 크기로 자른다.

3 목이버섯은 찬물에 담가 불린 다음 부드러워지면 꼭지를 제거하고 먹기 좋은 크기로 뜯는다.

4 피망은 4cm 길이로 곱게 채 썰고, 쪽파도 다듬어 4cm 길이로 썬다.

5 팬을 달궈 식용유를 두른 다음 다진 마늘을 볶다가 버섯과 다시마 국물을 붓는다.

6 버섯이 촉촉하게 볶아지면 간장, 설탕, 후춧가루를 넣어서 볶는다. 여기에 썰어놓은 피망과 쪽파를 넣는다.

7 불을 끄고 깨소금과 참기름을 넣어서 고루 섞는다.

버섯의 향과 종류에 따라 양념을 달리해야

새송이버섯이나 애느타리버섯은 향이 약해 다른 재료와 함께 조리해도 좋고 간을 조금 세게 해도 되지만, 표고버섯과 송이버섯은 향이 독특하면서 진하기 때문에 양념을 강하지 않게 해야 버섯 특유의 향을 즐길 수 있다.

양송이두반장조림

양송이버섯을 매콤하고 짭짤한 맛이 진한 두반장 소스로 조린 반찬.
양송이는 가열하면 오그라들기 때문에 알이 조금 큰 것으로 골라 조리한다.

양송이버섯 400g
풋고추 ½개
붉은 고추 ½개
대파(4cm) 1토막
다진 마늘 1작은술
두반장 2큰술
설탕 2작은술
올리고당 2큰술
식용유 ½큰술
통깨 ½큰술
참기름 1큰술

1 양송이버섯은 큰 것은 4등분, 작은 것은 2등분 한다.

2 풋고추와 붉은 고추는 길이로 4등분 한 다음 송송 썬다.
   대파도 송송 썬다.

3 팬에 식용유를 두른 다음 썰어놓은 고추를 반 덜어 넣고
   대파와 다진 마늘을 넣어 볶다가 양송이버섯을 넣고 볶는다.

4 ③에 두반장, 설탕을 넣는다.

5 불을 약하게 줄여 국물이 없어질 정도로 자작하게 조린다.

6 올리고당을 넣어 섞은 다음 나머지 고추를 넣는다.
   불을 끄고 통깨, 참기름을 넣어서 마무리한다.

볶음 음식에 잘 어울리는 두반장
가능한 한 센 불에서 모든 재료를
순차적으로 재빨리 볶아야 물이 생기지
않고 깔끔하게 조리할 수 있다.
두반장은 매운맛이 강하지만
짠맛도 진해 설탕으로 그 맛을
누그러뜨리는 것이 좋다.
두반장의 양 조절에 신경 써야 한다.

표고버섯고구마조림

표고버섯 특유의 향과 달콤한 고구마가 어우러져 입맛 없을 때 먹으면 좋다.
올리고당을 넣어 단맛을 더한 조림장에 조려 밥 없이 그냥 먹어도 맛있다.

마른 표고버섯 10개
고구마 1개
으깬 통후추 ½작은술

조림 양념
저염간장 3큰술
맛술 1큰술
설탕 ½큰술
올리고당 3큰술
물 1컵

1. 표고버섯은 뜨거운 물에 담가 부드럽게 불린 다음 굵게 채 썬다.
2. 고구마는 껍질을 벗긴 다음 도톰하게 썰어 찬물에 담가둔다.
3. 냄비에 고구마, 간장, 맛술, 설탕, 올리고당, 물을 넣고 자작하게 끓인다.
4. ③에 표고버섯, 으깬 통후추를 섞은 다음 불을 끈다.

고구마 껍질에도 영양가가 많아
고구마는 껍질을 벗겨 조리는 것이 깔끔하지만 껍질에 영양분이 많으므로 껍질째 조리하는 것도 좋다. 고구마를 충분히 익힌 후 표고버섯을 넣어 살짝만 간이 배게 조리면 맛이 잘 어우러진다.

표고버섯찜

기둥을 뗀 생표고버섯에 다진 소고기를 채워 정성 가득한 별미찜.
중간 정도로 비슷한 크기의 표고버섯으로 준비해 속을 채우면 고루 익어 좋다.

생표고버섯 12개
다진 소고기(다리살) 150g
녹말가루 ½컵

버섯 양념
저염간장 1큰술
설탕 ½큰술
참기름 1큰술

소고기 양념
저염간장 ½큰술
설탕 ½작은술
참기름 1작은술
맛술 1작은술
후춧가루 조금

겨자장
발효 겨자 1큰술
저염간장 1작은술
다진 마늘 ½작은술
깨소금 ½큰술
참기름 ½작은술
저염소금 ½작은술
물 2큰술

1 표고버섯은 밑동을 뗀다.

2 표고버섯을 손바닥으로 탁탁 쳐서 갓 속에 있는 불순물을 털어낸다.

3 표고버섯에 간장, 설탕, 참기름으로 밑간한다.
   다진 소고기에도 소고기 양념을 넣어 밑간한다.

4 녹말가루를 체에 담아 살살 흔들면서 표고버섯에 고루 묻힌다.

5 표고버섯의 갓 안쪽에 밑간한 소고기를 채워 넣은 다음
   다시 한 번 녹말가루를 살살 뿌려가며 고루 묻힌다.

6 김이 오른 찜통에 ⑤의 버섯을 넣고 10분 정도 찐다.
   준비한 겨자 양념 재료를 고루 섞어 겨자장을 만들어 곁들인다.

버섯 중의 최고! 표고버섯
생표고버섯은 마른 버섯에 비해 영양가는 덜하지만 부드럽게 씹히는 맛이 좋고
따로 불릴 필요가 없다. 표고버섯에는 버섯 특유의 감칠맛을 내는
구아닐산이라는 성분이 많은데, 구아닐산은 혈액의 콜레스테롤을 줄여주는
작용을 해 고혈압이나 심장병이 있는 사람이 꾸준하게 먹으면 좋다.

새송이버섯간장볶음

특유의 향이 거의 없고 도톰한 새송이버섯은 볶음을 하기에 좋다.
양파나 고추 같은 채소와 함께 볶으면 소고기를 씹는 듯이 쫄깃하다.

새송이버섯 200g
양파 ⅓개
풋고추 1개
붉은 고추 1개
마늘 3쪽
생강 ½쪽
대파 ⅕뿌리
저염간장 2큰술
참기름 1작은술
후춧가루 조금
다시마 국물 ¼컵
식용유 1큰술

1 새송이버섯은 밑동을 잘라낸 다음 2×4cm 크기로 도톰하게 썬다.
   양파는 채 썰고 고추는 어슷하게 썬다.

2 마늘, 생강은 편으로 썰고 대파는 어슷하게 썬다.
   달군 팬에 식용유를 두른 뒤 마늘, 생강, 대파를 볶는다.

3 향채의 향이 기름에 배면 새송이버섯을 넣어 볶는다.

4 ③에 다시마 국물을 넣고 볶다가 간장, 후춧가루를 넣고
   국물이 거의 줄어들면 양파와 고추를 넣어서 불을 끈 다음
   참기름을 넣는다.

**향이 강한 재료를 볶을 땐
센 불에서**

마늘과 생강 등의 향이 강한 재료를
기름 두른 팬에 볶으면
기름에 향이 배어들어 메인 재료의
맛을 업그레이드해준다.
담백하고 깔끔한 맛의 새송이버섯을
볶다가 다시마 국물을 넣고 촉촉하게
조리면 간이 깊숙하게 배어 맛있다.

팽이버섯폰즈소스냉채

데친 팽이버섯에 레몬 향의 폰즈 소스를 끼얹은 간단 반찬. 팽이버섯의 담백한 맛에 오이와 파프리카를 더하면 보기에도 좋고 씹는 맛도 좋아진다.

팽이버섯 2봉
오이 ½개
노란 파프리카 ½개
게맛살 2줄
검은깨 ½큰술
굵은소금(데치기용) 조금

폰즈 소스
다시마 국물 ½컵
저염간장 2큰술
레몬 ½개

1. 팽이버섯은 밑동을 잘라낸다.
2. 팔팔 끓는 물에 소금을 조금 넣고 팽이버섯을 살짝 데친다.
3. 데친 팽이버섯은 찬물에 담가 열기를 뺀 다음 물기를 제거한다.
4. 다시마 국물에 간장, 레몬을 짠 즙을 넣어 고루 섞어 차게 준비한다.
5. 오이는 돌려 깎아 채 썰고 파프리카는 5cm 길이로 채 썬다. 게맛살도 5cm 길이로 썰어서 찢어놓는다.
6. 볼에 팽이버섯, 오이, 파프리카, 게맛살, 검은깨를 넣어 섞은 다음 ④의 폰즈 소스를 넣고 버무린다.

샐러드나 생채 소스로 좋은 폰즈 소스

다시마 국물에 간장과 레몬을 적당량 섞으면 레몬 향이 진한 폰즈 소스를 만들 수 있다. 유자청을 체에 내려 섞어도 유자 향이 더해져 샐러드 소스로 손색없다. 냉장고에 일주일 정도 보관 가능. 데친 미역이나 생두부 등을 찍어 먹어도 맛있다.

김/으/로/

김자반

요즘엔 김에 기름을 발라 즉석에서 구워주기도 하고 포장해 파는 구이 김이 많다.
이렇게 간이 된 김을 잘게 뜯어 참기름으로 간하고 향을 더한 간단 반찬.

자반김 30g
참기름 ½작은술
통깨 ½작은술
후춧가루 조금
식용유 2큰술

1 자반김은 손으로 잘게 뜯는다.

2 ①의 자반김을 식용유로 무친 다음 볶는다.

3 ②에 후춧가루, 통깨를 뿌린 다음 불을 끄고 참기름을 뿌려 고루 섞는다.

4 ③의 김자반을 키친타월에 올려 기름기를 뺀다.

기름의 산패에 주의

요즘엔 반찬으로 만들어져 판매되는 김자반이 많다. 많이 만들어 냉장고에 넣어두면 편하긴 하지만 기름이 산패되어 오래 두면 맛은 물론 건강에도 좋지 않다. 기름으로 볶아 만든 반찬은 가능한 한 2~3일 내에 다 먹을 수 있는 양만 만드는 것이 좋다.

김간장무침

김을 작게 뜯어서 간장에 무친 밑반찬. 고춧가루와 참기름을 넣어 김 특유의 비릿한 맛을 누그러뜨리고 쪽파와 양파 등의 채소를 더해 맛의 변화를 줬다.

파래김 20장
쪽파 2뿌리
양파 ¼개
다진 마늘 ½작은술
저염간장 1큰술
고춧가루 1큰술
올리고당 4큰술
깨소금 1큰술
참기름 ½큰술
포도씨유 2큰술

1 파래김은 먹기 좋은 크기로 뜯어놓는다.

2 김에 포도씨유를 넣고 고루 무친다.

3 김에 기름이 골고루 배면 간장을 넣어 무친다.

4 쪽파는 다듬어 2cm 길이로 썰고, 양파는 채 썬다.

5 ③의 김에 마늘, 고춧가루, 올리고당을 넣어서 무친 다음 쪽파와 양파, 깨소금, 참기름을 넣어 무친다.

김의 비릿한 맛을 누그러뜨려야
철이 지났거나 좀 눅눅해진 김으로 만들어도 좋은 반찬.
김 특유의 비릿한 맛이 나지 않도록 간을 세게 하는 것이 좋다.
오래 두고 먹을 거라면 양파나 쪽파 등의 재료를 넣지 않고 기본 간만 충실히 하는 것이 좋다.

미역으로

미역레몬고추장소스무침

칼슘과 요오드가 풍부한 알칼리성식품이면서 성인병 예방에 좋은 미역으로 만든 입맛 돋우는 반찬. 레몬즙을 넣으면 산뜻한 향이 돌아 입맛을 부추긴다.

물미역 200g
오이 ½개
굵은소금(씻기용)

레몬 고추장 소스
고추장 2큰술
다진 마늘 1작은술
레몬즙 2큰술
설탕 2큰술
올리고당 1큰술
깨소금 ½큰술

1 미역은 먼저 찬물에 담가 염분을 제거한다.

2 팔팔 끓는 물에 미역을 넣어 데친다.

3 데친 미역을 찬물에 여러 번 헹궈 2cm 길이로 썰어서 물기를 제거한다.

4 오이는 소금으로 바락바락 문질러 씻은 다음 길이로 반 자르고 어슷하게 썬다.

5 레몬 고추장 소스 재료를 모두 넣어 소스를 만든 다음 오이, 미역에 넣고 고루 버무린다.

쓰임새가 많은 레몬
레몬은 유용한 식품이지만 우리네 밥상에 오르는 반찬과는 잘 어울리지 않는다고 생각하는 사람이 많다. 레몬즙은 신맛을 내는 것은 물론 산뜻한 향을 더할 수 있고 비타민 C의 파괴도 더디게 한다. 식초 대신 레몬을 활용해보는 것은 어떨까!

미역줄기볶음

소금에 절인 미역줄기는 짠맛을 빼고 볶아야 맛을 제대로 낼 수 있다.
연하게 푼 소금물에 담가놓으면 삼투압 작용으로 짠맛이 쉽게 빠진다.

염장 미역줄기 100g
양파 ½개
당근 ⅕개
다진 마늘 ½큰술
깨소금 1큰술씩
참기름 1작은술
후춧가루 조금
식용유 1큰술
굵은소금(씻기용) 조금

1. 염장 미역줄기는 소금을 씻어내고 찬물에 담가 짠맛을 충분히 우려내야 한다. 짠맛이 강한 것은 반나절 이상 물에 담가두는데, 이때 소금을 약간 넣으면 삼투압 작용으로 짠맛이 더 잘 빠진다.

2. ①의 물을 세 차례 정도 갈아가며 짠맛을 뺀다.

3. 미역줄기의 짠맛을 뺀 다음 물기를 꼭 짜서 5cm 길이로 썬다.

4. 양파는 채 썰고, 당근도 곱게 채 썬다.

5. 팬에 기름을 두르고 다진 마늘을 볶다가 미역줄기를 넣어서 볶는다. 여기에 양파와 당근도 넣어 함께 볶는다.

6. 미역줄기가 익으면 후춧가루를 넣어 좀 더 볶고 불을 끈 다음 깨소금, 참기름을 넣는다.

미역줄기, 짠맛 빼기부터
소금이나 간장 등의 짠맛을 내는 양념을 넣지 않아도 미역줄기 자체의 간간한 맛이 남아 있다. 양파 채를 많이 넣으면 단맛이 더해져 좋고, 마지막에 후춧가루를 넣으면 미역 특유의 비릿한 냄새를 누그러뜨릴 수 있다.

미역깨무침

부드러운 미역에 당근, 오이, 미나리 등
상큼한 맛의 채소를 넣어 새콤하게 무친 반찬.
통깨를 넉넉히 갈아 넣으면 고소한 맛까지 더해져 더욱 맛있다.

물미역 150g
무(2cm) 1토막
당근 ¼개
오이 ½개
미나리 8줄기
저염간장 2큰술
다진 마늘 ½작은술
참기름 1작은술
통깨 3큰술
식초 1큰술
굵은소금(씻기용·데치기용) 조금

식초 물
식초 1큰술
물 1컵

단촛물
식초 3큰술
설탕 3큰술
저염소금 ½작은술
물 3큰술

1 물미역은 소금을 조금 넣어 바락바락 주물러 씻은 뒤 찬물에 헹군다.

2 미역을 찬물에 10분 정도 담가 짠맛을 제거한다.

3 팔팔 끓는 물에 소금을 조금 넣고 미역을 데친 다음
　 찬물에 여러 번 헹궈서 2cm 길이로 썬다.

4 무와 당근은 0.3×5cm 크기로 채 썬 다음 단촛물 재료를 모두 넣고
　 20분 정도 절인다.

5 오이는 씻어서 5cm 길이로 썰어 껍질을 돌려 깎은 다음
　 곱게 채 썰고, 미나리는 줄기만 다듬어 식초 물에 담갔다가
　 4cm 길이로 썬다.

6 절구나 분쇄기에 통깨를 넣어서 곱게 갈고,
　 ④의 무와 당근은 물기를 꼭 짠다.

7 볼에 미역과 ⑥의 간 통깨와 무, 당근을 넣고,
　 오이, 미나리, 간장, 마늘, 식초, 참기름을 넣어서 버무린다.

식초의 다양한 쓰임새
미나리를 식초 물에 담가놓으면 거머리나 이물질 등을 제거해 깔끔하게 손질할 수 있고 살균 효과도 있다. 미나리뿐만 아니라 생으로 먹는 과일이나 채소는 마지막 헹구는 물에 식초를 떨어뜨린다.
미역에 곁들이는 무와 당근은 채 썰어 애벌로 단촛물에 절이면 아삭한 맛이 더 살아나 맛이 좋아진다.

다/시/마/로/

다시마조림

국물 만들 때 주로 사용하는 마른 다시마를 불려 채 썬 후 간장으로 조린 이색 반찬. 부드러우면서 쫄깃한 맛까지 즐길 수 있고 다이어트에도 좋다.

마른 다시마(사방 5cm) 20장
마른 고추 1개
참기름 1작은술
통깨 1큰술

조림 양념
저염간장 1큰술
설탕 1작은술
맛술 1큰술
올리고당 2큰술

1 다시마는 마른 천으로 표면을 잘 닦는다.

2 다시마를 뜨거운 물에 담가 부드러워지면 곱게 채 썬다.
   마른 고추는 송송 썬다.

3 냄비에 다시마, 마른 고추, 간장, 설탕, 맛술을 넣어
   국물이 없어지도록 끓인다.

4 국물이 거의 없어지면 올리고당을 넣고 조린 다음 불을 끄고
   통깨, 참기름을 넣어서 섞는다.

인보다 칼슘의 함량이 월등한 다시마
사람은 인보다 칼슘을 2배나 더 필요로 한다. 대부분 칼슘 함량이 많은 식품은 상대적으로 인의 함량도 많은데, 다시마는 칼슘의 양이 월등히 많다. 또한 알칼리성 식품인 밥이 주식인 우리네 밥상과 잘 어울리며 알칼리성 무기질 또한 많아 고혈압 발생을 억제하는 효과가 있다.

다시마말이

손바닥 크기의 다시마에 피망과 양파, 맛살 등을 채워 돌돌 만 음식.
소스에 따라 전채 요리로도, 반찬으로도 변화 가능.

염장 다시마(10cm) 2장
녹색 피망 1개
붉은 피망 1개
양파 ½개
게맛살 3줄
초고추장 5큰술

1. 염장 다시마는 찬물에 씻어서 표면에 묻은 소금기를 뺀다.

2. 충분한 양의 찬물에 다시마를 30분 정도 담가
   소금기를 충분히 없앤 다음 4×10cm 크기로 썬다.

3. 피망은 반 잘라 씨를 도려낸 다음 5cm 길이로 채 썰고,
   게맛살도 5cm 길이로 썬 다음 찢어서 준비한다.

4. 양파는 곱게 채 썰어 찬물에 담가 매운맛을 뺀 다음
   물기를 제거한다.

5. ②의 다시마에 피망, 양파, 게맛살을 올려 돌돌 만 다음
   접시에 담고 초고추장을 곁들인다.

**염장 다시마,
물을 갈아주면서 담가둬야~**

염장 다시마는 짠맛의 정도에
차이가 있지만 마른 다시마를
불려서 사용할 때와는 달리
짠맛을 충분히 우려내야 한다.
물을 충분히 부어 담그거나 중간에
2~3번 정도 물을 갈아주면서
담가놓아야 염분이 잘 빠진다.

파/래/로/

파래무무침

파래를 무칠 때 생으로 써야 하는지, 혹은 끓는 물에 데쳐야 하는지
헷갈릴 때가 있다. 답은 '데치지 않는다!'이다. 식초를 넣어 새콤하게 맛을 낸다.

파래 2묶음
무(5cm) ½토막(200g)
굵은소금(씻기용) 조금

무침 양념
다진 마늘 1작은술
저염국간장 1큰술
식초 3큰술
설탕 2큰술
깨소금 ½큰술
참기름 ½작은술

1 파래는 소금을 넣어서 거품이 날 정도로 바락바락 주물러
   찬물에 여러 번 헹군다.

2 파래의 물기를 꼭 짠 다음 1cm 간격으로 잘게 썰고,
   무도 곱게 채 썬다.

3 무침 양념을 만든 다음 무에 넣어 무친다.

4 무에 간이 배면 파래를 넣어 고루 버무린다.

겨울철 입맛 살리는 파래
파래에 무채를 넣어 무친 반찬은
겨울철 입맛 돋게 하는 대표 반찬.
식초를 넉넉히 넣어 새콤한 맛을
내는 것이 포인트인데 기호에 따라
액젓을 조금 넣어 감칠맛을
더하기도 하고 고춧가루를 넣어
칼칼한 맛을 내기도 한다.

파래굴전

식탁 위에서 바다 냄새를 느끼고 싶다면 파래굴전을 만들어본다.
밀가루에 파래를 풀어 반죽을 만들어서 전을 부친 후
전 가운데 굴을 올려 익힌 정성 가득한 반찬.

파래 1묶음
굴 100g
달걀 1개
밀가루 ⅔컵
물 ½컵
식용유 적당량
굵은소금(씻기용) 조금

1 파래는 소금을 넣어서 주물러 깨끗하게 씻은 다음
   찬물에 여러 번 헹궈 물기를 짠다.

2 굴에 소금을 넣어서 씻은 다음 찬물에 여러 번 헹궈 물기를 뺀다.

3 볼에 밀가루, 달걀, 물을 넣어 멍울 없이 잘 풀고
   파래를 잘게 썰어 섞는다.

4 팬에 식용유를 둘러 ③의 반죽을 먹기 좋게 한 수저씩 떠 넣고
   위에 굴을 올린 다음 앞뒤로 노릇하게 부친다.

굴의 물기를 충분히 빼야
굴전을 만들 때 굴의 물기를
충분히 빼야 군물이 생기지 않는다.
씻어 건진 굴은 체에 밭쳐
충분히 물기를 뺀다.
완성된 굴전은 식으면 맛이
떨어지므로 따뜻할 때 상에 낸다.

톳/으/로/

톳두부무침

톳이나 미역 등의 해초류에는 요오드가 많다. 두부를 많이 섭취하면
요오드 배출이 많아지는데 이들을 한데 섞어 조리하면 맛과 영양 모두 챙길 수 있다.

톳 200g
두부 ¼모
저염국간장 1큰술
깨소금 1큰술
참기름 1작은술
굵은소금(데치기용) 조금

1 톳은 5cm 길이로 자른다.

2 팔팔 끓는 물에 소금을 조금 넣어 톳을 데친다.

3 데친 톳은 헹군 다음 찬물에 담가 열기를 뺀다.
   체에 받쳐 물기를 빼둔다.

4 두부는 흐르는 물에 씻어서 물기를 뺀 다음 으깬다.
   볼에 두부, 톳을 함께 넣어 고루 섞이도록 버무린다.

5 ④에 국간장, 깨소금, 참기름을 넣어서 무친다.

칼슘 덩어리, 톳
톳은 바다에서 건진 칼슘 영양제라고
할 만큼 칼슘이 풍부하고
철분은 우유보다 20배나 많다.
톳은 장아찌로 만들어도 좋고
톳밥을 만들어도 맛있다.
독특하게 씹히는 맛 때문에
별미로 즐기기에도 좋다.

톳 콩나물무침

씹을 때 입안에서 톡톡 터지는 느낌이 나는 톳은 바다의 불로초라 불릴 정도로 영양이 풍부하다. 끓는 물에 데친 톳은 색이 밝아져 먹음직스럽다.

톳 200g
콩나물 150g
다진 마늘 1작은술
고춧가루 1큰술
저염국간장 1큰술
깨소금 1큰술
참기름 ½큰술
굵은소금(데치기용) 조금

1　콩나물은 팔팔 끓는 물에 소금을 조금 넣어 데친 다음 찬물에 헹군다.

2　톳은 5cm 길이로 잘라서 ①의 콩나물 끓였던 물에 데친 다음 헹군다.

3　데친 톳은 찬물에 담가 열기를 빼고 체에 밭쳐서 물기를 뺀다.

4　볼에 톳, 마늘, 고춧가루, 국간장을 넣고 무친다.

5　④에 콩나물, 깨소금, 참기름을 넣어서 간을 맞춘다.

요리에도 아이디어가 필요해
톳과 콩나물, 서로 맛이 잘 어울릴까 고개가 갸우뚱해지만 의외로 맛있다. 손질한 톳을 먼저 간한 후 나중에 콩나물을 넣어 참기름으로 향을 더한다. 씹히는 느낌과 컬러가 서로 다른 재료를 섞은 이색 반찬.

마/른/나/물/로/

고사리나물

고사리는 열을 내리는 성분이 있어 열이 많은 사람에게 잘 맞는다.
나물로 먹는 게 일반적이지만 육개장이나 닭육개장 등에 넣어
뭉근히 끓여 먹기도 한다.

마른 고사리 40g
다진 마늘 1작은술
저염국간장 1큰술
깨소금 1큰술
참기름 ½큰술
다시마 국물 ¼컵
식용유 1큰술

1. 마른 고사리는 냄비에 넣고 충분히 잠길 정도로 물을 부은 다음 부드럽게 삶아서 그대로 식힌다. 중간에 찬물을 1시간 간격으로 3번 정도 갈아준다.

2. 삶은 고사리는 물기를 제거한 다음 5cm 길이로 썬다.

3. 볼에 고사리와 마늘, 국간장을 넣어서 무친다.

4. 팬에 식용유 1큰술을 두른 다음 ③의 고사리와 다시마 국물을 넣고 볶는다.

5. 고사리가 부드럽게 볶아지면 불을 끄고 깨소금, 참기름을 넣어서 섞는다.

**고사리는 삶은 뒤
여러 번 물을 갈아줘야 해**

시중에서 판매하는 불린 고사리 가운데는 중국산이 많은데, 구입한 뒤 찬물에 여러 번 씻어서 사용하고, 기름에 볶은 뒤 재빨리 식혀야 비린 맛이 덜 난다. 마른 고사리를 삶은 뒤에는 찬물에 담가서 여러 번 물을 갈아줘야 떫은맛이 빠진다.

취나물볶음

콜레스테롤 수치를 낮추고 숙취 해소 효과가 있는 취나물은 두부, 깨 등과
궁합이 잘 맞는다. 마른 취는 끓는 물에 넣어 부드럽게 삶는 것이 맛 내기 비결.

마른 취 40g
다진 마늘 1작은술
다진 파 ½큰술
저염국간장 1큰술
깨소금 1큰술
참기름 ½큰술
다시마 국물 ¼컵
식용유 1큰술

1 냄비에 물을 넉넉하게 붓고 마른 취가 부드러워지도록 삶는다.

2 삶은 취나물을 찬물에 담가 아린 맛을 제거한다.
   이때 1시간 간격으로 3번 정도 찬물을 갈아주면서 불린다.

3 불린 취나물은 물기를 제거해 3cm 간격으로 썬 다음
   마늘, 파, 국간장을 넣어서 무친다.

4 팬에 식용유 1큰술을 두르고 취나물, 다시마 국물을 넣어 볶는다.

5 취나물이 부드럽게 볶아지면 불을 끄고
   깨소금, 참기름을 고루 섞는다.

물을 넣어 볶으면 나물이 촉촉해져
불린 나물은 물 없이 볶으면
나물이 뻣뻣해지고 기름을 많이
흡수한다. 물을 조금씩 부어가면서
볶거나 다시마 국물을 부으면
기름을 적게 넣고도 부드럽고
촉촉하게 나물을 볶을 수 있다.

마른호박볶음

마른 호박을 부드럽게 불려 볶으면 애호박을 볶은 것과는 전혀 다른 맛을 즐길 수 있다.
양념이 잘 배어 맛이 진하며 쫄깃하게 씹히는 맛이 일품이다.

마른 호박 40g
다시마 국물 ¼컵
깨소금 1큰술
참기름 ½큰술
식용유 1큰술

양념
다진 마늘 1작은술
다진 파 ½큰술
저염국간장 1½큰술

1 마른 호박은 뜨거운 물에 담가서 부드럽게 불린다.

2 불린 호박을 찬물에 헹궈 물기를 꼭 짠 뒤
  큰 것은 반 잘라 준비한다.

3 볼에 호박과 양념 재료를 모두 넣고 조물조물 무친다.

4 팬에 식용유를 두른 다음 ③의 호박과 다시마 국물을 넣고 볶는다.

5 호박에 간이 충분히 배고 국물이 없어지면 불을 끄고
  깨소금, 참기름을 넣어 섞는다.

마른 호박은 뜨거운 물에 불려야
마른 호박은 뜨거운 물에 15분 정도
불리면 부드럽게 불릴 수 있다.
너무 오래 불리면 쫄깃한 맛이
없어진다. 불린 호박은 애벌로
양념할 때 간이 깊게 배어들도록
손으로 조물조물 오래 무친다.

마른호박돼지고기볶음

호박을 효과적으로 먹는 방법은 기름으로 볶는 것.
기름기가 있는 돼지고기와 볶으면 호박의 따뜻한 성질이 돼지고기의 찬 성질을 중화해
밸런스가 맞다.

마른 호박 30g
돼지고기(불고기용) 200g
양파 ⅓개
풋고추 1개
붉은 고추 1개
대파 ¼뿌리
식용유 1큰술

볶음 양념
고추장 3큰술
저염간장 ½큰술
다진 마늘 ½큰술
설탕 1큰술
올리고당 2큰술
깨소금 1큰술
참기름 1작은술
맛술 2큰술

1 마른 호박은 뜨거운 물에 담가서 부드러워지면 씻어서 물기를 짜고, 큰 것은 반으로 자른다.

2 돼지고기는 5cm 길이로 썰어 종이타월로 감싸 핏물을 뺀다.

3 양파는 굵게 채 썬다. 풋고추, 붉은 고추, 대파는 어슷하게 썬다.

4 준비한 양념 재료를 모두 섞어 볶음 양념을 만든다.

5 볼에 돼지고기와 호박을 넣고 볶음 양념을 넣어 무친다.

6 돼지고기와 호박에 양념이 잘 배어들면 팬에 식용유를 둘러 볶는다.

7 돼지고기가 다 익으면 양파, 고추, 대파를 넣고 한 번 더 볶아서 그릇에 담는다.

찌개 끓일 때 넣어도 좋아

가을걷이 무렵 호박을 동그랗게 저며 썰어 채반에 널거나 실로 꿰어 가을바람에 말린 마른 호박을 호박고지, 혹은 호박오가리라고도 부른다. 겨울철 비타민 A와 C를 보충하기에 좋은 지혜의 저장식이라고 할 수 있다. 나물이나 볶음 외에 찌개로 만들어 먹어도 맛있다.

마른가지볶음

가지는 염증을 가라앉히는 저칼로리 채소. 주성분이 당질이지만 다른 영양소는 적은 편. 기름 흡수를 잘해 식물성기름으로 볶거나 무치면 영양도 챙길 수 있다.

마른 가지 30g
깨소금 1큰술
참기름 ½큰술
다시마 국물 ½컵
식용유 1큰술

양념
저염국간장 1큰술
다진 마늘 1작은술
다진 파 ½큰술

1 마른 가지는 뜨거운 물에 담가서 불린다.

2 가지가 부드러워지면 찬물에 헹궈 물기를 짠 뒤 4cm 길이로 자른다.

3 볼에 불린 가지를 넣고 양념 재료를 모두 넣어 조물조물 무친다.

4 팬에 식용유를 두른 다음 무쳐놓은 가지와 다시마 국물을 넣고 볶는다.

5 가지에 간이 충분히 배고 국물이 없어지면 불을 끄고 참기름, 깨소금을 넣어 섞는다.

가지는 기름 흡수를 잘해
영양소가 많지 않은 가지를 양념할 때 참기름이나 들기름을 넣으면 스펀지처럼 흡수를 잘해 리놀레산과 비타민 E를 섭취할 수 있어 동맥경화나 고혈압이 있는 사람에게 권할 만하다.

마른가지소고기볶음

이렇다 할 영양소가 없는 가지에 소고기를 넣어 함께 볶으면 영양이 보완된다.
마른 가지를 불려 애벌로 양념한 후 잠시 재두면 간이 깊게 밴다.

마른 가지 25g
소고기(다리살) 50g
풋고추 1개
붉은 고추 1개
대파 ¼뿌리
깨소금 1큰술
참기름 1작은술
식용유 1큰술

가지 양념
저염간장 1큰술
참기름 ½작은술

소고기 양념
저염간장 1큰술
설탕 1작은술
다진 마늘 1작은술
후춧가루 조금

마른 가지, 어떤 재료와도 잘 어울려
가지는 초가을에 씨가 적고
살이 통통하게 오른 것이 가장 맛있다.
제철 가지는 수분이 많아
쪄서 나물로 해 먹는 것이 보통이지만,
바람에 잘 말린 가지는 부드럽게
불려 조리해놓으면 씹는 맛이
좋아질 뿐 아니라 양념을 잘 흡수하고
다른 재료와도 맛이 잘 어울린다.

1 마른 가지는 뜨거운 물에 불려서 부드러워지면 찬물에 씻어
   물기를 짠 뒤 4cm 길이로 자른다.

2 소고기는 5cm 길이로 곱게 채 썰고, 풋고추와 붉은 고추는
   씨를 제거해 5cm 길이로 채 썬다. 대파는 어슷하게 썬다.

3 가지에 가지 양념 재료를 넣어 조물조물 무친다.
   5분 정도 두어 간이 배게 한다.

4 팬에 식용유를 둘러 다진 마늘을 볶다가
   소고기, 간장, 설탕, 후춧가루를 넣어 볶는다.

5 쇠고기가 익으면 ③의 가지를 넣어서 볶다가 고추, 대파를 넣고
   한 번 더 볶는다. 불을 끄고 깨소금, 참기름을 넣어 섞는다.

시래기된장지짐이

시래기는 된장국으로 많이 끓여 먹지만 냄비 바닥에 굵은 멸치를 깔고
시래기와 된장을 넣은 뒤 물을 자작하게 부어 은근히 끓이면 구수한 맛이 일품.

마른 시래기 50g
된장 1½큰술
다진 마늘 1큰술
식용유 1큰술
멸치(국물용) 15마리
대파 ¼뿌리
물 2½컵

1 시래기는 넉넉한 양의 끓는 물에서 부드럽게 삶은 다음
   그대로 식힌다. 이때 물을 여러 번 갈아가며 아린 맛을 제거한다.

2 삶은 시래기는 겉껍질을 벗겨서 4cm 길이로 자른다.
   멸치는 머리와 내장을 제거해서 준비한다.

3 볼에 시래기와 된장, 마늘, 식용유를 넣어서 무친 다음
   냄비에 담고 물을 붓는다.

4 ③에 멸치를 넣고 자작하게 끓여서 시래기가 부드러워지면
   어슷하게 썬 대파를 넣고 한 번 더 끓인다.

**시래기 겉껍질을 벗겨내면
더 부드러워**

불린 시래기를 구입할 경우
그냥 조리하지 말고 끓는 물에
한 번 데친 뒤 조리하면 깔끔하다.
줄기의 겉껍질은 그냥 놔둬도 되지만
벗겨내서 조리하면 훨씬 부드럽다.
멸치는 국물용의 약간 큰 것을
넣어야 맛이 구수하고 진한데,
멸치를 한 번 볶아 사용하면
비린내가 나지 않는다.

시래기들깨볶음

비타민, 미네랄, 식이 섬유가 풍부한 시래기는 육류나 인스턴트식품을 즐겨 먹는 사람들이 꼭 챙겨 먹어야 할 건강식품. 무침, 볶음 등으로 다양하게 활용한다.

마른 시래기 50g
저염국간장 1큰술
다진 마늘 1작은술
다진 파 ½큰술
깨소금 1큰술
참기름 ½큰술
들깻가루 4큰술
다시마 국물 1컵
식용유 1큰술

1 시래기는 넉넉한 양의 끓는 물에 부드러워질 때까지 삶은 다음 그대로 식힌다. 이때 물을 여러 번 갈아가면서 아린 맛을 제거한다.

2 시래기는 찬물에 헹군 다음 물기를 빼고 겉껍질을 벗긴다.

3 시래기를 2cm 길이로 작게 자른다.

4 볼에 시래기, 국간장, 마늘, 파를 넣어서 조물조물 무친다.

5 팬에 식용유를 둘러 ④의 시래기와 다시마 국물을 넣어 국물이 거의 없어지도록 볶는다.

6 국물이 자작해지고 시래기가 부드러워지면 들깻가루를 넣고 고루 섞어서 불을 끈 다음 깨소금과 참기름을 넣는다.

들깻가루는 마지막에
들깻가루는 열에 오랫동안 가열하면 뜬내가 난다. 시래기에 양념을 넣고 간이 고루 배면서 부드럽게 볶아지면 마지막에 들깻가루를 넣고 섞은 뒤 바로 불을 끈다. 이렇게 해야 들깨의 고소한 맛과 향이 잘 살아 있고, 건강하게 먹을 수 있다.

무말랭이액젓무침

무말랭이는 칼슘이 풍부하므로 무침이나 볶음, 김치 등과 같은 반찬으로 만들어 자주 먹는다. 고춧잎을 함께 넣으면 비타민을 보충해 영양 균형을 맞출 수 있다.

무말랭이 40g
마른 고춧잎 10g

무말랭이 밑 양념
멸치 액젓 1큰술
올리고당 1큰술

무말랭이 무침 양념
다진 마늘 ½큰술
다진 파 1큰술
고춧가루 1큰술
멸치 액젓 1큰술
설탕 1작은술
올리고당 2큰술
깨소금 ½큰술
참기름 1작은술

1 무말랭이와 마른 고춧잎은 뜨거운 물에 부드럽게 우린 다음 찬물에 여러 번 헹군다.

2 무말랭이와 고춧잎에 멸치 액젓과 올리고당을 넣어서 20분간 재워 밑간한다.

3 밑간한 무말랭이와 고춧잎의 물기를 꼭 짠다.

4 볼에 무말랭이와 고춧잎을 넣고 올리고당과 깨소금, 참기름을 제외한 무침 양념 재료를 모두 넣어 조물조물 무친다.

무말랭이 불리는 게 맛 내기 첫 비결
시판하는 무말랭이는 자연 건조가 아닌 건조기로 속성 건조한 것들이 대부분이다. 이런 무말랭이에 뜨거운 물을 붓고 불리면 물러져서 꼬들꼬들한 맛이 없어진다. 미리 1~2개를 불려봐서 시간을 가늠한 다음에 불리는 게 좋다.

무말랭이간장조림

무말랭이를 부드럽게 불려 반찬으로 만들면 간이 잘 배고 씹히는 맛이 좋아진다.
다진 돼지고기를 넣어 조리면 돼지고기의 소화 흡수를 돕는다.

무말랭이 30g
다진 돼지고기 100g
풋고추 ½개
붉은 고추 ½개
다진 마늘 ½큰술
저염간장 2큰술
설탕 ½큰술
맛술 1큰술
후춧가루 조금
물 ¼컵,
식용유 1큰술

1   무말랭이는 따뜻한 물에 30분간 불린다. 고추는 어슷하게 썬다.

2   무말랭이가 부드러워지면 손으로 바락바락 주물러 여러 번 씻어서 무 특유의 아린 맛을 제거하고, 찬물에 헹궈 물기를 꼭 짠다.

3   팬에 식용유를 두르고 마늘, 무말랭이, 간장을 넣어서 볶는다.

4   볶은 무말랭이를 팬 한쪽으로 밀어두고 다진 돼지고기를 볶는다. 고기가 익으면 물을 넣고 조린다.

5   ④에 고추를 넣고 설탕, 맛술, 후춧가루를 넣어 한 번 더 조린다.

**마른 채소는 물에 불리면
4배 정도 양이 늘어나**
물에 불려 조리해야 하는
마른 채소는 양을 가늠하기가 어렵다.
보기에는 적은 양이어도
물에 불리고 나면 양이 의외로
많아지는데 보통 4배 정도로
불어난다고 생각하면 된다.

묵/으/로/

도토리묵무침

도토리는 타닌 성분이 풍부해 설사를 자주 하거나 장이 약한 사람에게 좋다.
도토리묵으로 반찬을 만들 때는 채소를 많이 넣고 양념을 진하게 한다.

도토리묵 ½모(200g)
미나리 10줄기
양파 ¼개
오이 ¼개
풋고추 ½개
붉은 고추 ½개

무침 양념
저염간장 2큰술
다진 마늘 ½큰술
다진 파 1큰술
고춧가루 1큰술
깨소금 ½큰술
참기름 1작은술
후춧가루 조금

1 도토리묵은 흐르는 물에 씻어 4×5cm 크기로 도톰하게 썬다.

2 양파는 곱게 채 썰고, 미나리는 다듬어 5cm 길이로 썬다.
　 오이는 길이로 반 잘라 어슷하게 썰고,
　 풋고추와 붉은 고추도 어슷하게 썬다.

3 고추를 제외한 채소를 찬물에 5분 정도 담갔다가
　 체에 밭쳐 물기를 뺀다.

4 고춧가루를 제외한 무침 양념 재료를 먼저 섞고
　 나중에 고춧가루를 넣고 고루 섞어 무침 양념을 만든다.

5 볼에 도토리묵과 채소를 넣고 무침 양념을 넣어
　 묵이 부서지지 않게 살살 버무린다.

채소는 찬물에 담갔다 넣으면 아삭
묵무침에 넣을 채소는 찬물에 담갔다
이용하면 아삭한 질감이 살아난다.
물에 담갔던 채소의 물기를 제거하고
냉장고에 30분 정도 두었다가
먹으면 더 아삭하다.
묵무침은 미리 무치기보다는 먹기
직전에 양념을 넣고 무쳐야 더 맛있다.

청포묵무침

부드럽고 소화가 잘되는 청포묵에 소금으로 간간하게 간을 맞추고
김 가루를 뿌린 청포묵무침은 정갈하고 담백한 상차림에 어울리는 반찬.

청포묵 1모
구운 김 1장
저염소금 ⅓작은술
깨소금 1큰술
참기름 ½큰술
굵은 소금(데치기용) 조금

1. 청포묵은 1×5cm 크기로 자른다. 끓는 물에 소금을 넣고 데쳐 찬물에 헹구면 부드럽고 말랑말랑해진다.
2. 데친 청포묵의 물기를 제거한 다음 소금과 참기름을 넣어서 밑간한다.
3. 김은 구운 다음 작게 뜯어 물기 없는 믹서에서 곱게 간다.
4. ②의 청포묵에 김, 깨소금을 넣고 고루 무쳐서 그릇에 담는다.

단단해진 묵은 데쳐서 말랑말랑하게
묵은 부드럽고 말랑말랑한 맛으로
먹는 음식으로 실온에 보관한다.
냉장고에 넣어 단단해졌을 때는
끓는 물에 데치면 부드러워진다.
청포묵은 너무 오래 데치면
풀어지므로 끓는 물에 넣어
투명해지면 얼른 꺼내서
찬물에 헹궈 식혀서 조리한다.

메밀묵김치무침

새콤하게 익은 김치의 양념을 털어내고 썰어 메밀묵과 함께 무친 반찬으로 칼로리가 낮아 고기나 생선과 함께 상에 내면 좋은 다이어트 음식.

메밀묵 ½모(200g)
배추김치 4잎
김 ½장
쪽파 2뿌리

김치양념
들기름 1큰술
깨소금 ½큰술
다진 마늘 1작은술

1 메밀묵은 사방 4cm 크기로 도톰하게 썰어서 소금, 들기름 ½큰술을 넣어서 고루 무친다.

2 배추김치는 소를 털어낸 다음 송송 썰어서 볼에 담고 다진 마늘, 깨소금, 들기름 ½큰술을 넣어서 무친다.

3 김은 구워서 채 썰고 쪽파는 송송 썬다.

4 접시에 ①의 메밀묵을 담고 그 위에 ②의 배추김치, 쪽파, 김을 얹어서 낸다.

메밀묵엔 들기름이 어울려
김치는 짜고 메밀묵은 싱겁기 때문에 메밀묵에 미리 소금과 들기름을 넣어서 무친 뒤 김치와 곁들여야 간이 잘 맞고 김치와 맛도 잘 어우러진다. 참기름보다는 들기름을 넣는 게 맛의 비결. 김치는 새콤하게 익은 걸 넣어야 맛있다.

PART

02

바다의 싱싱함이 깃든
생선&해산물 반찬

건강에 좋은 장수 식품으로 생선과 해산물이 단연 인기다.
담백하고 부드러운 흰 살 생선, 고소한 등 푸른 생선,
쫄깃한 오징어와 낙지….
종류도 다양해 입맛 따라 골라 먹는 재미도 적지 않다.
생선과 해산물을 이용해 음식을 만들 때는
재료 자체의 맛을 살리는 것이 포인트.

가
자
미
로

가자미양념조림

맛있고 영양 있는 대표적 흰 살 생선인 가자미를 간장 양념으로 조려
가자미 맛을 최대로 살린 건강 반찬. 담백하고 비린내가 적어 깔끔한 맛이 난다.

가자미 2마리
마른 청양고추 1개
굵은소금(절이기용) 1작은술

조림 양념
저염간장 3큰술
다진 마늘 1작은술
설탕 1큰술
올리고당 1작은술
맛술 1큰술
후춧가루 조금
물 ½컵

1 가자미는 내장을 제거하고 비늘을 칼로 긁어낸 뒤
   깨끗이 씻어 물기를 없앤다.

2 가자미를 먹기 좋은 크기로 잘라 소금을 뿌려서 10분간 재운다.

3 올리고당을 제외한 분량의 재료를 고루 섞어 조림 양념을
   만들어두고, 마른 청양고추는 1cm 크기로 썬다.

4 냄비에 가자미, 청양고추, 조림 양념을 넣어 자작하게 조리다가
   마지막에 올리고당을 넣는다.

오래 익히면 살이 부서지므로 주의
가자미는 살이 연해 조림을 할 때
살이 부서지는 것을 조심해야 한다.
살이 도톰한 곳에 칼집을 넣어
간이 잘 배게 하면서 조리 시간을
줄이거나, 넓은 팬에 생선이 겹치지
않게 놓고 조리는 것도 한 방법.
가자미는 등 쪽에 광택이
있으면서 배 쪽이 투명하고
눈이 선명한 것이 신선해서 맛있다.

가자미살감자조림

가자미는 저지방 고단백 식품, 감자는 식이 섬유가 풍부한 알칼리성식품으로
맛과 영양의 균형이 잘 맞는다. 청양고추를 넣어 칼칼한 맛을 더했다.

가자미 3마리
감자(중간 크기) 2개
양파 ¼개
붉은 고추 1개
청양고추 1개
저염간장 4큰술
올리고당 4큰술
물 1컵
굵은소금(절이기용) 1작은술

1. 가자미는 내장과 비늘을 제거하여 등뼈를 중심으로 포를 뜬 다음 깨끗이 씻어서 물기를 제거한다.

2. ①의 가자미살에 굵은소금을 뿌려 10분간 재운 다음 먹기 좋게 한 입 크기로 썬다.

3. 감자는 껍질을 벗겨 사방 2cm 크기로 썰어 찬물에 담가둔다.

4. 고추는 어슷하게 썰고, 양파는 감자와 같은 크기로 썬다.

5. 냄비에 감자를 넣고 간장과 올리고당을 넣어서 반 정도 끓인다.

6. 국물이 자작해지면 ②의 가자미와 양파, 고추를 넣어서 좀 더 조린다.

단단한 채소를 익힌 뒤 생선을 넣는다

생선은 오래 가열하면 살이 단단해져 맛이 떨어진다. 익는 시간이 오래 걸리는 무나 감자 같은 단단한 채소를 애벌로 익힌 뒤 생선을 넣고 조려야 생선과 감자 모두 적당하게 간이 배어들고 모양을 살려 조리할 수 있다.

갈/치/로/

갈치무조림

담백한 갈치, 시원한 무, 칼칼한 고춧가루가 어우러져 밥 한 그릇 뚝딱 비우게 만드는 반찬. 고구마나 감자 등의 채소를 넣어도 맛있다.

갈치(7cm) 4토막
무(2cm) 1토막
붉은 고추 1개
풋고추 1개
대파 ¼뿌리
고춧가루 1큰술
굵은소금(절이기용) 1작은술

조림 양념
저염간장 3큰술
설탕 1큰술
올리고당 1큰술
맛술 1큰술
다시마 국물 1컵

1 갈치는 지느러미와 내장을 제거한 다음 7cm 크기로 잘라서 겉의 은색 비늘을 긁어낸다.

2 갈치에 소금을 뿌려 15분간 절여서 어느 정도 간이 배면 씻어서 물기를 제거한다.

3 무는 은행잎 모양으로 잘라 끓는 물에 데친다.

4 냄비에 무를 넣고 그 위에 ②의 갈치를 올린다.

5 분량의 재료를 고루 섞어 조림 양념을 만들어서 ④에 넣어 바글바글 끓이다가 고춧가루를 넣고 자작하게 조린다.

6 고추와 대파는 어슷하게 썰어 ⑤에 넣고 좀 더 조린다.

고춧가루는 마지막에 넣어야
무는 익는 시간이 오래 걸리므로 미리 데쳐서 익힌 뒤 넣어야 갈치가 익는 시간과 잘 맞는다. 고춧가루는 맨 마지막에 넣어 잠깐 동안만 조려야 맛이 텁텁하지 않고 모양도 지저분하지 않다. 특히 갈치처럼 담백한 생선을 조릴 때는 더욱 그렇다.

갈치양념구이

짜지 않게 간하는 대신 칼칼한 고추를 다져 넣은 간장 양념으로 맛을 더한다.
갈치는 맛이 달고 부드러워 소화기가 약한 사람이나 아이들에게도 좋다.

갈치(10cm) 4토막
식용유 ½큰술
굵은소금(절이기용) 1작은술

구이 양념장
저염간장 2큰술
쪽파 2뿌리
청양고추 ½개
붉은 고추 ½개
다진 마늘 1작은술
깨소금 ½큰술
맛술 ½큰술
후춧가루 조금

1 갈치는 지느러미와 내장을 제거하여 7cm 크기로 자른 다음 겉의 은색 지느러미를 살짝 긁어낸다.

2 갈치에 소금을 뿌려 15분간 절여서 어느 정도 간이 배어들면 깨끗하게 씻어서 물기를 제거한다.

3 쪽파는 송송 썰고, 고추는 잘게 썰어 분량의 양념 재료와 함께 섞어 구이 양념을 만든다.

4 팬에 식용유를 둘러 ②의 갈치를 앞뒤로 노릇하게 굽는다.

5 갈치에 ③의 양념의 ⅔를 넣어 타지 않게 구운 다음 그릇에 담고 나머지 양념을 끼얹는다.

**갈치를 고루 구워
양념을 넣어야 간이 잘 배어들어**

갈치를 골고루 잘 구워야 양념을 넣고 구울 때도 간이 잘 배어든다. 한쪽 면이 노릇하게 잘 구워지면 뒤집어서 다른 면도 충분히 익도록 굽는다. 구우면서 양념을 끼얹으면 자칫 타거나 간이 진해질 수 있다. 싱겁게 즐기려면 양념장을 따로 곁들여 취향에 맞게 찍어 먹도록 하는 것도 좋다.

갈치생강간장구이

갈치는 칼슘에 비해 인산의 함량이 높은 산성식품.
생강을 곁들이면 산성으로 변하는 것을 막을 수 있다.
생강을 넣어 조린 간장을 넣어 향긋하다.

갈치(10cm) 4토막
생강 2쪽
저염간장 2큰술
식용유 1큰술

갈치 양념
굵은소금 1작은술
맛술 1큰술
생강즙 ½작은술

1 갈치는 지느러미와 내장을 제거한 다음 7cm 길이로 잘라서 겉의 은색 비늘을 살짝 긁어낸다.

2 갈치에 소금을 뿌리고 맛술과 생강즙 섞은 것을 뿌려 15분간 절인 다음 어느 정도 간이 배면 씻어서 물기를 제거한다.

3 생강은 껍질을 벗겨 반은 편으로 썰고, 반은 곱게 채 썬 다음 찬물에 담가 매운맛을 제거한다.

4 팬에 간장, 편으로 썬 생강을 넣고 바글바글 끓여 생강 향이 올라오도록 한다.

5 팬에 식용유를 둘러 ②의 갈치를 앞뒤로 노릇하게 구운 다음 ④에 넣어 간장 간이 고루 배도록 굽는다.

6 그릇에 갈치를 담고 물기를 제거한 생강 채를 곁들인다.

생강은 생선 요리에 필수
생강은 비린내를 없애고 살균 작용을 하며 약용 효과도 뛰어난 식품. 생강은 티푸스균, 콜레라균 등의 세균에 대한 항균 작용을 해 생선과 잘 어울린다. 생선회에 생강을 곁들이는 것이 그 이유. 간장과 생강즙, 편으로 얄팍하게 썬 생강을 함께 넣어 팔팔 끓이면 향긋한 생강의 향이 퍼진다. 이때 팬에 구운 갈치를 넣어 국물을 끼얹어가면서 구우면 간이 고루 배어들어 맛있다.

조/
가/
로/

조기고추장조림

조기는 이름대로 몸의 기를 불어넣는 생선이다. 대개 구이로 많이 해 먹지만 고추장과 고추, 양파 등을 넣고 칼칼하게 조리면 소화도 잘된다.

조기(작은 것) 4마리
양파 ½개
풋고추 1개
붉은 고추 1개
대파 ¼뿌리
다시마 국물 1컵

조기 양념
굵은소금 1작은술
맛술 1큰술

고추장 양념
고추장 ½큰술
저염간장 2큰술
다진 마늘 1작은술
고춧가루 ½큰술
설탕 1큰술
올리고당 2큰술
후춧가루 조금

**생선 조릴 때
채소를 넉넉히 넣는다**
시판하는 조기는 소금을 뿌려 손질한 것이 대부분으로 집에서 손질할 때는 소량의 소금으로 간해 짠맛이 진해지지 않도록 주의한다. 양파와 고추, 대파 등을 넉넉히 넣으면 짠맛이 누그러지고 맛도 좋아진다. 자반 생선은 쌀뜨물에 담가 짠맛을 빼고 조리한다.

1. 조기는 머리 쪽으로 내장을 제거하고 지느러미와 꼬리를 자른다.
2. 조기의 비늘을 긁은 다음 칼집을 넣는다.
3. 양파는 굵게 채 썰고, 고추와 대파는 어슷하게 썬다.
4. ②의 조기에 맛술과 소금을 뿌려 15분간 재운 다음 깨끗이 씻어서 물기를 제거한다.
5. 준비한 양념 재료로 고추장 양념을 만든 다음 냄비에 조기, 다시마 국물, 고추장 양념을 넣고 끓인다.
6. 국물이 자작해지면 양파, 고추, 대파를 넣어 한 번 더 끓인다.

조기찜

조기에는 철분과 칼슘, 양질의 단백질이 풍부하므로 입맛 없을 때, 몸이 허할 때 자주 조리해 먹는다. 조기찜은 담백한 맛을 즐길 수 있다.

조기(큰 것) 2마리

조기 양념
굵은소금 1작은술
맛술 1큰술

찜 양념
저염간장 1큰술
쪽파 2뿌리
다진 마늘 1작은술
고춧가루 ½큰술
설탕 1큰술
깨소금 1큰술
후춧가루 조금

1 조기는 지느러미와 꼬리를 자른 다음 칼끝으로 비늘을 긁어낸다.

2 조기에 소금과 맛술을 뿌려 15분간 재운 다음 씻어서 물기를 제거한다.

3 내열 용기에 ②의 조기를 담은 다음 분량의 찜 양념을 만들어 고루 끼얹는다.

4 김이 오른 찜통에 ③을 넣고 15분간 찐다.

조기에 칼집 넣으면 부서지지 않아
조기로 찜을 할 경우 살이 도톰하고 조금 큰 것으로 해야 살이 부서지는 것을 어느 정도 피할 수 있다.
조기에 칼집을 한두 군데 넣는 것도 부서지지 않게 하는 방법.
담백한 맛을 즐기려면 찍어 먹을 수 있도록 양념장을 따로 준비한다.

조기탕수

조기를 통째 튀겨서 새콤한 탕수 소스를 곁들인 반찬으로
아이들이 잘 먹고 손님 접대 요리로도 손색없다.

조기(큰 것) 1마리
당근 ⅕개
목이버섯 2장
양파 ¼개
피망 ¼개
붉은 파프리카 ¼개
참기름 1작은술
식용유 적당량

조기 양념
굵은소금 ⅕작은술
맛술 1큰술

튀김 반죽
달걀 1개
녹말가루 4큰술

탕수 소스
저염간장 3큰술
설탕 2큰술
식초 2큰술
녹말물 1큰술
물 ¼컵

1 조기는 지느러미와 꼬리를 잘라 비늘을 긁어낸 다음 널찍하게 칼집을 넣는다.

2 조기에 소금과 맛술을 뿌려 15분간 재운 다음 씻어서 물기를 제거한다.

3 녹말가루와 달걀을 섞은 튀김옷을 조기 살 속까지 스며들도록 골고루 바른다.

4 당근은 2×5cm로 얇게 썰고, 목이버섯은 찬물에 불린 다음 2cm 크기로 뜯어놓는다.
양파와 피망, 파프리카는 5cm 길이로 곱게 채 썬다.

5 달군 팬에 식용유 1큰술을 두른 다음 당근, 목이버섯, 양파, 피망을 볶다가 녹말물을 제외한 탕수 소스 재료를 모두 넣어 끓인다.
녹말물을 넣어 농도를 조절하고 불을 끈 뒤 참기름을 넣는다.

6 오목한 팬에 식용유를 넉넉히 붓고 달군 다음 조기를 머리부터 넣고 튀긴다.

7 그릇에 튀긴 조기를 담고 ⑤의 탕수 소스를 끼얹는다.

조기는 머리부터 튀긴다
조기에 칼집을 넓게 넣은 뒤 튀김옷을 칼집 넣은 속살까지 충분히 스며들도록 발라야 튀겼을 때 속살까지 고소하다. 조기는 머리 쪽에 살이 많기 때문에 머리 쪽부터 튀겨야 전체적으로 고루 익는다.

굴비양념구이

굴비는 조기를 소금에 절여 해풍에 말린 것으로 별다른 조리를 하지 않고
굽기만 해도 쫄깃한 식감과 짭짤한 맛 덕분에 밥 한 그릇을 뚝딱 비우게 된다.

굴비(큰 것) 3마리

굴비 양념
맛술 1큰술

구이 양념
저염간장 2큰술
청양고추 ½개
붉은 고추 ½개
쪽파 2뿌리
다진 마늘 1작은술
깨소금 ½큰술
맛술 ½큰술
후춧가루 조금

1 굴비는 지느러미와 꼬리를 잘라 비늘을 긁어낸 다음 칼집을 넣는다.

2 굴비에 소금과 맛술을 뿌려 15분간 재운 다음
    씻어서 물기를 제거한다.

3 쪽파는 송송 썰고, 고추는 잘게 자른 다음
    분량의 구이 양념을 만든다.

4 달군 팬에 굴비를 넣어서 앞뒤로 노릇하게 구운 뒤
    ③의 구이 양념을 넣어 앞뒤로 타지 않게 굽는다.

갈색이 진한 것은 맛이 떨어져
진한 감칠맛과 짭짤한 맛이 나는
굴비는 예부터 귀하게 여겨져
제사상이나 잔칫상에 빠지지 않던
생선. 지방 성분이 소금에 절어서
갈색이 진하게 도는 것은 맛과
영양이 떨어진 것이므로 주의해 고른다.

임/연/수/어/로/

임연수어소금구이

10~11월이 제철인 임연수어는 제철이 되면 살이 통통하게 올라 맛있다.
가자미와 함께 대표적 흰 살 생선으로 동맥경화 예방, 당뇨병 치료에 효과적.

임연수어 1마리
식용유 1큰술

임연수어 양념
굵은소금 1큰술
맛술 1큰술

1. 임연수어는 내장과 지느러미를 제거한 다음 칼끝으로 꼬리부터 머리 쪽으로 비늘을 긁어낸다.

2. 임연수어를 길이로 반 갈라 내장 속의 검은 막을 제거하고 뼈 부분의 피 등도 긁어서 깨끗하게 제거한 다음 씻어서 물기를 없앤다.

3. 5cm 크기로 임연수어를 자른 다음 살 쪽이 위로 오도록 해서 소금과 맛술을 뿌려 30분간 상온에서 두어 간이 배도록 절인다.

4. 절인 임연수어는 씻어서 물기를 없앤 다음 달군 팬에 식용유를 둘러 바삭하게 굽는다.

등 쪽을 먼저 구우면 살이 안 부서져
다른 생선에 비해 임연수어는
껍질이 두꺼운 편이다.
팬에 구울 때 등껍질 쪽이 바닥에
닿도록 먼저 구운 다음 뒤집어
살 쪽을 나중에 구우면
살이 많이 부서지지 않는다.
구운 임연수어 껍질은
바삭하고 고소해 살보다 껍질을
먼저 먹을 정도로 맛있다.

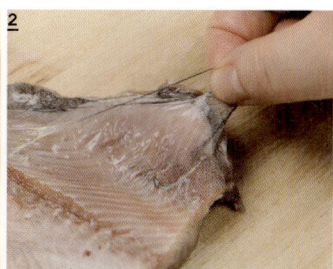

임연수어고구마조림

임연수어는 아미노산이 풍부하고 고구마는 식이 섬유와 탄수화물이 많아
서로 영양을 보완해준다. 고구마를 넣으면 더 풍부한 맛이 난다.

임연수어 1마리
고구마(중간 크기) 2개
풋고추 1개
붉은 고추 1개
양파 ⅓개
대파 ¼뿌리
굵은소금(절이기용) 1작은술

조림 양념
저염간장 2큰술
된장 ½큰술
다진 마늘 ½큰술
고춧가루 ½큰술
설탕 1큰술
올리고당 1큰술
맛술 1큰술
후춧가루 조금
물 1컵

중약불로 조려야 고구마가 타지 않아
고구마는 찬물에 담가서 전분을
뺀 뒤 조려야 부서지지 않고
모양이 잘 유지된다. 또 조림을
할 때는 고구마가 타지 않도록
센불에서 시작해 한소끔 끓어오르면
중약불로 줄여서 은근하게 조린다.

1 임연수어는 내장과 지느러미, 비늘을 제거하고 씻어서 4cm 크기로
  썬 다음 소금을 뿌려 10분간 재운다. 다 재워지면 씻어서
  물기를 제거한다.

2 고구마는 껍질을 벗겨 도톰하게 반달 모양으로 썰어서 물에 담가둔다.

3 양파는 굵게 채 썰고, 고추와 대파는 어슷하게 썬다.

4 준비한 양념 재료를 고루 섞어 조림 양념을 만든다.

5 냄비에 고구마를 깔고 ①의 임연수어를 넣은 다음
  조림 양념을 끼얹어 조린다.

6 국물이 거의 졸아들면 고추, 양파, 대파를 넣고 한 번 더 끓인다.

코/다/리/로/

코다리조림

코다리는 동태의 내장을 제거하여 말린 반건조 명태로 맛이 구수하다.
한 번 튀긴 후 양념장으로 조리면 쫄깃하면서 진한 맛을 즐길 수 있다.

코다리 2마리
달걀 1개
녹말가루 4큰술
식용유 적당량

코다리 양념
굵은소금 ⅛작은술
청주 1큰술
참기름 ½작은술
후춧가루 조금

조림 양념
고추장 2큰술
저염간장 1큰술
다진 마늘 1작은술
설탕 1큰술
올리고당 3큰술
참기름 1큰술
후춧가루 조금
물 3큰술

작은 토막으로 잘라 튀겨야
번거롭지만 생선으로 음식을 만들 때
튀기거나 구운 후 양념장을 발라
다시 굽거나 조리면 훨씬 깊은 맛을
즐길 수 있다. 애벌로 튀길 경우
생선 토막을 너무 굵지 않게 잘라
센 불에서 튀겨내야 기름이
속까지 배지 않아 깔끔하다.

1. 코다리는 머리, 지느러미를 제거하여 포를 떠서 살과 뼈를 분리하고, 4cm 크기로 썬다.
2. 코다리 양념으로 코다리에 밑간을 한 다음 달걀, 녹말가루를 넣어서 잘 섞는다.
3. 오목한 팬에 식용유를 적당량 붓고 170℃로 달궈지면 양념한 코다리를 넣어 2번 튀겨 딱딱할 정도로 바삭하게 준비한다.
4. 올리고당을 제외한 조림 양념을 냄비에 넣고 바글바글 끓이다가 불을 끈 다음 올리고당을 넣는다.
5. ③의 튀긴 코다리에 ④의 양념을 넣어 버무린 다음 그릇에 담는다.

코다리콩나물찜

콩나물의 아삭한 씹는 맛과 코다리의 구수한 맛이 잘 어울리는 반찬.
미더덕까지 넣으면 별미로 즐기기에 좋다.

코다리 1마리
미더덕 50g
콩나물(찜용) 300g
미나리 5줄기
양파 ⅓개
쪽파 5뿌리
풋고추 1개
붉은 고추 1개
깨소금 1큰술
참기름 ½작은술
굵은소금(씻기용) 조금

코다리 양념
저염간장 1큰술
참기름 ½작은술
맛술 1큰술
후춧가루 조금

찜 양념
고춧가루 4큰술
저염국간장 1큰술
멸치 액젓 1작은술
설탕 ½큰술
녹말가루 2큰술
다진 마늘 ½큰술
저염소금 ⅙작은술

코다리와 채소를 따로 익혀 버무리면 깔끔
코다리를 익히는 동안 많이 뒤적이면 살이 부스러질 수 있다. 양념을 넣고 조리다가 코다리가 익으면 건져내고 채소를 버무린 다음 다시 코다리를 넣어 가볍게 버무리면 깔끔하다.

1 코다리는 지느러미를 제거하고 5cm 크기로 자른 다음 코다리 양념을 넣어서 10분간 재운다.

2 콩나물은 머리와 꼬리를 다듬어 찬물에 5분간 담가둔다.

3 미더덕은 소금물에 씻은 후 반으로 썰어 물기를 제거한다.

4 미나리와 쪽파는 4cm 길이로 썰고, 양파는 굵게 채 썬다. 고추는 어슷하게 썬다.

5 냄비에 콩나물을 깔고 미더덕과 코다리를 넣어 뚜껑을 덮은 다음 김이 날 정도로 끓인다.

6 콩나물이 익으면 양파, 미나리, 고추, 쪽파를 넣고 찜 양념을 넣어 고루 섞는다.

7 찜 국물의 농도가 좀 진해지면 좀 더 가열한 다음 불을 끄고 깨소금과 참기름을 넣어서 맛을 더한다.

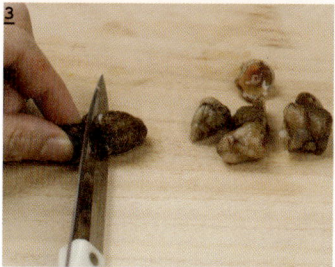

북/
어/
로/

북어양념구이

북어를 부드럽게 손질해 물기를 짠 후 간장과 고춧가루로 맛을 낸 양념을 발라 구운 정성 가득한 건강 반찬.

북어포 1마리
대파채 ¼뿌리 분량
물 ¼컵
식용유 1큰술

구이 양념
저염간장 1½큰술
다진 마늘 1작은술
고춧가루 1작은술
설탕 1큰술
참기름 ½작은술
후춧가루 조금
물 ½컵

1 북어포는 머리와 꼬리, 지느러미를 잘라내고 가운데에 뼈가 있으면 제거한다.

2 손질한 북어에 물을 고루 부어 5분 정도 불려 부드럽게 준비한다.

3 북어가 부드러워지면 껍질이 아래로 가게 놓은 다음 가장자리와 가운데에 잔 칼집을 넣고 5cm 크기로 자른다.

4 팬에 식용유를 둘러 북어를 놓고 구이 양념을 고루 바른다. 국물이 없어지도록 중간 불에서 굽는다.

5 양념에 구운 두부를 그릇에 담고 대파채를 곁들인다.

북어포는 잔 칼집을 넣어야 오그라들지 않아

북어포는 그냥 조리하면 질겨서 먹기에 불편하다. 물을 뿌려 부드럽게 불린 뒤 조리해야 하는데, 물에 너무 푹 담가두면 살이 물러지므로 살짝 불리는 것이 좋다. 또 북어포 가장자리에 잔 칼집을 넣으면 구울 때 오그라들지 않는다.

동/태/로/

동태매운조림

동태에 매운 고춧가루를 넣어 얼큰하게 조린 조림.
꽈리고추와 양파, 대파를 넣어 맛을 더하면 밥 한 그릇 뚝딱 비울 수밖에 없다.

동태 1마리
꽈리고추 5개
양파 ⅓개
대파 ¼뿌리
굵은소금(절이기용) ½작은술

조림 양념
저염간장 3큰술
다진 마늘 1작은술
청양고춧가루 1큰술
올리고당 2큰술
물 1컵

1 동태는 내장과 머리, 비늘을 제거하여 3cm 폭으로 썰고
   두꺼운 부분은 반 잘라 배 쪽의 검은 막도 제거한다.

2 손질한 동태에 소금을 뿌려 10분 정도 두어 절인 다음
   찬물에 헹궈 물기를 제거한다.

3 꽈리고추는 꼭지를 떼어 반 자른다. 양파는 굵게 채 썰어서
   반 자르고, 대파는 어슷하게 썬다.

4 고춧가루를 제외한 나머지 재료를 고루 섞어 조림 양념을 만든다.
   동태와 조림 양념을 함께 넣고 조리다가 고춧가루를 넣어서
   좀 더 조린다.

5 동태가 다 익으면 꽈리고추, 양파, 대파를 넣고 한 번 더 끓인다.

부재료인 채소는 나중에 넣는다
생선조림을 할 때 양파나 파 등의
향신 채소 외에도 고추나 쑥갓,
미나리, 우거지 등의 채소나 나물을
곁들이면 비린내도 잡고 산성인
생선과 알칼리성인 채소의 균형으로
산성화되는 것을 피할 수 있다.
특히 녹색 채소는 불에서
내리기 전에 넣어 한 김 오를
정도로만 익히면 색이 그대로 살아
더욱 맛있어 보인다.

동태살전

동태살에 밀가루를 입혀 노르스름하게 구운 전은 자극적이지 않아 속이 편하다.
따뜻할 때 먹는 것이 맛있다.

냉동 동태살 250g
달걀 2개
밀가루 1컵
후춧가루 조금
식용유 적당량

소금물
굵은소금(절이기용) 1작은술
물 1컵

1 물 1컵에 소금 1작은술을 넣어 잘 푼다.

2 소금물에 냉동 동태살을 잠시 담가 동태살이 녹으면서 간이 배도록 한다.

3 동태살을 키친타월 위에 올려 물기를 없앤다.

4 동태살에 후춧가루를 뿌린 다음 밀가루를 고루 묻힌 후 밀가루를 가볍게 털어낸다.

5 달걀을 풀어서 밀가루 묻힌 동태살을 넣고 골고루 옷을 입힌다.

6 달군 팬에 식용유를 두른 다음 옷 입힌 동태살을 앞뒤로 노릇하게 굽는다.

연한 소금물에 담가 해동
냉동 동태살을 단시간에 해동하려면 연한 소금물에 담가둔다. 이렇게 하면 자연스럽게 동태살에 간도 배어들면서 동태 고유의 맛도 빠지지 않아 맛있다.
소금물에 담가두는 시간은 10분 정도면 적당하다. 물기는 키친타월로 가볍게 눌러가며 충분히 빼야 전을 부치고 난 후 물이 생겨 늘어지지 않는다.

명
태
로

명태무조림

명태는 늦가을부터 겨울이 제철로 역시 이 시기에 가장 맛있는 무와
궁합이 잘 맞는다. 고춧가루를 넣지 않고 간장으로만 조려 감칠맛이 깊다.

명태 1마리
무(3cm) 1토막
마른 청양고추 1개
풋고추 1개
대파 ¼뿌리
굵은소금(절이기용) ½작은술

조림 양념
저염간장 4큰술
다진 마늘 1작은술
설탕 1큰술
올리고당 2큰술
맛술 1큰술
다시마 국물 2컵
후춧가루 조금

1 명태는 지느러미와 비늘을 제거하고 4cm 크기로 썰어
   찬물에 헹군 다음 물기를 제거한다.

2 명태에 소금을 뿌려서 10분간 절인 다음 헹군다.

3 준비한 양념 재료를 고루 섞어 조림 양념을 만든다.

4 무는 1.5cm 두께의 은행잎 모양으로 썬다.
   마른 청양고추는 송송 썰고 고추와 대파는 어슷하게 썬다.

5 무는 끓는 물에 삶아서 냄비에 담고, 마른 청양고추와 조림 양념을
   넣어 바글바글 끓인다. 무가 반쯤 익으면 명태를 넣어
   간이 배도록 조린다.

6 명태가 거의 익으면 고추와 대파를 넣고 좀 더 조린다.

무를 먼저 익힌 뒤 명태를 넣는다
명태는 살이 연하기 때문에
양념장이 바글바글 끓을 때 넣어서
조려야 살이 부서지지 않고 모양이
잘 유지된다. 또 무는 익는 시간이
오래 걸리므로 무를 먼저 익힌 다음
명태를 넣어야 명태의 부드러운 맛을
제대로 즐길 수 있다.

대/구/로/

대구조림

저지방 고단백 식품인 대구는 살이 연해 소화가 잘되고 비린내가 적다.
다시마 우린 물을 자작하게 부어 조려 깊은 맛을 즐길 수 있다

대구 ½마리

대구 양념
굵은소금 ½작은술
맛술 1큰술

조림 양념
저염간장 4큰술
다진 마늘 1작은술
고춧가루 1큰술
설탕 1큰술
올리고당 2큰술
맛술 1큰술
다시마 국물 1컵
후춧가루 조금

**다시마 국물을 넣으면
감칠맛이 더 진해져**

대구는 비타민과 아미노산, 칼슘이
풍부하고 맛은 담백해서 비린내에
예민한 사람도 먹기에 무난하다.
대구 자체의 진한 감칠맛을
즐기고 싶다면 다시마 국물을
넣어 만든 양념장으로 조린다.
다시마 국물은 물 2컵에
5cm 크기 다시마 2장을 넣어
부르르 끓어오르면 불을 끄고
식혀서 만들면 된다.

1 대구는 지느러미와 비늘을 제거해 3cm 크기로 썬 다음
찬물에 담가 뼈 속의 피 등을 제거하고 헹군다.

2 대구의 물기를 제거해 소금과 맛술에 10분간 절인 다음
찬물에 헹군다.

3 냄비에 고춧가루를 제외한 조림 양념을 넣고 바글바글 끓으면
대구를 넣는다.

4 국물이 줄어들고 대구에 간이 배면 고춧가루를 넣어서
국물이 자작해지도록 조린다.

대구포두반장볶음

대구포에 녹말가루를 입혀서 지진 후 감칠맛이 진한 두반장으로 맛을 낸 반찬.
두반장은 짠맛이 강하므로 양 조절에 신경 쓰고 단맛을 더해 맛을 조절한다.

대구포 200g
새송이버섯 1개
당근 ⅙개
양파 ⅓개
쪽파 3뿌리
마늘 2쪽
녹말가루 1큰술
참기름 ½작은술
식용유 1큰술

대구포 양념
굵은소금 ⅕작은술
참기름 ⅓작은술

조림 양념
두반장 1½큰술
저염간장 1작은술
설탕 1작은술
올리고당 1큰술
맛술 1큰술

대구포는 살이 도톰한 것으로 준비
대구포는 짠맛이 강하지 않고
살이 도톰한 것이 맛있다.
대구포에 참기름을 넣어
향을 더한 후 녹말가루를 입혀
전을 부치듯 익힌 후 조리면
손은 많이 가 번거롭지만
깊고 알찬 맛을 즐길 수 있다.

1 대구포는 2cm 폭으로 썰어 소금, 참기름으로 밑간한다.

2 대구포에 녹말가루를 고루 무쳐 잠시 두었다가
   달군 팬에 기름을 두르고 앞뒤로 구워서 식힌다.

3 새송이버섯, 당근은 대구와 같은 크기로 썰고, 쪽파는 3cm 길이로
   썬다. 양파는 곱게 채 썰고, 마늘은 편으로 썬다.

4 팬에 식용유를 둘러 마늘을 볶다가 당근, 양파를 넣어서 살짝 볶는다.
   여기에 조림 양념을 넣어 볶는다.

5 ④에 ②의 구운 대구포와 새송이버섯, 쪽파를 넣어 한 번 더 섞은
   다음 불을 끄고 참기름을 넣는다.

대구살풋고추조림

대구의 단백질과 풋고추의 비타민이 서로 부족한 영양분을 채워줘 궁합이 잘 맞는다. 간장으로 담백하게 조린 깔끔 반찬.

대구 ⅓마리
풋고추 4개
양파 ⅓개
마늘 3쪽

대구 양념
굵은소금 ⅕작은술
참기름 ½작은술
후춧가루 조금

조림 양념
저염간장 3큰술
올리고당 3큰술
맛술 1큰술

1 대구는 내장, 머리, 지느러미, 비늘을 제거하여 포를 뜬 다음 1cm 폭으로 자른다.

2 대구살은 소금, 후춧가루, 참기름으로 밑간한다.

3 고추는 어슷하게 썰고, 양파는 1×3cm 크기로 썬다. 마늘은 편으로 썬다.

4 냄비에 조림 양념 재료를 모두 넣어서 바글바글 끓으면 대구살을 넣고 자작하게 조린다.

5 대구살이 다 익으면 고추, 양파, 마늘을 넣고 한 번 더 끓인다.

생대구를 조릴 때는 뒤적거리지 않아야
생대구는 살이 연하기 때문에 조리는 중간에 뒤적거리면 살이 부서진다. 뒤적이지 말고 그대로 간이 배도록 조림 국물을 끼얹어가며 은근히 조린다.

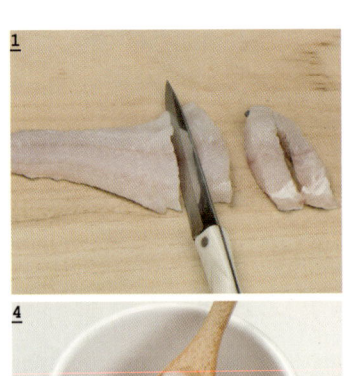

대구살베이컨말이

대구살을 튀긴 후 다시 베이컨으로 만 정성 가득 반찬.
파프리카와 쪽파 등도 함께 넣어 영양의 균형을 잡았다.

대구살 100g
베이컨 6장
붉은 파프리카 ½개
노란 파프리카 ½개
녹색 파프리카 ½개
양파 ½개
쪽파 6뿌리
달걀 1개
녹말가루 4큰술
식용유 적당량

대구살 양념
굵은소금 ⅛작은술
후춧가루 조금

1 대구살은 물기를 제거하여 소금, 후춧가루로 밑간한다.

2 대구살에 달걀과 녹말가루를 넣어서 고루 섞는다.

3 170℃로 달군 식용유에 대구살을 넣어 바삭하게 튀긴 다음 식혀서 1cm 폭으로 썬다.

4 베이컨은 반으로 썰어서 1장씩 떼어둔다.
   파프리카는 씨를 제거하여 0.5×5cm 크기로 채 썰고,
   양파는 곱게 채 썬다. 쪽파는 다듬어 5cm 길이로 썬다.

5 베이컨에 대구살, 파프리카, 양파, 쪽파를 적당량 올려 돌돌 만다.

6 기름을 두르지 않은 팬에 베이컨말이를 넣고 굴려가면서 살짝 굽는다.

베이컨은 오래 구우면 딱딱해지므로 살짝만 익힌다
대구살은 한 번 익혔고 파프리카는 그냥 먹어도 되고 겉의 베이컨만 기름기가 빠질 정도로만 살짝 구워 딱딱해지지 않도록 만든다. 그래야 말기도 쉽다.

꽁/치/로/

꽁치소금구이

꽁치는 지방이 풍부해 소금을 약하게 뿌려 구워만 먹어도 맛있다.
오메가3 지방산과 두뇌 발달에 좋은 DHA가 많은 우수 식품.

꽁치 2마리
식용유 1큰술
굵은소금(절이기용) 1작은술

1 꽁치는 꼬리부터 머리 쪽으로 비늘을 긁고 배 쪽에 칼집을 넣어서 내장을 제거한다.

2 꽁치를 깨끗하게 씻어 물기를 없앤 다음 1cm 간격으로 잔 칼집을 넣는다.

3 꽁치를 2등분 해 소금을 뿌린 뒤 20분간 상온에서 절인다.

4 달군 팬에 식용유를 둘러 꽁치를 앞뒤로 바삭하게 굽는다.

**생물 꽁치에
소금을 뿌려서 구우면 고소해**
꽁치소금구이를 맛있게 즐기려면 냉동보다 생물을 사서 소금을 뿌려 20분 정도 그대로 둔다. 이러면 간이 적당히 배어들고 살이 단단해지기 때문에 구울 때 살이 부서지거나 껍질이 벗겨지지 않는다.

꽁치강정

꽁치의 뼈와 가시를 발라내 바삭하게 튀긴 후
매콤달콤한 소스에 버무리고 해바라기씨까지 뿌린 건강 반찬.

꽁치 2마리
녹말가루 4큰술
달걀 1개
해바라기씨 2큰술
식용유 적당량

꽁치 양념
저염소금 ¼작은술
청주 1큰술
참기름 ¼작은술
후춧가루 ⅓작은술

강정 소스
고추장 2큰술
저염간장 1작은술
토마토케첩 1큰술
설탕 ½큰술
올리고당 4큰술
물 5큰술

**튀긴 꽁치를 한 김 식힌 후
소스를 부어야**

강정은 재료를 바삭하게 튀겨야 맛있다.
꽁치를 바삭하게 튀기려면
너무 높지 않은 온도에서 속까지
충분히 익도록 튀기거나
2번 튀기는 게 비결이다.
또 꽁치를 튀긴 후 뜨거울 때
소스를 부으면 눅눅해지므로
반드시 식힌 뒤 소스에 버무려야 한다.

1. 꽁치는 비늘, 내장을 제거하고 깨끗이 씻은 다음 포를 떠서 잔가시에 칼집을 넣고 3cm 크기로 썬다.

2. 꽁치를 꽁치 양념에 10분간 재운다.

3. 꽁치, 달걀, 녹말가루를 고루 섞는다.
   170℃로 달군 식용유에 바삭하게 2번 튀겨서 식혀둔다.

4. 냄비에 올리고당을 제외한 나머지 강정 소스 재료를 넣어서 바글바글 끓이다가 수분이 거의 없어지면 불을 끄고 올리고당을 넣는다.

5. 소스가 식으면 ③의 튀긴 꽁치에 넣어서 버무린 다음 그릇에 담고 해바라기씨를 고루 뿌린다.

꽁치고추장조림

큼직하게 토막 낸 꽁치에 양파, 고추 등의 채소를 넉넉하게 넣고 고추장으로 맛을 낸 조림. 시판 고추장은 단맛이 진하므로 설탕의 양 조절에 신경 쓴다.

꽁치 2마리
양파 ½개
풋고추 1개
붉은 고추 1개
대파 ¼뿌리
다시마 국물 1컵

꽁치 양념
굵은소금 ¼작은술
생강즙 1작은술
맛술 ½큰술

조림 양념
고추장 1½큰술
저염간장 1큰술
다진 마늘 ½큰술
설탕 1작은술
올리고당 1큰술

1 꽁치는 비늘, 머리, 내장을 제거하고 2등분 한다.

2 꽁치를 씻어서 물기를 없앤 다음 × 모양으로 칼집을 넣고 꽁치 양념을 뿌린다.

3 양파는 굵게 채 썰고, 고추와 대파는 어슷하게 썬다.

4 냄비에 손질한 꽁치와 조림 양념, 다시마 국물을 넣고 국물이 자작해지도록 조린다.

5 꽁치가 익으면 고추, 양파, 대파를 넣어서 한 번 더 끓인다.

양념에 다시마 국물을 섞으면 감칠맛이 난다
꽁치를 양념만 넣어 조리다 보면 간이 짜지기 쉽다.
양념에 다시마 국물을 넣고 꽁치가 자작하게 잠기도록 부은 뒤 조리면 속까지 충분히 익으면서 감칠맛이 돌아 더 깊은 맛이 난다.

꽁치깻잎채소말이튀김

꽁치는 산성식품으로 깻잎과 같은 알칼리성식품과 함께 조리하면 궁합이 잘 맞는다.
깻잎의 진한 향이 꽁치의 비린내까지 잡아줘 맛도 깔끔하다.

꽁치 3마리
깻잎 6장
풋고추 4개
붉은 고추 4개
양파 ½개
달걀 1개
빵가루 1½컵
밀가루 ½컵
물 1큰술
식용유 적당량
꼬치 12개

꽁치 양념
굵은소금 ¼작은술
참기름 ⅓작은술
후춧가루 조금

1 꽁치는 비늘, 머리, 내장을 제거한 다음 깨끗이 씻어서 물기를 없애고 포를 뜬다.

2 꽁치를 2등분 한 다음 꽁치 양념으로 밑간한다.

3 깻잎은 길이로 자르고, 고추는 씨를 제거해 5cm 길이로 채 썬다. 양파도 채 썬다.

4 ②의 꽁치에 깻잎을 얹고 고추, 양파를 얹어서 돌돌 만 다음 꼬치를 꽂아 고정한다.

5 빵가루에 물 2큰술을 고루 뿌려 촉촉하게 만든다.

6 ④의 꽁치에 밀가루, 달걀물, 빵가루 순서로 옷을 입힌다.

7 170℃로 달군 식용유에 ⑥의 꽁치를 넣고 바삭하게 튀긴 다음 키친타월에 올려 기름을 뺀다. 접시에 담을 때는 꼬치를 뺀다.

튀겨서 바로 먹어야 맛있다
꽁치 속에 넣은 채소의
아삭한 맛을 제대로 즐기려면
먹기 직전에 튀겨서 따뜻할 때 먹는다.
머스터드소스, 토마토케첩,
돈가스 소스와 잘 어울린다.

고/등/어/로/

고등어소금구이

싱싱한 생물 고등어를 약하게 간해 구운 국민 반찬.
석쇠에 올려 직화로 구우면 더욱 맛있는데 그릴로 구워도 맛있다.

고등어 1마리
식용유 1큰술

고등어 양념
굵은소금 ½큰술
청주 1큰술

1. 고등어는 내장, 비늘, 지느러미를 제거하여 등 쪽까지 잘 펼쳐서 씻은 다음 물기를 제거하고 세로로 반 자른다.
2. 고등어 살 쪽에 소금과 청주를 뿌려 30분간 상온에서 절인다.
3. 달군 팬에 식용유를 두르고 고등어의 껍질이 위로 오게 굽는다.
4. 노릇하게 구워지면 뒤집어서 껍질 쪽이 바닥에 닿도록 하여 바삭하게 굽는다.

팬을 충분히 달군 뒤 생선을 구워야
생선을 팬에 구울 때는 가장 먼저
팬을 달구는 게 중요하다.
팬을 달구지 않고 생선을 넣으면
육즙이 빠져나와 감칠맛이 떨어지고
생선이 바닥에 눌어붙어
살이 부서지고 모양이 망가진다.

고등어김치조림

잘 익은 배추김치의 소를 털어내고 고등어와 함께 조리면 맛도 좋아지고 영양 균형도 맞출 수 있다. 고등어와 김치의 맛이 서로 상승하는 반찬.

고등어 1마리
익은 배추김치 ¼포기(200g)
양파 ⅓개
풋고추 1개
붉은 고추 1개
대파 ¼뿌리
굵은소금(절이기용) ½작은술

조림 양념
저염간장 2큰술
다진 마늘 ½큰술
고춧가루 1½큰술
설탕 1큰술
후춧가루 ⅓작은술
물 1컵

1. 고등어는 내장과 머리를 제거해 깨끗이 씻고, 5cm 크기로 토막을 내서 소금을 뿌린 다음 20분간 재운다.

2. 배추김치는 소를 털어내고, 양파는 굵게 채 썰고, 고추와 대파는 어슷하게 썬다.

3. 준비한 양념 재료를 고루 섞어 조림 양념을 만든다. 잠시 그대로 두어 고춧가루가 분도록 한다.

4. 냄비에 ②의 배추김치를 깔고 ①의 고등어를 넣은 다음 ③의 조림 양념을 끼얹어서 국물이 자작해지도록 조린다.

5. 고등어에 양념이 충분히 배면 양파, 고추, 대파를 넣고 한 번 더 끓인 다음 불을 끄고 그릇에 담는다.

고등어는 소금으로 간한 뒤 조린다
배추김치의 소를 말끔하게 털어내고 조려야 지저분하지 않고 텁텁한 맛도 안 난다. 또 고등어는 그냥 넣지 말고 소금을 조금 뿌려 간을 해서 넣어야 살이 부서지지 않는다.

고등어무조림

식이 섬유와 물이 많은 무, 지방과 단백질이 많은 고등어를 함께 조리하면 부족한 영양분을 보충하고, 무의 소화 효소가 소화도 돕는다.

고등어 1마리
무(3cm) 1토막
양파 ½개
청양고추 2개
붉은 고추 1개

고등어 양념
굵은소금 ½작은술
맛술 1큰술

조림 양념
저염간장 3큰술
고춧가루 1큰술
설탕 1큰술
다진 마늘 1큰술
후춧가루 ⅓작은술
물 1½컵

1 고등어는 머리, 내장, 지느러미를 제거하고 5cm 크기로 자른 다음 깨끗하게 씻어서 물기를 제거한다.

2 고등어를 소금, 맛술에 15분 정도 잰다.

3 무는 은행잎 모양으로 썰어 삶아서 식힌다.
   양파는 굵게 채 썰고, 고추는 어슷하게 썬다.

4 고춧가루를 제외한 재료를 고루 섞어 조림 양념을 만든다.

5 냄비에 고등어와 삶은 무를 넣고 조림 양념을 넣어서
   반 정도 조리다가 고춧가루를 넣어서 좀 더 조린다.

6 국물이 자작해지면 양파와 고추를 넣어서 한 번 더 끓인 다음
   불을 끄고 그릇에 담는다.

고춧가루는 나중에 넣어야 텁텁하지 않아

처음엔 고춧가루를 빼고 만든 양념장을 넣고 조리다가 고등어가 익고 간이 잘 배면 고춧가루를 넣어 좀 더 조린다. 고춧가루를 나중에 넣어야 텁텁하지 않고 칼칼하면서도 깨끗한 맛이 난다.

자반고등어찜

자반고등어를 쌀뜨물에 담가 짠맛을 우린 후 고춧가루와 마늘, 청주를 뿌려 찐 반찬. 생물 고등어에 비해 살이 탄력 있어 씹는 맛이 좋다.

자반고등어 1마리
쪽파 2뿌리
다진 마늘 1큰술
고춧가루 ½큰술
청주 1큰술
쌀뜨물 2컵

1 자반고등어는 2등분 해 쌀뜨물에 10분간 담가 짠맛을 뺀다.

2 자반고등어를 키친타월에 올려 수분을 제거한다.

3 자반고등어를 내열용 접시에 담은 후 청주를 뿌리고 다진 마늘을 바른 다음 고춧가루를 뿌린다.

4 김 오른 찜기에 양념한 고등어를 접시째 넣어 15분간 찐 다음 쪽파를 송송 썰어 얹는다.

쌀뜨물에 담가 짠맛과 비린내를 제거
자반고등어는 조리하기 전 짠맛을 충분히 빼지 않으면 조리 뒤 짠맛 때문에 제대로 맛을 낼 수 없다. 쌀뜨물에 자반고등어를 담가두면 짠맛이 빠지고 비린내 제거 효과까지 얻을 수 있다. 쌀뜨물이 없다면 밀가루 푼 물이나 우유에 담가두어도 같은 효과가 난다.

삼/치/로/

삼치간장구이

생강즙을 넣은 간장 소스에 구운 삼치구이는 비린내가 나지 않고 담백하다.
간장과 생강의 향이 삼치에 배어 맛이 깔끔하다.

삼치 ½마리
식용유 1큰술

간장 소스
저염간장 2큰술
생강즙 1큰술
설탕 1작은술
올리고당 1큰술
맛술 1큰술

1 삼치는 내장과 지느러미를 제거하고 포를 뜬다.
   손질한 삼치는 씻어서 물기를 없애고 5cm 크기로 썬다.

2 준비한 양념 재료를 고루 섞어 간장 소스를 만든다.

3 달군 팬에 식용유를 둘러 ①의 삼치를 노릇하게 굽는다.

4 다른 팬에 ②의 간장 소스를 넣어 바글바글 끓으면
   ③의 구운 삼치를 넣는다. 소스가 거의 없어지도록 생선에
   고루 끼얹어가면서 굽는다.

삼치를 팬에 한 번 구워
삼치는 기름이 다소 많아
팬에 한 번 구우면
기름기가 빠지면서 살이 단단해져
간장 소스로 다시 한 번 구워도
살이 부서지지 않는다.

삼치된장구이

10월부터 제철인 삼치는 겨우내 먹을 수 있는 생선으로 다른 등 푸른 생선에 비해 비린 맛이 적은 편. 된장 양념을 발라 맛의 변화를 줬다.

삼치 ½마리
식용유 1큰술
굵은소금(절이기용) ½작은술

된장 양념
된장 1큰술
다진 마늘 ½큰술
맛술 1큰술
올리고당 2큰술

1. 삼치는 내장과 지느러미를 제거하여 포를 뜬 다음 깨끗이 씻어서 물기를 제거하여 5cm 크기로 썬다.
2. 삼치의 살 쪽에 소금을 뿌려서 10분 정도 절인 후 씻어서 물기를 제거한다.
3. 올리고당을 제외한 양념 재료를 먼저 섞은 뒤 올리고당을 넣어서 된장 양념을 만든다.
4. 달군 팬에 식용유를 두른 뒤 ②의 삼치를 앞뒤로 노릇하게 굽는다.
5. 삼치가 다 익으면 된장 양념을 고루 펴 바르면서 겉이 타지 않도록 굽는다.

센 불에서 구우면 양념이 타기 쉬워
생선에 된장이나 고추장을 베이스로 만든 양념을 발라서 구울 때 불이 너무 세면 겉이 타기 쉬우므로 중간 불에서 천천히 굽는다. 또 양념은 짠맛이 진하므로 적정량을 넣어 간 조절에 신경 쓴다.

삼치조림

삼치에는 DHA, EPA 등이 풍부하게 들어 있어 치매를 예방해주고 기억력을 좋게 한다. 도톰한 삼치살을 양념에 조린 입맛 당기는 반찬.

삼치 ½마리
양파 1개
대파 ¼뿌리
풋고추 1개

삼치 양념
굵은소금 ½작은술
맛술 1큰술

조림 양념
저염간장 2큰술
된장 1작은술
다진 마늘 ½큰술
고춧가루 ½큰술
설탕 1작은술
올리고당 1큰술
후춧가루 조금
물 1컵

삼치를 맛술에 잰 뒤 조리면 비린내 걱정 뚝
등 푸른 생선은 불포화지방산이 풍부해 성인병 예방에 좋고 온 가족 단백질 공급원으로 좋다. 비린내가 많이 나는 편이므로 조리기 전 맛술을 뿌려 잠시 쟀다가 양념을 넣고 조리면 비린내를 줄일 수 있다. 또 처음에는 뚜껑을 덮어 조리지만, 불에서 내리기 전에 뚜껑을 열어두면 비린내가 날아간다.

1 삼치는 내장과 지느러미를 제거하고 5cm 크기로 썬 다음 깨끗하게 씻어 물기를 제거한다.

2 손질한 삼치에 소금과 맛술을 뿌려 20분간 잰다.

3 양파는 굵게 채 썰고, 풋고추와 대파는 어슷하게 썬다.

4 준비한 양념 재료를 고루 섞어 조림 양념을 만든다.

5 냄비에 양파를 깔고 삼치를 올린 다음 조림 양념을 넣어 자작하게 조린다.

6 국물이 거의 줄어들면 고추, 대파를 넣고 한 번 더 끓인 다음 그릇에 담는다.

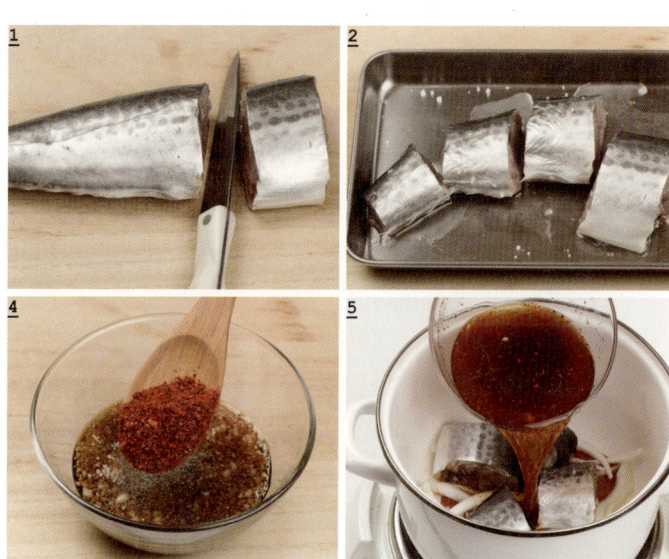

청/어/로/

청어소금구이

1~2월이 제철인 청어는 노화를 방지하는 핵산과 콜레스테롤 수치를 낮추는 불포화지방산이 풍부하다. 기름기가 많아 부드럽고 고소한 맛이 일품.

청어 2마리
식용유 ½큰술

청어 양념
굵은소금 1큰술
청주 ½큰술

1 청어는 내장과 지느러미를 제거한 다음 겉의 비늘을 꼬리부터 머리 쪽으로 긁어낸다.

2 청어는 잔가시가 많기 때문에 짧은 간격으로 칼집을 넣는다.

3 청어에 소금과 청주를 뿌려 30분간 상온에서 절인다.

4 절인 청어는 씻어서 물기를 충분히 닦은 다음 달군 팬에 식용유를 두르고 바삭하게 굽는다.

잔 칼집을 넣어 기름기를 뺀다
청어는 다른 생선에 비해 기름기가 많아 잔 칼집을 넣으면 구울 때 기름기가 빠져 조금 더 담백하게 즐길 수 있다. 먹을 때는 잔가시가 목에 걸리지 않도록 조심한다. 구운 생선에 와사비를 곁들인 간장을 곁들이면 식중독이나 소화 장애 걱정을 덜 수 있다.

양/미/라/로/

양미리조림

11~12월이 제철인 양미리는 뼈와 내장을 따로 발라내지 않고 통째로 먹을 수 있다. 비린내가 적고 칼슘이 풍부해서 아이들에게도 좋은 생선이다.

양미리 12마리

양미리 양념
굵은소금 ¼작은술
참기름 ½작은술
맛술 1큰술
후춧가루 조금

조림 양념
저염간장 2큰술
고추장 ½큰술
고춧가루 ½큰술
설탕 1큰술
올리고당 1큰술
후춧가루 조금
물 1컵

1 양미리는 젖은 천으로 닦은 다음 머리와 꼬리를 잘라내고 2등분 한다.

2 양미리를 양미리 양념에 20분간 재운다.

3 볼에 고춧가루와 올리고당을 제외한 조림 양념 재료를 넣어 섞은 다음 올리고당과 고춧가루를 넣는다.

4 냄비에 양미리를 깔고 조림 양념을 끼얹어서 센 불에서 조린다. 국물이 자작해지면 불을 줄여 좀 더 조린다.

가시를 발라내지 않아도 먹을 수 있어

양미리는 뼈째 먹을 수 있기 때문에 따로 가시를 발라낼 필요가 없다. 반건조 양미리는 양념을 넣고 조려도 되지만 다른 간 하지 않고 구워 먹어도 담백하고 맛있다.

양미리찜

양미리는 단백질이 풍부하고 뼈의 성장을 촉진하기 때문에 성장기 어린이에게 권할 만하다. 밑간한 양미리에 별도의 찜 양념을 더해 냄비에 찐 건강 반찬.

양미리 12마리
식용유 1큰술

양미리 양념
굵은소금 ¼작은술
참기름 ½작은술
맛술 1큰술
후춧가루 조금

찜 양념
양파 ¼개
풋고추 1개
붉은 고추 1개
다진 마늘 1작은술
저염간장 2큰술
고춧가루 ½큰술
깨소금 ½큰술

1 양미리는 젖은 천으로 닦은 다음 머리와 꼬리를 잘라내고 2등분한다.

2 양미리에 준비한 양미리 양념을 넣고 20분간 재운다.

3 양파와 고추는 잘게 썰어서 나머지 찜 양념 재료와 잘 섞는다.

4 달군 팬에 식용유를 둘러 ②의 양미리를 살짝 구운 다음 ③의 찜 양념을 넣고 간이 배도록 잠시 찐 후 불을 끈다.

기름기 적은 양미리, 식용유를 둘러 구워야
양미리는 등 푸른 생선이긴 해도 다른 생선에 비해 기름이 많지 않기 때문에 팬에 구울 때 타기 쉽다. 먼저 팬을 달군 뒤 식용유를 조금 둘러 양미리를 구워야 타지 않고 노릇하게 잘 구워진다.

굴/
로/

굴튀김

철분이 풍부한 굴과 철분의 흡수를 돕는 비타민 C가 많은 레몬 소스의 궁합이 잘 맞는다. 굴은 높은 온도에서 재빨리 튀겨야 느끼하지 않고 고소하다.

굴 150g
밀가루 ½컵
달걀물 1개 분량
빵가루 1컵
무즙 2큰술
물 1큰술
식용유 적당량
굵은소금(씻기용) 1작은술
물 2컵

레몬 소스
저염간장 2큰술
레몬즙 2큰술

1 굴을 옅은 소금물에 흔들어 씻고 여러 번 헹군다.

2 굴에 무즙을 뿌려 체에 받쳐서 물기를 충분히 뺀다.

3 빵가루에 물 1큰술을 고루 뿌려 촉촉하게 만들어둔다. 굴에 밀가루, 달걀물, 빵가루 순으로 옷을 입힌다.

4 식용유를 180℃로 달군 다음 굴을 노릇하게 튀긴다. 레몬 소스를 만들어서 곁들인다.

굴을 무즙에 담갔다 꺼내면 짠맛이 줄어들어

굴을 무즙에 5분 정도 담가두면 짠맛이 빠지고 향이 좋아져서 풍미가 좋다. 또 튀김옷으로 입히는 빵가루에 충분히 물을 축여야 튀길 때 타지 않고 튀긴 후 옷이 벗겨지는 것도 피할 수 있다.

굴전

송송 썬 쪽파를 넣은 달걀물로 옷을 입힌 굴전.
굴에는 타우린이 많아 콜레스테롤 수치와 혈압을 낮추는 데에 도움이 된다.

굴 200g
달걀 1개
밀가루 1컵
쪽파 2뿌리
무즙 2큰술
식용유 적당량
굵은소금(씻기용) 1작은술
물 2컵

1. 굴은 옅은 소금물에 흔들어 씻고 여러 번 헹군 다음 무즙을 넣어 5분 정도 둔다.
2. 무즙에 담갔던 굴을 헹궈서 체에 밭쳐 물기를 충분히 뺀다.
3. 볼에 달걀, 송송 썬 쪽파를 넣고 고루 섞는다.
4. ②의 굴은 앞뒤로 밀가루를 고루 묻혀 덩어리지지 않게 준비한다.
5. 밀가루 묻힌 굴을 ③의 달걀물에 담갔다가 바로 건진다.
6. 달군 팬에 식용유를 두르고 굴을 앞뒤로 노릇하게 굽는다.

달걀옷은 얇게 묻힌다
굴을 달걀물에 넣고 너무 많이 적시면 전 옷이 두꺼워져 굴의 고소한 맛이 줄어들고 기름에 굽는 동안 굴의 색도 검게 변하기 쉽다. 달걀물에 넣자마자 바로 꺼내서 지져야 깔끔하다. 달걀 푼 물에 파나 피망, 파슬리 등을 넣으면 맛과 모양 모두 업그레이드할 수 있다.

꼬/막/으/로/

꼬막과 양념장

11~3월이 제철인 꼬막은 양질의 단백질과 비타민, 필수아미노산이 풍부하다.
통통한 꼬막살에 양념을 올려 맛을 낸 건강 반찬.

꼬막 500g
굵은소금(삶기용) ½작은술

양념장
저염간장 3큰술
다진 파 1큰술
고춧가루 1작은술
깨소금 1작은술
참기름 1작은술
맛술 1큰술
다시마 국물 2큰술

1 꼬막은 바락바락 주물러 씻은 다음 찬물에 여러 번 헹군다.

2 냄비에 ①의 헹군 물과 소금을 넣어 꼬막을 삶는다.
   꼬막이 입을 벌리기 시작하면 불을 끈다.

3 꼬막 껍질의 한쪽을 벗기고 꼬막 삶은 물에 꼬막을 헹군다.

4 준비한 양념 재료로 양념장을 만들어서 꼬막에 올린다.

오래 삶으면 꼬막살이 질겨져
개펄에서 자라는 꼬막은
진흙이 묻어 있기 쉽다.
물에 담가 손바닥으로 비벼가며
깨끗하게 씻은 후 삶아야 깔끔하다.
또한 꼬막은 너무 오래 삶으면
살이 질겨지므로 꼬막이 입을 벌리기
직전에 불에서 내린다.

꼬막살채소무침

꼬막살의 쫄깃한 식감과 채소의 아삭함이 잘 어울리는 반찬.
새콤달콤한 초고추장의 맛이 달아났던 입맛까지 되살린다.

꼬막 500g
오이 ⅓개
미나리 15줄기
양파 ⅓개
참기름 ½작은술
굵은소금(삶기용) ½작은술
물 2컵

식초 물
물 1컵
식초 1큰술

초고추장
고추장 2큰술
저염간장 1작은술
다진 마늘 1작은술
설탕 1½큰술
올리고당 1큰술
식초 2큰술
깨소금 ½큰술

꼬막 삶은 물에 살을 헹구면 맛이 유지돼
꼬막은 삶아서 살을 발라낸 다음 그 물에 살을 다시 한 번 헹구면 꼬막의 감칠맛이 빠지지 않는다. 함께 넣는 양파는 찬물에 담가서 매운맛을 빼야 맛이 도드라지지 않고 다른 재료들과 잘 어우러진다.

1 꼬막은 바락바락 주물러 씻어 여러 번 헹군 뒤 마지막으로 물 2컵을 붓고 헹군다.

2 냄비에 ①의 헹군 물과 꼬막을 담은 다음 소금을 넣어 삶는다. 꼬막이 입을 벌리기 시작하면 불을 끈다.

3 입을 벌린 꼬막은 꺼내서 한 김 내보낸 다음 살을 발라낸다.

4 오이는 길이로 반 잘라 어슷하게 썬다.
양파는 곱게 채 썰어 찬물에 담갔다가 꺼내 물기를 뺀다.

5 미나리는 식초 물에 담갔다가 물기를 빼서 4cm로 썬다.

6 볼에 꼬막살, 오이, 양파, 미나리를 넣고 초고추장을 넣어서 고루 버무린 다음 마지막에 참기름을 두른다.

오
징
어
로

오징어볶음

7~11월은 오징어가 물이 올라 가장 맛있는 때.
단백질과 타우린 덩어리인 오징어를 고추장과 고춧가루로 양념해 볶은 일품 반찬.

오징어 1마리
양파 ½개
풋고추 1개
붉은 고추 1개
대파 ¼뿌리
식용유 1큰술

양념
고추장 2큰술
다진 마늘 ½큰술
고춧가루 ½큰술
설탕 1½큰술
깨소금 1큰술
참기름 ½큰술

1. 오징어는 배를 갈라서 내장, 눈, 입 등을 제거하고 빨판을 손으로 긁어서 깨끗하게 씻은 다음 물기를 제거한다.
2. 오징어의 껍질을 벗겨 안쪽으로 칼집을 넣고 2×4cm 크기로 썬다.
3. 양파는 굵게 채 썰고, 고추와 대파는 어슷하게 썬다.
4. 올리고당을 제외한 양념 재료를 모두 섞은 다음 마지막에 올리고당을 넣는다.
5. 오징어에 양념의 반을 덜어 넣고 고루 섞는다.
6. 달군 팬에 식용유를 두르고서 오징어를 볶는다.
7. 오징어가 익으면 양파, 고추, 대파와 나머지 양념을 넣어서 채소가 익을 정도로 볶은 다음 불을 끈다.

살짝만 볶아야 부드러워
오징어는 양념에 오래 재워두면
물이 생기므로 양념 후 바로 볶는다.
또 오래 볶으면 질겨지므로
센 불에서 재빨리 볶아
부드러운 맛을 살린다.

오징어불고기

오징어에 매콤한 양념을 넣어 맛을 낸 후 달달 볶았다.
오징어는 조금 큼직하게 잘라야 먹음직스럽다.

오징어(중간 크기) 2마리
식용유 ½큰술

양념
고추장 2큰술
저염간장 1큰술
다진 마늘 1작은술
고운 청양고춧가루 ½큰술
설탕 1½큰술
올리고당 1큰술
맛술 1큰술
참기름 1작은술
후춧가루 조금

1. 오징어는 배를 갈라서 내장, 눈, 입 등을 제거하고 빨판을 손으로 긁어서 씻는다. 오징어의 물기를 제거한 다음 껍질을 벗긴다.
2. 껍질 벗긴 오징어 안쪽에 칼집을 넣고 3×4cm 크기로 썬다.
3. 올리고당을 제외한 양념 재료를 모두 섞어 10분간 두었다가 올리고당을 섞는다.
4. 달군 팬에 식용유를 두르고 ②의 오징어를 볶다가 ③의 양념을 넣어서 볶는다.
5. 석쇠에 살짝 구워 불맛을 주면 더 맛있다.

칼집을 잘게 넣으면 양념이 고루 흡수돼
오징어에 칼집을 넣는 이유는 가열하면 동그랗게 말리는 것을 막기 위해서이기도 하지만, 양념이 고루 스며들고 씹을 때 부드럽게 하기 위한 이유도 있다. 칼집을 잘게 넣을수록 효과적이다.

오징어미나리초고추장무침

데친 오징어에 향이 진한 미나리와 오이, 양파를 넣어 새콤하게 무친 반찬.
밥반찬은 물론 비빔국수 고명으로도 좋다.

오징어(큰 것) 1마리
미나리 20줄기
오이 ⅓개
양파 ⅓개
참기름 ½작은술

식초 물
물 1컵
식초 1큰술

초고추장
고추장 3큰술
식초 2큰술
설탕 2큰술
깨소금 1큰술

**먼저 참기름을 두르면
양념이 고루 스며들어**
오징어와 채소를 양념에 무치기 전에
먼저 참기름을 두르면 양념이 고르게
스며들고 수분이 빠져나오지 않는다.
하루 이틀 두고 먹을 거라면 데친
오징어는 양념에 무쳐두고 채소는
먹기 직전에 섞는다. 이렇게 해야
물기가 생겨 간이 싱거워지거나
지저분해지는 걸 막을 수 있다.

1. 오징어는 배를 갈라서 내장, 눈, 입 등을 제거하고
   빨판을 손으로 긁어서 깨끗하게 씻어 물기를 제거한다.
2. 팔팔 끓는 물에 오징어를 살짝 데친 다음 식힌다.
3. 오징어를 0.5×4cm 크기로 썬다.
4. 미나리는 4cm 길이로 썰고 양파는 채 썬다.
   오이는 길이로 반 잘라 어슷하게 썬다.
5. 미나리는 식초 물에 담갔다 꺼내 물기를 빼고,
   양파는 찬물에 담가 매운맛을 제거한 뒤 물기를 뺀다.
6. 볼에 오징어와 채소, 참기름을 넣어서 무친 다음
   초고추장을 넣어 다시 한 번 무친다.

통오징어양념구이

통오징어를 구워 잘라 보기에도 예쁘고 먹기에도 좋다. 오징어를 통으로 조리할 때는 너무 크지 않은 것으로 해야 먹기에도, 조리하기에도 좋다.

오징어(중간 크기) 2마리
식용유 ½큰술

구이 양념
고추장 2큰술
다진 파 1큰술
다진 마늘 ½큰술
설탕 ½큰술
물엿 1큰술
깨소금 ½큰술
참기름 1작은술

1 오징어는 내장, 눈, 입 등을 제거하고 빨판을 손으로 긁어서 깨끗하게 씻어 물기를 뺀다.

2 팔팔 끓는 물에 오징어를 데친다.

3 준비한 양념 재료를 고루 섞어 구이 양념을 만든다.

4 데친 오징어에 구이 양념의 반을 덜어서 고루 바른 뒤 달군 팬에 식용유를 두르고 오징어를 굽는다.

5 오징어가 고루 익으면 나머지 양념을 발라 앞뒤로 살짝 구운 다음 먹기 좋은 크기로 썬다.

오징어를 데친 뒤 양념에 발라 굽는다

오징어를 생것 그대로 양념을 발라 구우면 양념은 타고 오징어는 속까지 제대로 익지 않는다. 먼저 오징어를 끓는 물에 데쳐서 익힌 뒤 양념을 고루 펴 발라 양념에 물기가 달아날 정도로만 살짝 구워야 타지 않고 깔끔하다.

오징어링조림

데친 통오징어를 링 모양으로 큼직하게 썰어 간장과 고추, 마늘, 생강 등을
넣고 한 번 더 조린 반찬. 깔끔하면서 오징어의 씹는 맛을 즐길 수 있다.

오징어 1마리
청양고추 1개
마늘 2쪽
생강 ½쪽
저염간장 2큰술
설탕 1큰술
올리고당 ½큰술
식용유 1작은술

1 오징어는 내장을 빼고 다리의 빨판을 손으로 긁어낸 다음
   씻어서 팔팔 끓는 물에 데친다. 껍질이 빨갛게 변하면 바로 꺼낸다.

2 데친 오징어를 식힌 다음 오징어의 모양을 살려서
   동그랗고 도톰한 링 모양으로 썬다.

3 고추는 송송 썰고, 마늘과 생강은 편으로 썬다.

4 냄비에 간장, 설탕, 올리고당, 마늘, 생강을 넣어 끓인다.

5 ④의 간장에 ②의 오징어를 넣고 센 불에서 살짝 볶듯이 조린 다음
   불을 끄고 청양고추를 넣는다.

**칼로리를 낮추고 싶다면
껍질을 벗겨야**
오징어의 껍질에는 타우린 성분이
들어 있지만 칼로리를 높이게 한다.
칼로리를 낮추거나 깔끔하게 조리하고
싶다면 껍질을 벗기고 조리한다.

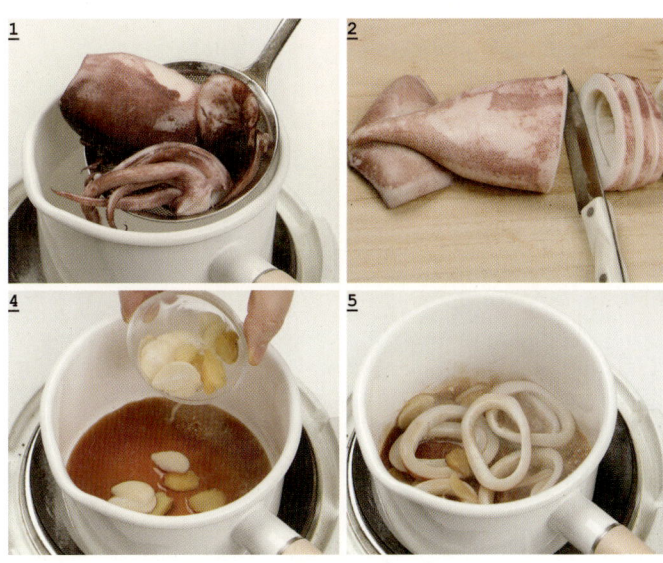

주꾸미로

주꾸미매운볶음

살이 연하고 씹을수록 맛있는 주꾸미에 매콤한 양념을 넣어 볶은 반찬.
양파와 고추를 넉넉히 넣어 칼칼한 맛까지 나 밥과 잘 어울린다.

주꾸미(작은 것) 10마리
양파 ½개
풋고추 1개
붉은 고추 1개
대파 ¼뿌리
식용유 1큰술
밀가루(씻기용) 1큰술

매운 양념
고추장 2큰술
저염간장 1작은술
다진 마늘 ½큰술
고춧가루 1큰술
설탕 1½큰술
깨소금 1큰술
참기름 ½큰술

초고추장에 버무려도 별미
주꾸미는 대개 볶음으로 즐기지만
살짝 데친 뒤 오이, 양파, 당근,
미나리 등의 채소와 함께 초고추장을
넣고 무쳐도 매콤하면서
새콤한 맛이 색다르다.
주꾸미는 오래 데치면 질겨지므로
살짝만 데친다.

1 주꾸미는 내장, 입, 눈을 제거하여 밀가루를 넣고
   바락바락 치댄 다음 씻는다.

2 주꾸미 큰 것은 5cm 길이로 자르고, 작은 것은 2등분 한다.

3 양파는 굵게 채 썰고, 고추와 대파는 어슷하게 썬다.

4 주꾸미와 매운 양념 절반을 덜어 고루 섞는다.

5 달군 팬에 식용유를 둘러 주꾸미를 볶는다.

6 주꾸미가 익으면 양파, 고추, 대파, 나머지 양념을 넣어서
   채소가 익을 정도로만 볶다가 불을 끈다.

주꾸미마늘구이

주꾸미는 타우린 함량이 많아 지치고 피곤할 때 챙겨 먹으면
피로 회복에 도움이 된다. 스태미나 식품으로 꼽히는 마늘과 함께 구운 보양 반찬.

주꾸미(작은 것) 8마리
마늘 16쪽
포도씨유 2큰술
굵은소금 조금
후춧가루 조금
밀가루(씻기용) 1큰술
꼬치 16개

1 주꾸미는 내장, 입, 눈을 제거하여 밀가루를 넣고
   바락바락 치댄 다음 씻어서 2등분 한다.

2 마늘은 꼭지를 잘라낸 뒤 팔팔 끓는 물에 넣고
   소금을 조금 넣어서 삶는다.

3 꼬치에 주꾸미와 마늘을 끼운다.

4 달군 팬에 포도씨유를 두르고 꼬치를 굽는다.
   후춧가루를 조금 뿌려 향을 더한다.

마늘은 삶아서 아린 맛을 뺀다
생마늘은 익는 데 시간이 걸리므로
끓는 물에 삶은 뒤 구워야
주꾸미와 익는 시간이 맞다.
마늘을 삶으면 아린 맛이 빠져
먹기에도 부담 없다.
다 구운 후 후춧가루를 뿌리면
향이 더해져 맛있다.

낙 / 지 / 로 /

낙지콩나물매운볶음

밥반찬은 물론 술안주로도 인기가 많은 낙지볶음에 콩나물을 넣어
푸짐하고 매콤하게 만든 별미 반찬.

낙지 3마리
콩나물 200g
양파 1/3개
대파 1/2뿌리
다진 마늘 1큰술
저염간장 2큰술
고운 청양고춧가루 1큰술
고춧가루 1큰술
설탕 1큰술
소금 1/4작은술
참기름 1/2작은술
식용유 2큰술
밀가루(씻기용) 1큰술

1 낙지는 내장, 입, 눈을 제거한 다음 밀가루를 넣어서
   바락바락 치댄 다음 깨끗하게 씻어 6cm 길이로 썬다.

2 양파와 대파는 곱게 채 썰어 찬물에 담가둔다.

3 콩나물은 머리를 제거하여 찬물에 5분간 담갔다가
   체에 밭쳐서 물기를 뺀다.

4 달군 팬에 식용유를 둘러 마늘을 볶다가 낙지를 볶는다.
   낙지가 어느 정도 익으면 콩나물, 양파, 간장, 고춧가루,
   설탕을 넣고 볶는다.

5 콩나물의 숨이 죽으면 소금을 넣고 한 번 더 섞은 다음 불을 끄고
   참기름을 넣는다.

6 낙지를 그릇에 담은 다음 ②의 대파 채를 체에 밭쳐
   물기를 빼서 곁들인다.

콩나물은 삶아 따로 곁들여도
낙지는 특유의 펄 냄새가 나
선도가 아주 좋은 것을 빼고
간을 조금 강하게 하는 음식이 많다.
낙지를 맵게 볶았다면
콩나물을 삶아 간하지 않고 그대로
곁들이는 것도 맛있게 먹는 비결.

낙지해초무침

연하고 씹는 맛이 좋은 낙지와 레몬의 상큼함, 해초의 바다 향이 잘 어우러진
반찬으로 미역 대신 톳, 모자반 등의 해초를 넣어도 잘 어울린다.

낙지 3마리
생미역 100g
오이 ½개
굵은소금(데치기용·절이기용) 조금
밀가루(씻기용) 1큰술
물 4컵

초무침 소스
저염간장 1큰술
레몬즙 ½큰술
설탕 ½큰술
다시마 국물 1큰술

1. 낙지는 내장, 입, 눈을 제거해 밀가루를 넣고 바락바락 치댄 다음 씻어서 6cm 길이로 자른다.
2. 냄비에 물 4컵을 넣고 끓으면 소금을 넣어 낙지를 데친다. 살이 붉게 변하면 꺼내서 식힌다.
3. 오이는 반달 모양으로 얇게 저며 소금을 조금 넣고 10분간 절인 다음 씻어서 물기를 제거한다.
4. 끓는 물에 소금을 조금 넣고 생미역을 데친 다음 찬물에 헹궈서 2cm 크기로 썬다.
5. 준비한 양념 재료를 고루 섞어 초무침 소스를 만든다.
6. 미역에 초무침 소스를 넣어 무친 뒤 낙지, 오이를 넣고 버무린다.

낙지의 짠맛과 불순물은 밀가루로 씻어내
낙지는 밀가루를 넣고 바락바락 주물러가며 씻으면 육질이 연해지고 짠맛도 빠진다. 또 불순물도 제거해주어 맛이 깔끔하다. 오징어나 주꾸미 등도 이 방법으로 씻는다.

새/우/로/

새우케첩볶음

튀긴 새우를 새콤달콤한 토마토케첩에 버무린 반찬으로 아이들이 좋아한다.
토마토 속 유기산이 새우튀김의 지방을 연소시켜 칼로리 걱정을 덜 수 있다.

새우(중하) 16마리
달걀 1개
녹말가루 4큰술
양파 ¼개
붉은 파프리카 ¼개
피망 ¼개
식용유 적당량

새우 양념
참기름 ⅓작은술
맛술 ½큰술
후춧가루 조금

토마토케첩 소스
토마토케첩 4큰술
설탕 1큰술
올리고당 2큰술
식초 1큰술

1. 새우는 두 번째 마디에서 꼬치로 내장을 빼내고 껍질을 벗긴다.
2. 새우에 새우 양념을 넣어 밑간하고 달걀과 녹말가루를 넣어서 고루 섞는다.
3. 식용유를 170℃로 달궈 새우를 바삭하게 2번 튀긴다.
4. 양파와 피망은 잘게 썰고 준비한 토마토케첩 소스에 넣어 고루 섞는다.
5. ④의 소스를 냄비에 넣고 바글바글 끓이다가 ③의 새우튀김을 넣어 버무린다.

새우를 튀긴 뒤
소스에 가볍게 버무려야 쫄깃
소스를 충분히 끓여 맛이 잘 어우러지면 새우튀김을 넣고 가볍게 버무리듯이 섞어야 튀긴 새우가 눅눅해지지 않아 쫄깃한 맛을 즐길 수 있다.

새우튀김

살이 도톰한 중하에 튀김옷을 입혀 튀긴 고급 반찬.
칼로리가 높아 과식하지 않도록 주의해야 한다.
새우튀김을 먹을 때는 샐러드나 과일을 준비해 영양의 밸런스를 꾀한다.

새우(중하) 16마리
밀가루 1컵
빵가루 2컵
달걀 2개
식용유 적당량

새우 양념
참기름 ⅓작은술
맛술 ½큰술
후춧가루 조금

1 새우는 두 번째 마디에서 꼬치로 내장을 빼낸 후 꼬리 쪽 한 마디만 남겨두고 꼬리 끝 쪽의 물총을 떼어낸다.

2 새우 배 쪽에 0.5cm 간격으로 칼집을 넣는다.

3 새우를 배가 위로 가게 구부려놓는다.

4 새우에 새우 양념을 넣고 밑간해 잠시 둔다.

5 새우에 밀가루를 고루 묻힌 뒤 가볍게 털어낸다.

6 빵가루에 물 2큰술을 고루 뿌려서 촉촉하게 만들고 달걀을 풀고 밀가루 묻힌 새우를 달걀물에 담갔다가 빵가루를 묻힌다.

7 180℃로 달군 식용유에 새우를 바삭하게 튀긴 다음 키친타월에 올려 기름을 뺀다.

새우는 배 쪽에 칼집을 넣어야 튀겼을 때 모양이 예뻐
새우 특유의 단맛은 글리신, 알라닌, 베타인 등의 아미노산 때문인데, 이 중 베타인은 혈중 콜레스테롤이나 혈당을 낮추는 작용을 한다.
새우는 꼬리 쪽의 뾰족한 물총을 제거하지 않으면 튀길 때 기름이 튄다.
또 배 쪽에 칼집을 넣으면 튀겼을 때 새우가 구부러지지 않고 곧게 모양이 유지된다.

새우장

새우는 고단백 저칼로리에다 칼슘이 풍부한 영양 식재료.
게장 담그듯이 짜지 않게 만들어두었다가 조금씩 꺼내 먹으면 좋다.

새우(중하) 16마리
생강 ½쪽
마늘 3쪽
마른 청양고추 1개

간장 양념
저염간장 ¼컵
설탕 ½큰술
맛술 1큰술
물 1½컵

1 새우는 씻어서 수염을 자르고, 두 번째 마디에서 꼬치로 내장을 제거한다.

2 냄비에 준비한 간장 양념을 넣어서 바글바글 끓인다.

3 마른 청양고추는 1cm 크기로 썰어서 ②에 넣고 불을 끈 다음 그대로 식힌다. 생강과 마늘은 편으로 썬다.

4 ③의 간장을 체에 걸러서 그릇에 담고 손질한 새우와 마늘, 생강을 넣는다.

5 ④의 그릇에 뚜껑을 덮거나 랩을 씌운 다음 하루 지나 체에 걸러 간장을 따라내어 다시 끓인 다음 식혀서 새우에 붓는다. 냉장고에 하루 정도 보관해두었다가 꺼내 먹는다.

싱싱한 새우로 담그는 게 맛의 비결
새우장은 회로 먹을 수 있을 만큼 싱싱한 새우로 담그는 것이 좋고, 너무 오래 담가두면 질겨지므로 담근 지 이틀 정도 지나면 바로 꺼내 먹고 냉장고에서도 오래 보관하지 않는다.

꽃/게/로/

꽃게무침

꽃게는 알이 꽉 찬 3~5월이 가장 맛이 좋다. 꽃게무젓이라고도 하고
지역에 따라서는 숙성시켜서 먹기도 한다. 비릿한 맛이 싫다면 익혀 먹는다.

꽃게 2마리(300g)
오이 ¼개
풋고추 1개
붉은 고추 1개
양파 ¼개
미나리 5줄기
참기름 ½작은술

꽃게 양념
멸치 액젓 1큰술
맛술 1큰술
설탕 1큰술

무침 양념
멸치 액젓 2큰술
저염간장 1큰술
다진 마늘 1큰술
고운 고춧가루 4큰술
설탕 1큰술
깨소금 1큰술
올리고당 4큰술
생강즙 1큰술

**꽃게에 애벌로 간을 한 뒤
양념에 버무려야**

꽃게는 껍질이 두꺼워서 부드러운
속살까지 양념이 배어들기가 어렵다.
양념으로 무치기 전에 애벌로 양념해
두면 채소와 함께 양념으로 무쳤을 때
전체적으로 양념이 잘 배어들어
간이 겉돌지 않는다.

1   꽃게는 솔로 문질러 씻은 다음 껍질을 분리하고 모래주머니,
    아가미를 제거한다. 4등분 해 꽃게 양념을 넣어 재운다.

2   오이는 반 갈라 어슷하게 썰고, 양파는 채 썰고,
    고추는 어슷하게 썬다. 미나리는 4cm 길이로 썬다.

3   올리고당을 제외한 무침 양념 재료를 섞어 10분간 두었다가
    올리고당을 넣고 잘 섞어 무침 양념을 만든다.

4   ①의 꽃게에 무침 양념을 넣어서 버무린다.

5   꽃게에 양념이 고루 스며들면 오이, 양파, 고추, 미나리를 넣어
    다시 한 번 버무린다.

꽃게장

싱싱한 꽃게를 끓인 간장 국물에 담가 맛을 낸 꽃게장은 대표적인 밥도둑.
꽃게장의 단점은 자칫 짜질 수 있다는 것. 짜지 않게 만드는 것이 포인트.

꽃게 1kg
풋고추 1개
붉은 고추 1개
양파 ½개
마늘 3쪽
생강 1쪽
굵은소금 ½큰술

간장 국물
저염간장 1컵
멸치 액젓 ¼컵
마른 청양고추 2개
설탕 1큰술
올리고당 3큰술
맛술 2큰술
물 4컵

1 꽃게는 솔로 껍질을 문질러 씻는다.

2 가위로 꽃게의 다리 끝과 뾰족한 부분을 가위로 잘라낸다.

3 냄비에 준비한 간장 국물 재료를 넣어서 바글바글 끓여 식힌 다음 체에 걸러서 간장만 따른다.

4 고추는 어슷하게 썰고, 양파는 굵게 채 썬다.
   마늘, 생강은 납작하게 저민다.

5 꽃게를 그릇이나 밀폐 용기에 배가 위쪽으로 오도록 담아서 ③의 간장 국물을 부은 다음 고추, 양파, 마늘, 생강을 얹어 잘 밀봉한다. 냉장고에서 하루 동안 보관한다.

6 게장의 간장 국물만 따라 다시 끓인 다음 식혀서 꽃게 위에 다시 붓는다. 이 과정을 2~3회 반복하고 5~7일 후부터 꺼내 먹는다.

꽃게와 간장 국물을 따로 보관하면 오래 두고 먹을 수 있다
꽃게에 간장 양념이 배어 알맞게 맛이 들면 꽃게를 건져서 국물과 따로 보관한다. 이렇게 하면 좀 더 오랫동안 보관해두고 먹을 수 있다. 꽃게는 잘 밀봉해서 냉동 보관하고 국물은 끓여서 차게 식힌 뒤 냉장 보관하면 된다. 철분과 칼슘이 많은 꽃게 반찬은 성장기 어린이에게도 좋다.

꽃게튀김

꽃게를 껍질째 손질해 튀긴 꽃게튀김. 잘라서 파는 냉동 꽃게로 간편하게 만든다.
껍질에 들어 있는 키토산은 면역 기능을 향상시킨다.

자른 꽃게 250g
달걀 1개
다진 파슬리 1큰술
녹말가루 4큰술
식용유 적당량

꽃게 양념
굵은소금 ¼작은술
맛술 1큰술
참기름 ½작은술

1 자른 꽃게는 다리 끝을 가위로 자른 다음
   준비한 꽃게 양념을 넣어서 10분간 재운다.

2 꽃게에 달걀, 파슬리, 녹말가루를 넣어 버무려 골고루 옷을 입힌다.

3 170℃로 달군 식용유에 꽃게를 튀긴다.

4 튀긴 꽃게를 키친타월에 올려서 기름을 뺀다.
   꽃게가 눅눅해지면 다시 한 번 바삭하게 튀긴 다음 기름을 뺀다.

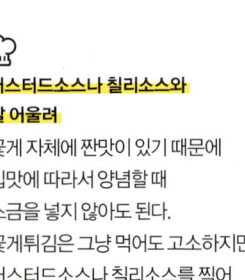

**머스터드소스나 칠리소스와
잘 어울려**

꽃게 자체에 짠맛이 있기 때문에
입맛에 따라서 양념할 때
소금을 넣지 않아도 된다.
꽃게튀김은 그냥 먹어도 고소하지만
머스터드소스나 칠리소스를 찍어
먹어도 맛이 잘 어울린다.

도/미/로/

도미찜

지방이 적고 살이 단단한 도미를 별다른 간을 하지 않고 찐 음식.
기름기가 적어 담백하고 소화에도 무리 없다.

도미 1마리
양파 1개
붉은 고추 ½개
대파 1뿌리
식용유 4큰술

도미 양념
굵은소금 1작은술
맛술 2큰술
후춧가루 조금

1 도미는 비늘과 지느러미를 제거하고 아가미를 통해 내장도 제거한다.

2 도미를 씻어서 물기를 제거한 다음 어슷하게 칼집을 넣는다.

3 도미에 소금, 후춧가루, 맛술 1큰술을 뿌린 뒤 냉장고에서
   1시간 정도 절인다.

4 양파는 굵게 채 썰고, 고추는 잘게 썬다. 대파는 곱게 채 썰어
   찬물에 담가둔다.

5 팬에 양파 채를 깔고 절여뒀던 도미를 얹은 다음 맛술 1큰술을
   고루 뿌려 뚜껑을 덮고 15분간 중약불에서 푹 찐다.

6 양파와 도미를 접시에 담고 물기를 뺀 파 채와 고추를 얹은 다음
   식용유 4큰술을 뜨겁게 달궈서 뿌린다.

도미 중 으뜸은 참도미
도미는 다른 생선에 비해
글루탐산이나 이노신산이 풍부해
담백하면서 맛이 좋다.
아미노산의 균형이 좋아 오랫동안
보관해도 맛이 떨어지지 않는다.
도미 중 가장 맛있는 것은 참도미로
단백질은 많고 지방질이 적어
칼로리 걱정을 하지 않아도 된다.

병
어
로

병어양념구이

병어는 살이 연해 조리를 잘해야 한다. 간장과 참기름, 식용유를 섞어 만든
유장을 애벌로 발라 재웠다가 구우면 맛이 좋은 건 물론 살이 부서지지 않는다.

병어 1마리

유장
저염간장 1작은술
참기름 1작은술
식용유 2작은술

구이 양념
고추장 2큰술
다진 마늘 1작은술
설탕 1큰술
깨소금 1큰술
참기름 1작은술
맛술 1큰술
후춧가루 조금

**병어에 유장을 바른 뒤
양념을 발라 굽는다**
고추장 베이스의 양념을 발라서
굽는 생선은 속이 익기 전에
겉이 타기 쉽다. 이럴 때는 생선에
유장을 발라서 막이 생기게 한 뒤
애벌로 굽다가 양념을 발라서
구우면 타지 않으면서
속까지 고루 잘 익는다.
병어는 칼로리가 낮고 맛은 담백하며
지방이 적지만 제철인 5~6월의
산란기에는 지방이 조금 더 많아
깊은 맛이 난다.

1 병어는 아가미 쪽에 젓가락을 넣어서 내장을 제거하고,
   비늘과 지느러미도 제거한다.

2 병어를 씻어서 물기를 없앤 다음 칼집을 어슷하게 넣는다.

3 병어에 유장을 고루 발라 간이 배도록 잠시 둔다.

4 팬을 달궈 기름을 두르지 않은 상태에서 병어를 노릇하게 굽는다.

5 구이 양념을 만들어 병어에 발라 앞뒤로 타지 않게 굽는다.

장/어/로/

장어양념구이

최고의 스태미나 식품으로 꼽히는 장어를 참기름에 쟀다가 고추장 양념을 덧발라 구운 영양 반찬. 장어 손질에 자신 없다면 손질된 것으로 준비한다.

장어 2마리
생강 2쪽

장어 양념
맛술 1큰술
굵은소금 1/8작은술
참기름 1/2작은술
후춧가루 조금

구이 양념
고추장 3큰술
저염간장 1작은술
다진 마늘 1큰술
설탕 2큰술
생강즙 1/2큰술
맛술 1큰술
후춧가루 약간

겉껍질의 하얀 막을 제거해야 비린내가 안 나
장어 겉껍질의 하얀 막을 말끔하게 제거해야 특유의 비린내가 나지 않는다. 또 장어는 기름이 많아 팬에 구울 때 기름을 두르지 않아도 자체에서 나오는 기름으로 인해 눌어붙거나 타지 않는다. 아이는 물론 허약 체질인 사람에게 좋고 노화 방지 효과도 탁월하다.

1 뼈와 내장을 제거한 장어는 겉껍질을 칼로 긁은 다음 5cm 길이로 자른다.

2 장어에 소금, 맛술, 참기름, 후춧가루를 넣어서 20분간 재워둔다.

3 준비한 양념 재료를 고루 섞어 구이 양념을 만든다.

4 팬을 달궈 기름을 두르지 않은 상태에서 장어를 앞뒤로 노릇하게 굽는다.

5 장어가 충분히 익으면 구이 양념을 고루 발라가면서 타지 않도록 굽는다. 양념이 다 스며들도록 여러 번 반복해서 바른다.

6 생강은 껍질을 벗긴 다음 곱게 채를 썰고 찬물에 담갔다가 물기를 제거하고 장어와 곁들여 낸다.

문/어/로/

문어초무침

데친 문어를 먹기 좋게 잘라 오이와 함께 새콤달콤한 초고추장으로 무쳤다.
문어는 저지방 고단백 식품으로 다이어트에 좋다.

문어 400g
오이 ½개
녹차 잎 1작은술
무(3cm) 1토막
굵은소금(씻기용) 1작은술
물 4컵

초고추장
고추장 2큰술
식초 2큰술
다진 마늘 1작은술
설탕 1큰술
깨소금 ½큰술
올리고당 2큰술

1 냄비에 물과 녹차 잎을 넣어 끓으면 문어를 넣고 빨간색이 되도록 삶는다.

2 삶은 문어를 무로 두들긴 다음 먹기 좋은 크기로 썬다.

3 오이는 소금으로 문질러 씻어 0.3cm 두께로 둥글게 썬다.

4 준비한 양념 재료를 고루 섞어 초고추장을 만들어 양념이 잘 어우러지도록 숙성시킨다.

5 볼에 문어와 오이를 넣고 초고추장을 넣어서 무친다.

문어를 무로 두드리면 부드러워져
문어를 무로 두들기면 문어의 섬유질이 끊어지고 무의 소화 효소인 디아스타제가 문어에 흡수되어 부드러워진다. 또 문어를 삶을 때 녹차 잎을 넣으면 문어의 색이 짙어지고 잡냄새가 사라진다.

패/주/로/

패주버터구이

웬만한 고기보다 맛있는 패주를 버터에 굽고 쌈 채소에 싸 먹는 맛이 각별하다.
패주는 잔 칼집을 넣어서 구워야 오그라들지 않고 맛도 질깃하지 않다.

패주 8개
쌈 채소 60g
버터 10g
후춧가루 조금

1 패주는 옆의 얇은 막을 떼어낸 다음 씻어서 물기를 제거한다.

2 쌈 채소는 씻어서 체에 밭쳐 물기를 뺀다.

3 패주를 3등분 한다.

4 패주에 바둑판 모양으로 칼집을 넣는다.

5 달군 팬에 버터를 녹인 다음 패주를 센 불에서 타지 않도록 굽는다.

6 그릇에 패주를 담고 쌈 채소를 곁들인다.

패주는 칼집을 넣어 부드럽게 손질
패주는 옆의 막을 제거하고 칼집을 넣어야 질기지 않으므로 반드시 막을 떼어낸다. 조개의 관자를 패주라고 하는데 단백질이 풍부하고 지방은 적지만 식이 섬유가 풍부하다. 일반 조갯살에 비해 쫄깃해 구이, 볶음, 찜 등 다양하게 이용한다.

연/어/로/

연어구이

오메가3의 보고인 연어를 와인과 레몬주스로 양념해 구운 일품 반찬.
부드럽고 고소한 맛이 일품이다.

연어(스테이크용) 200g
브로콜리 1/5개
콜리플라워 1/5개
케이퍼 1작은술
호스래디시 1/2작은술
식용유 1/2큰술

연어 양념
굵은소금 1/3작은술
화이트 와인 1큰술
레몬주스 1/2큰술
후춧가루 조금

1 도톰하게 썬 연어의 속살에 박혀 있는 큰 가시를 빼낸다.

2 연어에 소금, 후춧가루, 화이트 와인, 레몬주스를 뿌려 15분간 재운다.

3 브로콜리와 콜리플라워는 씻어서 물기를 털고
   3cm 크기로 자른 다음 끓는 물에 데쳐 찬물에 담가둔다.

4 브로콜리와 콜리플라워의 물기를 빼고 식용유를 두른 팬에
   살짝 볶는다.

5 달군 팬에 ②의 연어를 넣어서 앞뒤로 노릇하게 굽는다.

6 접시에 구운 연어를 담고 브로콜리, 콜리플라워, 케이퍼,
   호스래디시 등을 곁들인다.

연어구이와 잘 어울리는 사워 소스
연어구이에는 사워 소스가
잘 어울린다. 사워크림 4큰술,
머스터드 1큰술, 다진 양파 4큰술,
다진 케이퍼 1/2작은술, 호스래디시
1작은술을 섞어서 만들면 된다.

PART
03

영양 가득 푸짐한 고기반찬

뭐 특별한 거 먹을까?
이런 생각이 들 때 대부분 떠오르는 게 고기로 만든 요리.
주말 혹은 특별한 날이 아니어도 좋다.
보기에도 푸짐하고 먹고 나면 속도 든든한
고기반찬 한 접시로 가족 입맛 달래보자.

닭
고
기
로

닭봉매운조림

닭봉은 날개와 몸통 사이의 부위로 살이 연하고 도톰하다. 간장 양념으로 조려 깔끔하고 마른 청양고추를 넣어 매운맛을 더해 밥반찬으로 그만이다.

닭봉 16개
마른 청양고추 1개
식용유 1큰술

닭고기 양념
저염소금 ⅓작은술
참기름 ½작은술
맛술 1큰술
후춧가루 ¼작은술

조림 양념
저염간장 4큰술
설탕 1½큰술
올리고당 2큰술
물 1½컵

1. 닭봉은 씻어서 찬물에 20분 정도 담가 핏물을 제거한다.

2. 마른 청양고추는 1cm 간격으로 썬다.
   준비한 양념 재료를 고루 섞어 조림 양념을 만든다.

3. ①의 닭봉은 건져서 물기를 제거하고 닭고기 양념 재료를 넣어서 10분 정도 재운다.

4. 달군 팬에 식용유를 둘러 닭봉을 앞뒤로 노릇하게 굽고 팬에 남은 기름을 제거한다.

5. 닭봉에 조림 양념과 마른 청양고추 썬 것을 넣어 국물이 자작해지도록 조린다.

고춧가루 대신 마른 청양고추를~
고기 요리를 만들 때 냄새 제거를 위해서 고추장이나 고춧가루 같은 매운 양념을 많이 사용하는데, 이런 양념 대신 간장을 넣을 때는 매콤한 맛이 나는 마른 청양고추를 함께 넣으면 누린내가 나지 않고 칼칼한 맛을 살릴 수 있다.

닭고기매운볶음

도톰하게 토막 낸 닭고기에 굵직하게 썬 당근과 감자, 양파 등을 넣고
갖은 양념으로 볶은 푸짐한 음식. 닭고기에 밑간을 해 조리하면 더욱 맛있다.

닭 1마리(1kg)
감자(중간 크기) 2개
당근 ½개
양파 ½개
물 2½컵

닭고기 양념
저염소금 ½작은술
참기름 1작은술
맛술 1큰술
후춧가루 ⅓작은술

볶음 양념
저염간장 4큰술
다진 파 2큰술
다진 마늘 1큰술
고춧가루 2큰술
설탕 1½큰술
올리고당 2큰술
깨소금 1큰술

1 닭은 지방을 제거한 다음 사방 5cm 크기로 썰어서 찬물에 담가 핏물을 뺀다.

2 닭의 물기를 제거한 다음 분량의 닭고기 양념을 넣고 10분간 재운다.

3 기름을 두르지 않은 팬에서 닭을 노릇하게 지진다.

4 감자와 당근은 껍질을 벗겨 씻어 사방 4cm 크기로 썰어 모서리를 다듬고 감자는 찬물에 담가둔다. 양파도 같은 크기로 썬다.

5 분량의 볶음 양념을 만들어 ③의 닭에 반 덜어 넣고 분량의 물을 넣어서 끓인다.

6 물이 ⅓로 줄면 감자와 당근, 나머지 양념을 넣고 자작하게 조린다.

7 닭이 다 익으면 양파를 넣고 한 번 더 섞은 다음 그릇에 담는다.

닭을 구워 기름기를 빼면 담백
생닭을 바로 조리하기보다 양념에 잰 뒤 팬에 한 번 굽는다.
이때 닭에서 나오는 기름을 제거한 뒤 양념을 넣고 조리하면 국물이 담백하면서 고소하고 닭의 육질이 쫄깃해진다. 닭 껍질을 벗겨내고 조리해도 된다.

닭다리살튀김고추장소스

닭다리살은 쫄깃해서 누구나 좋아하는 부위다. 쫄깃한 닭다리살을 발라서
바삭하게 튀긴 다음 매콤달콤한 고추장 양념에 버무려 맛이 더욱 진하다.

닭다리살 8조각(4마리 분량)
달걀 1개
녹말가루 5큰술
잣가루 1큰술
식용유 적당량

닭고기 양념
저염간장 ½큰술
설탕 ½작은술
참기름 1작은술
맛술 1큰술
후춧가루 조금

무침 양념
고추장 2큰술
저염간장 ½큰술
다진 마늘 ½큰술
설탕 2큰술
올리고당 2큰술
통깨 1큰술
물 ½컵

1. 닭다리살은 씻어서 물기를 제거한 다음 사방 4cm 크기로 잘라 준비한 닭고기 양념을 넣고 10분간 재운다.
2. 밑간한 닭고기에 달걀, 녹말가루를 넣어 고루 섞는다.
3. 오목한 팬에 식용유를 넉넉히 붓고 170℃로 달군 다음 닭고기를 노릇하게 튀긴다.
4. 튀긴 닭고기를 식힌 다음 한 번 더 바삭하게 튀겨서 식힌다.
5. 냄비에 올리고당을 제외한 조림 양념 재료를 모두 넣어 자작하게 조려지면 올리고당을 넣고 불을 끈다.
6. 볼에 튀긴 닭고기와 ⑤의 식힌 소스를 넣고 잘 버무린 다음 그릇에 담고 잣가루를 고루 뿌린다.

튀김의 온도 따라 맛이 달라져
바삭하게 튀긴 닭고기를 양념에 버무릴 경우, 튀김이 따뜻할 때 버무리면 부드러워져 먹기 좋고, 튀김을 식힌 뒤 버무리면 쫄깃하고 바삭한 맛을 그대로 살릴 수 있다. 땅콩이나 호두 등의 견과류를 잘게 썰어서 뿌리면 고소한 맛까지 더할 수 있다.

닭고기채소조림

닭고기에 우엉이나 연근 등의 뿌리채소를 더해 조린 반찬이다.
닭고기의 껍질을 벗기고 기름기를 제거한 뒤 조리하면 더욱 깔끔하다.

닭고기 600g
우엉 200g
연근 ½뿌리
마(5cm) 1토막
양파 ½개
마른 청양고추 2개
올리고당 3큰술

식초 물
물 1컵
식초 1큰술

닭고기 양념
다진 마늘 ½큰술
소금 ⅓작은술
맛술 1큰술
후춧가루 조금

조림 양념
저염간장 3큰술
돈가스 소스 3큰술
설탕 1큰술
물 3컵

1 닭고기는 지방을 제거한 다음 사방 5cm 크기로 썰어서 찬물에 담가 핏물을 뺀다.

2 냄비에 물을 적당량 넣고 끓으면 ①의 핏물 뺀 닭을 데친다.

3 데친 닭고기의 물기를 제거한 다음 준비한 닭고기 양념을 넣어서 10분간 재워둔다.

4 조림 양념을 만들어 냄비에 닭과 같이 넣고 마른 청양고추를 넣어서 끓인다.

5 우엉과 연근은 껍질을 벗겨 4cm 길이로 잘라서 식초 물에 담가둔다. 마도 껍질을 벗겨 연근과 같은 크기로 썬다. 양파도 4cm 크기로 썬다.

6 ④의 국물이 반으로 줄어들면 마, 우엉, 연근을 넣어 자작하게 조리다가 올리고당과 양파를 넣고 한 번 더 섞어서 그릇에 담는다.

닭고기는 데쳐서 조리해야 담백
닭고기는 조리하기 전 찬물에 담가 핏물을 뺀 뒤 끓는 물에 데친다. 이런 조리 과정을 거쳐야 누린내가 나지 않고 깔끔하면서 담백한 닭고기의 맛이 잘 살아난다. 연근과 마는 껍질을 벗길 때 맨손으로 벗기면 가려우므로 반드시 비닐장갑을 끼고 손질한다.

닭고기간장찜

간장으로 깔끔한 맛을 살리고 고춧가루 대신 마른 청양고추를 넣어 매운맛을 더했다.
오이와 시금치를 넣어 일반 찜과 다른 향과 맛을 즐길 수 있다.

닭 1마리(1kg)
감자 1개
당근 ½개
오이 ¼개
마른 표고버섯 4개
시금치 3뿌리
양파 ½개
대파 ¼뿌리
마른 청양고추 4개
올리고당 5큰술

닭고기 양념
참기름 ½작은술
맛술 1큰술
후춧가루 조금

간장 양념
저염간장 6큰술
다진 마늘 1큰술
설탕 1큰술
물 4컵

1 닭고기는 지방을 제거한 다음 사방 5cm 크기로 썰어서 찬물에 담가 핏물을 제거한다.

2 닭고기의 물기를 제거한 다음 닭고기 양념 재료를 모두 넣고 10분간 재워둔다.

3 기름을 두르지 않은 팬에 닭고기를 노릇하게 지진다.

4 마른 청양고추는 1cm 길이로 썰고 분량의 간장 양념 재료를 만든다. ③의 닭고기의 기름을 제거한 다음 청양고추와 간장 양념을 넣고 국물이 ⅓이 되도록 끓인다.

5 감자, 당근, 오이는 1cm 두께로 도톰하게 모양을 살려서 썰고, 마른 표고버섯은 뜨거운 물에 불려 은행잎 모양으로 썬다.

6 시금치는 4cm 길이로 썬다. 양파는 굵게 채 썰고, 대파는 어슷하게 썬다.

7 ④에 감자, 당근, 표고버섯을 넣고 올리고당을 넣어서 국물이 자작하도록 끓인다.

8 닭고기와 채소가 익으면 시금치, 오이, 양파, 대파를 넣고 한 번 더 끓인 뒤 불을 끈다.

닭고기김치찜

묵은 김치에 닭고기를 넣고 두 가지 재료가 푹 무르도록 찐 음식으로 밥과 잘 어울린다.
국물이 넉넉하면 불린 당면을 넣어 맛의 변화를 줘도 좋을 듯.

닭 ½마리(600g)
묵은 배추김치 ½포기
양파 ½개
풋고추 2개
붉은 고추 1개
대파 ½뿌리
굵은소금(데치기용) 1작은술

닭고기 양념
참기름 1작은술
현미유 2큰술
후춧가루 ¼작은술

찜 양념
저염국간장 2큰술
다진 마늘 1큰술
고춧가루 2큰술
맛술 1큰술
물 3½컵

1 닭고기는 지방을 제거하고 사방 5cm 크기로 썰어서 찬물에 담가 핏물을 뺀다.

2 팔팔 끓는 물에 소금 1작은술을 넣고 닭고기를 데친다.

3 데친 닭고기의 물기를 제거한 다음 닭고기 양념 재료를 모두 넣고 10분간 재워둔다.

4 김치는 소를 털어낸다. 양파는 굵게 채 썰고, 고추와 대파는 어슷하게 썬다.

5 볼에 고춧가루, 맛술, 물을 넣어 고춧가루가 불면 국간장, 마늘을 넣고 잘 섞어 찜 양념을 만든다.

6 냄비에 김치와 닭고기, 찜 양념을 넣고 국물이 자작해지도록 끓이다가 양파와 대파, 고추를 넣고 한 번 더 끓인 다음 불을 끈다.

김칫소는 털어내야 깔끔
잘 익은 배추김치는
어떤 재료와도 잘 어울린다.
다만 김치의 소는 자칫 지저분해
보일 수 있으므로 털어내고 조리한다.
김치가 너무 익어서 시었거나
군내가 나면 찬물에 담가
냄새를 어느 정도 뺀 뒤
들기름에 볶아 넣으면 맛있다.

닭안심견과류볶음

저지방 고단백의 닭고기에 불포화지방산이 많은 견과류를 넣고 볶아 영양 균형이 좋다. 오래 두면 산패하므로 한두 끼 분량만 조리한다.

닭안심 8조각
견과류 3큰술
(호두·해바라기씨·호박씨)
물 ½컵

닭고기 양념
저염간장 ½작은술
다진 마늘 ½작은술
참기름 ½작은술
맛술 ½큰술
현미유 2큰술
후춧가루 조금

볶음 양념
저염간장 2큰술
설탕 1큰술
올리고당 2큰술

1 닭안심은 힘줄과 지방을 제거한 다음 사방 2cm 크기로 자른다.

2 닭고기에 준비한 닭고기 양념을 넣어 20분 정도 둔다.
볶음 양념도 미리 만들어둔다.

3 견과류는 천으로 닦은 다음 마른 팬에 볶아서 식힌다.

4 ②의 닭고기를 팬에 볶다가 ③의 견과류를 넣는다.
여기에 볶음 양념을 넣어 함께 볶는다.

닭고기 안심에 현미유를 뿌려두면 부드러워져

닭고기 안심은 기름기가 없어서 익히면 다소 퍽퍽하다.
현미유를 넣어서 잠시 재웠다가 조리하면 육질이 부드럽다.
안심 대신 가슴살로 조리해도 된다.
견과류를 한 번 볶으면 고소한 맛이 더 진해지고 소독 효과도 있다.

닭가슴살가지볶음

칼로리가 낮고 단백질이 풍부하지만 다소 퍽퍽한 닭가슴살에
식이 섬유와 수분이 많은 가지를 넣고 볶아 부드러운 맛을 더한 요리.

닭가슴살 1조각
가지 1개
양파 ⅓개
마른 청양고추 1개
대파 ¼뿌리
식용유 1큰술
굵은소금(절이기용) 1작은술
물 2큰술

볶음 양념
다진 마늘 ½작은술
저염간장 1큰술
깨소금 ½큰술
참기름 ½작은술

1. 닭가슴살은 물기를 없앤 다음 겉에 있는 지방을 제거하고 결 반대로 썬다.

2. 가지는 꼭지를 잘라내고 길이로 반 자른 다음 반달 모양으로 썬다. 물 2큰술과 소금 1작은술을 넣어 10분 정도 절인 다음 물기를 꼭 짠다.

3. 양파는 곱게 채 썰고, 마른 청양고추는 송송 썬다. 대파는 어슷하게 썬다.

4. 식용유를 두른 팬에 마늘을 볶아 마늘 향이 올라오면 ①의 닭가슴살을 볶는다.

5. 닭고기가 익으면 ②의 가지와 간장을 넣어 볶다가 양파, 마른 청양고추, 대파를 넣고 고루 어우러지면 불을 끄고 깨소금과 참기름을 넣는다.

닭가슴살은 결 반대로 썰어야 퍽퍽하지 않아
닭가슴살은 지방이 전혀 없어 익히면 퍽퍽해서 맛은 별로 없다. 손질 시 결 반대로 썰면 익혔을 때 퍽퍽한 맛이 줄어든다. 닭고기와 가지는 익는 속도가 다르기 때문에 닭고기를 먼저 익힌 뒤 가지를 넣어야 가지가 쉬 물러지지 않는다.

닭다리살피망볶음

매운맛이 감돌면서 아삭하게 씹히는 맛이 좋은 피망은 담백한 닭고기와 잘 어울린다.
두 가지 재료를 함께 볶을 때 피망의 맛을 살리는 것이 포인트.

닭다리살 4조각
녹색 피망 ½개
붉은 피망 ½개
양파 ½개
굴소스 1큰술
참기름 1작은술
식용유 1큰술
후춧가루 조금
향채
　➜ 마늘 3쪽
　　생강 ½쪽
　　대파 ⅕뿌리

닭고기 양념
다진 마늘 ½작은술
저염소금 ⅕작은술
참기름 ½작은술
맛술 1큰술
후춧가루 조금

향채를 볶을 땐 중간 불에서
닭고기를 볶을 때 마늘, 생강,
대파 등의 향채를 볶아
매운 향을 낸 뒤 다른 재료를
넣으면 훨씬 풍미 있다.
단, 너무 센 불에서 볶으면 타기 쉽다.
중간 불에서 볶아야 매운 향이
기름에 충분히 배기 때문에
고기를 볶으면 제맛이 난다.

1 닭다리살은 사방 4cm 크기로 자른 다음
　 준비한 닭고기 양념으로 밑간한다.

2 대파는 2cm 길이로 썰고 마늘, 생강은 편으로 썬 다음
　 달군 팬에 기름을 두르고 볶는다.

3 피망은 씨를 제거하여 사방 3cm 크기로 썰고,
　 피망과 양파도 같은 크기로 썬다.

4 ①의 밑간한 닭고기를 ②의 향채에 넣어 볶다가
　 굴소스를 넣어서 볶는다.

5 닭고기가 익으면 피망, 양파를 넣어 볶다가 불을 끈 다음
　 참기름, 후춧가루를 넣는다.

닭가슴살겨자소스냉채

톡 쏘는 겨자 소스를 곁들인 닭가슴살냉채는 입맛 없을 때나 주말 별식으로 즐기면 좋고 손님 초대 요리로도 적당하다. 소스에 매실청을 넣으면 부드럽다.

닭가슴살 1조각
죽순(통조림) ½개
당근 ⅕개
오이 ½개
배 ⅙개
양배추 잎 3장
잣 1큰술
대파 ⅙뿌리
마늘 2쪽
통후추 1작은술
맛술 1큰술

닭고기 양념
저염소금 ⅓작은술
참기름 ½작은술

매실 겨자 소스
매실청 1큰술
머스터드 1큰술
발효 겨자 1큰술
저염소금 ½작은술
올리고당 1큰술
참기름 ½작은술
식초 2큰술
후춧가루 조금
물 1큰술

닭고기는 끓는 물에 데친 뒤 조리
냉채로 즐기는 닭고기는
끓는 물에 살짝 넣었다 꺼내거나
끓는 물을 끼얹어 재빨리 씻어낸 후
삶으면 불순물이 제거되고 누린내도
없어져 맛이 깔끔하고 개운하다.
또 채소는 찬물에 담갔다 꺼내거나
냉장고에 넣어 아삭한 맛을 살리는 게
냉채를 좀 더 맛있게 먹는 비결.

1. 닭 가슴살은 힘줄과 지방을 제거한 다음 끓는 물에 삶는다.

2. 냄비에 대파, 마늘, 통후추, 맛술을 넣고 끓으면 닭고기를 넣고 30분 정도 중간 불에서 삶는다.

3. 삶은 닭가슴살을 어느 정도 식힌 다음 찢어서 준비한 닭고기 양념을 넣어 무친다.

4. 죽순은 하얀 석회를 젓가락으로 살살 긁어 제거한 다음 5cm 크기로 빗살 모양을 살려 썬다.
당근, 오이, 배, 양배추도 2×5cm 크기로 썬다.

5. 볼에 양념한 닭고기, 썰어놓은 채소, 잣을 넣고 준비한 매실 겨자 소스를 넣어 고루 무친다.

닭다리살고추장꼬치

매콤한 고추장 양념을 듬뿍 발라서 구운 꼬치 요리는 누구나 좋아하는 메뉴다.
닭고기와 대파, 양파를 넉넉히 꿰어 구우면 들고 먹는 재미 또한 좋다.

닭다리살 4조각
대파 1뿌리
양파 ½개
식용유 1큰술
꼬치 4개

닭고기 양념
저염간장 ½큰술
설탕 1작은술
맛술 1큰술
참기름 1작은술
후춧가루 조금

고추장 양념
고추장 3큰술
저염간장 ½작은술
설탕 ½큰술
올리고당 3큰술
참기름 1작은술
후춧가루 조금

1 닭다리살은 사방 4cm 크기로 썰어서 닭고기 양념을 넣고 밑간한다.
2 식용유를 두른 팬에 닭다리살을 앞뒤로 노릇하게 굽는다.
3 대파는 3cm 길이로 자르고, 양파도 사방 3cm 크기로 자른다.
4 볼에 올리고당을 제외한 고추장 양념을 넣어서 잘 섞은 다음 올리고당을 넣고 섞는다.
5 꼬치에 대파, 양파, 닭다리살을 순서대로 끼운다.
6 꼬치에 ④의 고추장 양념을 골고루 바른 뒤 달군 팬에 식용유를 둘러 앞뒤로 굽는다.

고기를 익힌 뒤 양념을 발라 다시 구워야
닭고기는 꼬치에 꿰기 전에 충분히 익혀야 구울 때 타지 않는다.
특히 양념을 발라 굽는 경우 고기는 안 익고 양념은 타기 쉬우므로 양념을 바르기 전에 고기를 충분히 익힌 뒤 양념을 발라서 굽는다.

닭가슴살카레소스구이

먹기 좋은 크기로 자른 닭가슴살을 카레 소스로 볶은 반찬.
카레 향이 닭고기의 누린내나 잡냄새를 완벽하게 없애고 풍미까지 더해준다.

닭가슴살 2조각

닭고기 양념
올리브유 2큰술
맛술 1큰술

카레 소스
카레 가루 2큰술
다진 마늘 ½큰술
물 1컵

1. 닭가슴살은 포를 떠서 칼집을 넣고 올리브유와 맛술을 섞은 양념을 고루 뿌려 15분간 재운다.
2. 달군 팬에 닭고기를 넣고 노릇하게 굽는다.
3. 준비한 카레 소스 재료를 볼에 넣고 고루 섞어 소스를 만들어둔다.
4. ②의 닭고기에 카레 소스를 넣고 조리듯이 굽는다.

올리브유로 마리네이드를 하면 풍미 업
닭가슴살에 올리브유를 뿌려 10분 정도 재워두면 육질이 부드럽고 풍미가 한층 깊어진다. 닭고기에 칼집을 군데군데 넣어야 올리브유가 고루 잘 스며든다. 카레에 모든 간이 다 되어 있으므로 닭고기 양념에 소금을 넣지 않는다.

닭다리살양념구이

닭다리살을 깔끔한 간장 양념에 구운 뒤 새싹채소를 곁들였다.
닭고기를 그릴이나 석쇠에 올려 구우면 더욱 맛있다.

닭다리살 4조각
새싹채소 50g

닭고기 양념
생강즙 ½큰술
참기름 ½작은술
후춧가루 조금

구이 양념
저염간장 2큰술
굴소스 ½큰술
올리고당 2큰술
설탕 ½큰술
맛술 1큰술
물 1컵

1 닭다리살은 양념을 고루 뿌려 재워놓는다.

2 닭고기를 팬에 넣어 앞뒤로 노릇하게 굽는다.

3 팬에 구이 양념 재료를 모두 넣고 바글바글 끓인다.

4 ②의 구운 닭고기를 ③에 넣어 간이 고루 배도록 중간 불에서 조리듯이 굽는다.

5 새싹채소는 흐르는 물에 씻어 체에 밭쳐 물기를 뺀 뒤 닭고기에 곁들인다.

**생강즙에 재우면
누린내가 말끔히 사라져**

간장에 구워 깔끔한 맛을 내야
하므로 닭다리살의 누린내를
확실하게 없애는 게 맛의 비결이다.
누린내는 생강즙을 뿌린 뒤
10분 정도 지나면 말끔하게 없어진다.
생강판에 간 생강과 물을
1:1 비율로 섞어서 즙을 짜내야
진한 생강즙을 얻을 수 있다.

돼/지/고/기/로/

돼지고기고추장볶음

돼지고기를 고추장 양념에 버무려 볶은 반찬으로 밥 위에 올려
덮밥으로 먹어도 별미. 익으면 단맛이 나는 양파를 함께 볶아 더욱 맛있다.

돼지고기 400g
(앞다리살 얇게 썬 것)
느타리버섯 100g
당근 1/5개
양파 1/2개
대파 1/5뿌리
풋고추 1개
붉은 고추 1개
식용유 1큰술

볶음 양념
고추장 2½큰술
저염간장 1큰술
고춧가루 1큰술
설탕 1큰술
올리고당 2큰술
생강즙 ½큰술
참기름 1작은술
후춧가루 ¼큰술

양념장에 사과를 갈아 넣으면 좋아
사과의 칼륨 성분은 콜레스테롤을
줄여주는 작용을 하기 때문에
돼지고기를 구워 먹을 때 사과를
썰어서 함께 구워 먹으면 좋다.
또 사과를 갈아 넣은 양념장으로
돼지고기를 재운 뒤 볶거나 구워
먹어도 영양 균형이 잘 맞는다.

1 돼지고기는 5cm 크기로 먹기 좋게 썬다.

2 준비한 양념 재료를 고루 섞어 볶음 양념을 만든 다음 돼지고기에
  반을 덜어 넣어 고루 버무려 재운다.

3 당근은 반달 모양으로 얇게 썰고, 양파는 굵게 채 썬다.
  고추와 대파는 어슷하게 썬다. 느타리버섯은 갈래를 나누어 놓는다.

4 팬에 ②의 돼지고기를 볶다가 당근, 양파, 나머지 양념을
  넣어서 볶는다.

5 채소가 익으면 느타리버섯, 대파, 고추를 넣어서 한 번 더 볶은 다음
  그릇에 담아서 낸다.

돼지고기두반장볶음

매콤한 두반장 소스를 넣고 볶아 느끼하지 않고 개운한 맛이 특징.
매운맛을 좋아한다면 마른 고추나 청양고추를 넣어 매콤한 맛을 더한다.

돼지고기(볶음용) 300g
브로콜리 ½송이
노란 파프리카 ½개
대파 ¼뿌리
식용유 1큰술

돼지고기 양념
참기름 ½작은술
맛술 1작은술
후춧가루 조금

두반장 양념
두반장 3큰술
저염간장 1작은술
설탕 ½큰술

1. 돼지고기는 볶음용으로 얇게 썬 것을 준비해 5cm 길이로 먹기 좋게 썬다.
2. 볼에 돼지고기와 돼지고기 양념 재료를 모두 넣어 고루 버무린 다음 10분 정도 재운다.
3. 분량의 두반장 양념 재료를 잘 섞어서 양념을 만든다.
4. 브로콜리는 사방 3cm 크기로 썰어서 끓는 물에 데친 다음 찬물에 담가두고, 노란 파프리카는 3cm 길이로 썰고 대파는 어슷하게 썬다.
5. 달군 팬에 식용유를 두르고 ②의 돼지고기와 ③의 양념을 넣어 볶는다.
6. 고기가 거의 익으면 브로콜리, 파프리카, 대파를 넣고 좀 더 볶는다.

두반장의 짠맛을 조절하는 것이 맛 내기 포인트

두반장은 중국 음식에 사용되는 소스로 특히 돼지고기와 잘 어울린다. 두반장을 넣어 조리할 때는 짠맛을 조절하는 것이 관건. 두반장의 짠맛이 음식 전체에 미치지 않도록 설탕이나 양파, 물엿 등으로 맛을 더한다.

돼지고기김치볶음

묵은 김치를 넣어 느끼하지 않고 뒷맛이 개운하다. 대개 목살이나 다리살로 만들지만 삼겹살로 조리하면 기름기는 많아도 더욱 부드럽고 고소하다.

돼지고기(목살) 250g
배추김치 ½포기
양파 ⅓개
붉은 피망 ⅓개
김칫국물 ⅓컵
식용유 1큰술

돼지고기 양념
저염간장 2큰술
다진 마늘 ½큰술
참기름 ½작은술
맛술 1큰술

양념
고춧가루 1큰술
설탕 1작은술
깨소금 ½큰술
참기름 1작은술
후춧가루 조금

신 배추김치는 찬물에 씻어 조리한다
배추김치가 너무 시었을 경우에는 소를 깔끔하게 털어낸 뒤 찬물에 담가서 신맛을 우려내고 조리한다. 볶을 때는 식용유보다는 들기름을 넣고 달달 볶다가 설탕을 넣으면 시큼한 맛은 줄어들고 고소한 맛이 더해져 맛있다.

1 돼지고기는 지방을 제거한 다음 4cm 길이로 도톰하게 썬다.

2 돼지고기에 준비한 돼지고기 양념을 넣어 고루 버무린 다음 10분 정도 재운다.

3 배추김치는 소를 털어내고 3cm 길이로 썰고, 양파와 피망은 채 썬다.

4 팬에 식용유를 둘러 ②의 돼지고기를 볶다가 김치와 김칫국물, 설탕, 후춧가루를 넣는다.

5 고기가 다 익으면 고춧가루를 넣어서 볶다가 불을 끄고 깨소금과 참기름을 넣는다.

돼지고기부추볶음

돼지고기는 찬 성질을 갖고 있기 때문에 몸에 열이 많은 사람은
소고기보다 돼지고기가 더 맞는다. 따뜻한 성질의 부추와 함께 요리하면 찰떡궁합.

돼지고기(등심) 250g
부추 ⅙단
생강 1쪽
달걀흰자 1개
녹말가루 2큰술
식용유 적당량

돼지고기 양념
저염간장 ½큰술
참기름 ½작은술
맛술 ½큰술
후춧가루 조금

양념
저염간장 1큰술
소금 ¼작은술
참기름 ½작은술

1 돼지고기는 기름이 적은 등심으로 준비해
   사방 0.5cm, 길이 5cm로 썬다.

2 돼지고기에 준비한 돼지고기 양념으로 밑간한 다음
   달걀흰자와 녹말가루를 넣어서 잘 섞는다.

3 오목한 팬에 식용유를 적당량 붓고 100℃로 달군 다음
   돼지고기를 튀긴다.

4 돼지고기가 익으면 체로 건져 기름을 뺀다.

5 부추는 5cm 길이로 썰어서 잎과 줄기 부분을 따로 두고,
   생강도 곱게 채 썬다.

6 달군 팬에 식용유 1큰술을 둘러 생강 채를 볶다가
   ④의 돼지고기, 간장, 소금을 넣어서 볶는다.

7 돼지고기에 부추를 넣어 살짝 볶은 뒤 불을 끄고
   참기름을 넣어서 고루 섞는다.

퍽퍽한 돼지고기는 애벌로 삶아 부드럽게
돼지고기가 너무 질기거나 퍽퍽할 때는 기름에 튀기지 말고 삶아서 볶으면 부드러워진다. 삶을 때 마늘, 양파, 대파 등을 넣으면 누린내가 나지 않고 육질도 부드러워진다.

돼지갈비찜

돼지고기는 우리 몸속의 중금속이나 수은 등을 배출하는 해독 작용을 한다.
삶거나 쪄서 먹어야 소화도 잘되고 흡수율도 높아진다.

돼지갈비 600g
당근 ½개
감자(중간 크기) 2개
양파 ½개
풋고추 1개
붉은 고추 1개
대추 4개
참기름 ½큰술
물 7컵
향채
　➡ 대파 ¼뿌리
　　생강 ½쪽
　　마늘 4쪽
　　통후추 1작은술

찜 양념
저염간장 5큰술
설탕 1큰술
올리고당 4큰술
맛술 2큰술

1 돼지갈비는 지방을 제거한 다음 찬물에 담가 핏물을 뺀다.
　 중간에 물을 2~3번 갈아준다.

2 돼지고기의 물기를 없앤 다음 1cm 간격으로 칼집을 넣는다.

3 끓는 물에 돼지갈비를 데친 후 찬물에 헹군다.

4 준비한 양념 재료를 고루 섞어 찜 양념을 만든다.

5 냄비에 물 7컵을 붓고 끓으면 향채와 ②의 돼지갈비를 넣어서
　 속까지 익도록 30분간 삶는다.

6 당근, 감자는 사방 4cm 크기로 썰어 모서리를 다듬고,
　 감자는 물에 담가 전분을 뺀다. 양파는 당근과 같은 크기로 썬다.
　 고추는 어슷하게 썬다.

7 ⑤의 돼지갈비 삶은 육수는 체에 걸러서 냄비에 담고
　 돼지갈비도 같이 담는다.

8 ⑦에 ④의 찜 양념을 넣고 당근, 감자를 넣어 자작하게 조리다가
　 대추, 양파, 고추를 넣고 한 번 더 끓인다.
　 불을 끄고 참기름을 넣는다.

돼지갈비를 삶은 뒤 양념을 넣어야 부드러워
돼지갈비찜을 만들 때 처음부터 간장을 넣어서 조리하면
누린내가 많이 나고 육질도 질겨진다. 일단 돼지고기에 여러 가지 향채를 넣고
삶아 누린내를 없앤 뒤 양념을 넣고 조리해야 고기가 부드럽다.

돼지고기생강구이와 파채무침

생강의 산뜻한 맛이 돼지고기의 누린내를 잡아줘 입맛을 돋우는 반찬.
냉한 기운이 강한 돼지고기와 따뜻한 성질을 가진 생강의 궁합이 잘 맞는다.

돼지고기(목살) 400g
간 생강 2큰술
대파 1뿌리

돼지고기 양념
저염간장 2큰술
설탕 ½작은술
참기름 ½작은술
맛술 1큰술
후춧가루 조금

무침 양념
설탕 ⅓작은술
소금 ⅓작은술
깨소금 ½큰술
참기름 1작은술

**고기를 익힌 뒤
간 생강을 얹어야 제맛**
돼지고기를 양념에 재기 전
먼저 설탕을 뿌려서 재면
육질이 부드러워진다.
또 생강 간 것을 돼지고기에
미리 넣어서 너무 오래 가열하면
자칫 쓴맛이 나고 생강의 향도
줄어들 수 있으므로 고기를 완전히
익힌 뒤 나중에 생강 간 것을
얹어서 바로 먹어야 맛있다.

1. 돼지고기 목살은 도톰하게 썰어서 설탕을 먼저 뿌려두었다가 설탕을 뺀 나머지 돼지고기 양념 재료를 넣어 밑간한다.
2. 대파는 곱게 채 썬 다음 찬물에 5분간 담갔다가 물을 갈아주고 체에 밭쳐서 물기를 제거한다.
3. ①의 양념한 돼지고기는 달군 팬에 넣고 타지 않도록 굽는다.
4. 구운 돼지고기는 먹기 좋게 썰어서 간 생강을 넣고 한 번 더 구운 다음 그릇에 담는다.
5. ②의 대파 채에 무침 양념을 넣어서 버무리고 ④의 고기에 곁들인다.

돼지고기배추찜

아삭하면서 달달한 배추의 맛이 잘 어울리는 음식. 배추에는 식이 섬유가 많고 돼지고기에는 단백질이 풍부해 먹고 나면 속이 든든하다.

돼지고기(목살) 400g
배추잎 6장

돼지고기 양념
저염간장 4큰술
설탕 1큰술
맛술 1큰술
참기름 1작은술
후춧가루 조금

1 돼지고기는 1cm 두께의 구이용으로 잘라서 설탕을 뿌려 재운 뒤 설탕을 뺀 나머지 양념을 넣고 20분간 재운다.

2 달군 팬에 양념한 돼지고기를 넣고 속까지 익도록 타지 않게 굽는다.

3 돼지고기가 다 익으면 배추를 씻어서 물기가 있는 상태에서 고기 위에 얹고 뚜껑을 덮는다.

4 배추를 5분 정도 중간 불에서 익힌 다음 꺼내서 배추, 고기, 배추, 고기 순으로 얹어 먹기 좋게 썬다.

※ 돼지고기배추찜은 양념간장이나 겨자장에 찍어 먹으면 맛있다.

배추를 너무 익혀 물컹거리지 않도록 한다
배추를 너무 오래 찌면 씹는 맛이 좋지 않으므로 주의. 고기는 일단 구워서 익힌 것이므로 배추를 넣고 5분 정도만 쪄도 충분하다. 또 배추를 씻어서 물기를 털지 말고 그대로 넣는다. 배추에 물기가 어느 정도 있는 상태에서 쪄야 고기가 탈 염려가 없다.

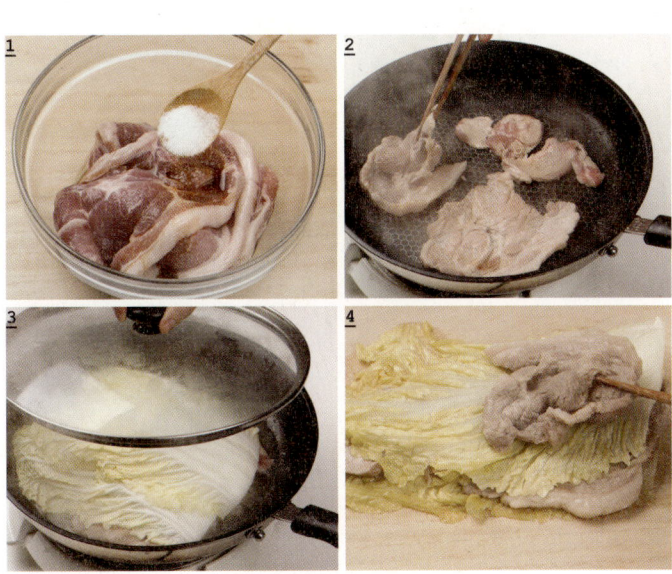

돼지고기삼합

돼지고기의 구수한 맛과 묵은 김치의 개운한 뒷맛이 잘 어울리는 메뉴다.
곁들이는 깻잎도 맛과 영양 면에서 돼지고기와 잘 맞는다.

돼지고기(앞다리살) 500g
묵은 배추김치 1포기
깻잎 10장
양파 ½개

수육 양념
된장 2큰술
마늘 3쪽
생강 1쪽
대파 ¼뿌리
맛술 2큰술
통후추 ½작은술

겉절이 양념
설탕 1큰술
저염소금 ½작은술
깨소금 1큰술
참기름 1작은술
식초 2큰술

**묵은 김치의 짠맛은
찬물에 담가 뺀다**
묵은 김치는 짠맛이 강한 편.
간이 너무 짜면 소를 털어낸 뒤
찬물에 담가 짠맛을 어느 정도 뺀 후
사용한다. 또 겉절이는 먹기 직전에
양념에 버무려야 신선하게
먹을 수 있다. 미리 무쳐놓으면
숨이 죽고 물이 생겨 간도 싱거워진다.

1. 돼지고기는 큼직하게 썰어 칼집을 넣은 다음 찬물에 담갔다가 뜨거운 물에 데친다.

2. 냄비에 수육 양념 재료를 모두 넣어서 팔팔 끓으면 돼지고기를 넣고 40분간 삶는다.

3. 깻잎은 곱게 채 썰고, 양파도 곱게 채 썰어 찬물에 5분 정도 담갔다가 건져 물기를 뺀다.

4. 묵은 김치는 소를 털어내서 깨끗하게 씻은 다음 5분 정도 찬물에 담갔다가 물기를 제거하고 5cm 길이로 썬다.

5. ②의 삶아둔 고기는 도톰하게 썬다. 깻잎과 양파에 준비한 겉절이 양념을 넣어 무친 다음 접시에 고기, 묵은 김치와 함께 담는다.

돼지고기강정

바삭하게 튀긴 고기를 자작하게 끓인 소스에 버무린 강정은 누구나 좋아하는 반찬이다. 만들어서 바로 먹어도 되고 하루 이틀 두고 먹어도 맛있다.

돼지고기(안심) 200g
달걀 1개
녹말가루 4큰술
식용유 적당량

돼지고기 양념
저염간장 ½작은술
참기름 ½작은술
맛술 1큰술
후춧가루 조금

강정 소스
저염간장 2큰술
다진 마늘 1작은술
설탕 1큰술
올리고당 4큰술
식초 1큰술

1. 돼지고기는 겉의 기름기를 제거한 다음 1×5cm로 크기로 썬다.
2. 돼지고기에 양념을 넣어 조물조물 버무려 밑간한다.
3. 밑간한 돼지고기에 달걀과 녹말가루를 넣어 고루 섞는다.
4. 오목한 팬에 식용유를 넉넉히 넣어 달군 다음 반죽한 돼지고기를 바삭하게 2번 튀긴다.
5. 냄비에 올리고당을 제외한 강정 소스 재료를 넣어서 자작하게 끓으면 불을 끄고 올리고당을 넣은 뒤 식힌다.
6. 볼에 튀긴 돼지고기와 소스를 넣어서 잘 버무린다.

돼지고기는 2번 튀겨야 바삭
강정용 튀김은 눅눅하지 않고 바삭해야 맛있다. 돼지고기는 2번 튀겨야 수분이 충분히 빠져 바삭하고 튀긴 후에도 눅눅해지지 않는다. 또 센 불에서 튀기면 타기 쉬우므로 중간 불에서 튀겨야 속은 잘 익고 겉은 타지 않는다.

돼지고기양배추볶음

담백하면서도 깔끔하게 먹을 수 있는 고기반찬. 고기는 충분히 익히고
양배추는 살짝 볶아서 아삭한 식감을 살리는 것이 맛있게 먹는 비결이다.

돼지고기 100g
양배추 ¼통
다진 마늘 1작은술
저염간장 ½큰술
소금 ¼작은술
식용유 1큰술

돼지고기 양념
저염간장 1작은술
설탕 ½작은술
참기름 ½작은술

1 돼지고기는 살코기로 준비해 겉의 지방을 제거한 다음
   결 반대 방향으로 굵게 채 썬다.

2 돼지고기에 준비한 양념을 넣고 조물조물 버무려 10분 정도
   재워둔다.

3 양배추는 0.5cm 두께로 굵게 채 썰어 찬물에 한 번 헹군 다음
   물기를 뺀다.

4 달군 팬에 식용유를 두르고 ②의 돼지고기, 마늘을 볶는다.

5 돼지고기가 완전히 익으면 양배추와 간장, 소금을 넣어서
   양배추가 숨이 죽을 정도로 살짝 볶아서 그릇에 담는다.

설탕을 뿌리면 고기가 부드러워져
고기를 양념에 재울 때
설탕, 참기름, 간장 순으로 넣는다.
가장 먼저 설탕을 고루 뿌려 재우면
육질이 부드러워진다. 고기를 썰 때도
결 반대 방향으로 썰면 질긴 고기도
부드럽게 먹을 수 있다.

삼겹살청양고추소스무침

도톰한 돼지고기를 샤부샤부용으로 얇게 저며 썬 것으로 적당한 지방이 들어있고 씹는 느낌도 좋다. 매콤한 청양고추 소스를 곁들이면 밥반찬으로 그만이다.

삼겹살 200g
저염간장 1큰술
맛술 1큰술
참기름 1작은술

청양고추 소스
청양고추 4개
저염간장 2큰술
식초 2큰술
매실청 2큰술
설탕 1작은술
현미유 1큰술

1. 냄비에 물을 넣고 팔팔 끓으면 간장과 맛술을 넣는다.
2. 삼겹살은 샤부샤부용으로 썬 것으로 준비해 1장씩 떼어 데친다.
3. 삶은 삼겹살을 먹기 좋게 잘라 볼에 넣고 참기름 1큰술을 넣어서 미리 무쳐놓는다.
4. 청양고추를 송송 썬 다음 나머지 청양고추 소스 재료와 섞어 소스를 만든다. 그릇에 데친 삼겹살을 담고 소스를 곁들인다.

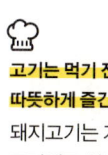

고기는 먹기 전에 삶아서 따뜻하게 즐긴다
돼지고기는 기름기를 제거하고 조리해도 식으면 기름이 생긴다. 청양고추 소스를 미리 만들어두고 먹기 직전에 고기를 삶아서 따뜻할 때 소스를 끼얹어야 부드럽게 먹을 수 있다.

소/고/기/로/

소고기버섯불고기

갖은 버섯과 함께 볶아 맛이 깔끔한 소고기불고기. 당면이나 배추 등을 넣고 다시마 우린 물을 부어 국물을 자작하게 만들면 더 푸짐하게 즐길 수 있다.

소고기(불고기용) 400g
당근 ⅕개
생표고버섯 4개
새송이버섯 1개
느타리버섯 10개
양파 ⅓개
대파 ¼뿌리

불고기 양념
저염간장 4큰술
양파즙 4큰술
배즙 3큰술
매실청 2큰술
맛술 2큰술
다진 마늘 1큰술
설탕 1큰술
참기름 ½큰술
후춧가루 ⅓작은술

소고기는 핏물을 빼야 누린내가 안 나
육수용 덩어리 고기뿐만 아니라 불고기용 고기도 조리하기 전 핏물을 빼야 누린내가 안 나고 맛이 깔끔하다. 물에 담그면 육즙까지 빠져나와 맛이 없으므로 깨끗한 마른 거즈나 키친타월에 올려서 핏물을 흡수시킨다. 중간에 거즈나 키친타월을 2~3번 갈아준다.

1. 소고기는 키친타월이나 깨끗한 면 보로 핏물을 뺀다.

2. 표고버섯은 흐르는 물에 살짝 씻어 물기를 꼭 짜 밑동을 떼어낸 다음 채 썰고, 당근은 반달 모양으로 썬다.

3. 새송이버섯과 느타리버섯도 밑동을 제거한 다음 표고버섯과 같은 크기로 썬다.

4. 준비한 양념 재료를 고루 섞어 불고기 양념을 만든다.

5. 소고기에 불고기 양념을 넣어서 15분 정도 재운다.

6. 팬에 양념에 재운 소고기를 볶다가 당근, 버섯을 넣고 숨이 죽도록 볶는다. 채 썬 양파와 어슷 썬 대파를 넣어 좀 더 볶은 뒤 그릇에 담는다.

소고기청경채굴소스볶음

소고기볶음에 아삭거리는 청경채를 넣어 뒷맛이 깔끔하다.
청경채는 칼슘과 비타민 C가 풍부하며 소고기뿐 아니라 닭고기와도 잘 어울린다.

소고기(다리살) 250g
청경채 3개
대파 1/5뿌리
마늘 2쪽
생강 1/3쪽
녹말가루 4큰술
달걀흰자 1개 분량
굴소스 1큰술
참기름 1/2작은술
후춧가루 조금
식용유 적당량

소고기 양념
저염간장 1작은술
참기름 1/2작은술
맛술 1/2큰술

1 소고기는 사방 3cm, 두께 0.5cm 크기로 썰어서
소고기 양념에 20분 정도 재워둔다.

2 소고기에 달걀흰자를 넣어 섞다가 녹말가루를 넣고 잘 섞는다.

3 100℃로 달군 식용유에 소고기를 데친다.
고기가 어느 정도 익으면 건져서 체에 밭쳐 기름을 뺀다.

4 청경채는 3cm 크기로 썬다.

5 대파는 2cm 길이로 썰고 마늘과 생강은 편으로 썬다.
식용유를 두른 팬에 대파, 마늘, 생강을 볶다가
③의 고기와 굴소스를 넣는다.

6 소고기와 굴소스가 잘 어우러지면 청경채를 넣고 살짝 볶는다.
불을 끄고 후춧가루와 참기름을 넣어 고루 섞는다.

감칠맛 내고 싶을 땐 굴소스로!
굴소스는 볶음 요리나 국물 요리에
많이 쓰인다. 감칠맛이 진해서
간장으로 맛을 내기 어려울 때
조금만 넣어도 감칠맛이 잘 살아난다.
짠맛이 강하므로 조금씩 넣어가며
간과 맛을 조절해야 실패하지 않는다.

소고기꽈리고추볶음

매콤한 향이 감도는 꽈리고추가 자칫 느끼하기 쉬운 소고기 맛을 잡아줘 개운하게 먹을 수 있는 반찬. 꽈리고추는 비타민 C가 많아 소고기와 찰떡궁합.

소고기(우둔) 200g
꽈리고추 10개
대파 ⅓뿌리
식용유 1큰술
깨소금 ½작은술
소금 조금

소고기 양념
저염간장 1작은술
청주 1큰술
설탕 1작은술
참기름 ½작은술
후춧가루 ⅕작은술

1 소고기는 5cm 길이로 잘라 곱게 채 썬다.

2 소고기에 소고기 양념을 넣어 조물조물 버무린다.

3 꽈리고추는 꼭지를 제거하여 씻어 물기를 턴다. 기름 두른 팬에 소금을 조금 넣고 꽈리고추를 파랗게 볶은 다음 식힌다.

4 달군 팬에 소고기를 볶다가 고기가 다 익으면 꽈리고추, 어슷 썬 대파를 넣어서 함께 볶은 뒤 깨소금을 뿌린다.

고기와 고추를 따로 볶아서 섞는다
소고기와 꽈리고추를 함께 볶으면 서로 익는 시간이 달라 고기가 익기도 전에 고추는 물컹거린다. 고기와 고추를 따로 볶은 뒤 마지막에 한데 섞어야 맛있다. 꽈리고추에 꼬치로 살짝 구멍을 내면 속까지 열이 잘 전달되어 익는 시간을 단축할 수 있다.

소갈비찜

갈비찜은 육질이 부드러워서 고기를 잘 먹지 않는 아이들도 좋아하는 메뉴다.
함께 넣는 무나 밤 등에도 간이 잘 배어들고 부드러워 고기만큼 맛있다.

소갈비 600g
무(3cm) 1토막
당근 ½개
양파 ⅓개
은행 8개
물 7컵
향채
　➜ 마른 청양고추 1개
　　대파 ¼뿌리
　　마늘 4쪽
　　통후추 1작은술

찜 양념
저염간장 5큰술
설탕 1큰술
올리고당 4큰술
참기름 ½큰술

1　갈비는 기름기를 제거하고 1cm 간격으로 칼집을 넣는다.

2　갈비를 찬물에 2시간 정도 담가 핏물을 뺀다.

3　끓는 물에 갈비를 데친다.

4　무는 사방 4cm 크기로 굵게 썬 다음 모서리를 다듬는다.
　　은행은 팬에 볶아 껍질을 벗긴다.

5　당근은 사방 4cm 크기로 썰어 모서리를 돌려 깎는다.
　　양파는 당근과 같은 크기로 썬다.

6　냄비에 물 7컵을 붓고 끓으면 향채를 넣고
　　③의 데친 갈비를 넣은 다음 국물이 반으로 줄도록 끓인다.

7　고기가 연해지면 건지고 국물은 체에 밭쳐서 냄비에 담는다.

8　⑦의 국물에 건져놓은 고기를 넣고 무, 당근, 간장, 설탕을 넣어서
　　더 끓인다.

9　국물이 자작해지면 올리고당을 넣고 윤기가 나도록 조린 다음
　　양파를 넣어 한 번 더 조린다. 불을 끄고 참기름을 넣는다.

갈비는 끓는 물에 살짝 데친 뒤 조리
갈비는 무엇보다도 손질이 중요하다. 핏물을 뺀 뒤 바로 조리하지 말고 끓는 물에 데친 뒤 찜을 하면 잡냄새가 나지 않고 맛이 깔끔하다. 또 데친 갈비를 조리할 때 마른 청양고추를 넣으면 누린내가 나지 않으면서 칼칼한 맛이 감돌고 개운하다.

소고기사태매운찜

소고기사태로 찜을 만들 때 보통 간장을 넣지만 고춧가루를 넣어 매콤하게 찜을 하는 방법도 있다.
부드럽고 단맛이 진한 고구마와 양파를 함께 넣으면 매운맛과 잘 어울린다.

소고기(사태) 600g
고구마 2개
양파 ½개
물 7컵
향채
→ 대파 ¼뿌리
　통후추 ½작은술
　마늘 2톨
　생강 ⅓쪽

매운 양념
양파 ¼개
생강 ⅓쪽
파인애플(통조림) ½조각
다진 마늘 1큰술
저염간장 6큰술
고춧가루 1½큰술
설탕 2큰술
깨소금 1큰술
참기름 ½큰술
맛술 1큰술
후춧가루 조금

1　사태는 사방 3cm 크기로 자른 다음 찬물에 1시간 정도 담가 핏물을 뺀다.

2　팔팔 끓는 물에 사태를 데친다.

3　냄비에 물 7컵을 넣어서 끓으면 향채와 사태를 넣어서 40분간 끓인다.

4　고기가 부드러워지면 건져낸다.
　국물은 면 보에 걸러서 다시 냄비에 부어 육수를 준비한다.

5　고구마는 껍질을 벗겨 사방 4cm 크기로 썰어서 모서리를 다듬어 찬물에 담가두고, 양파는 사방 3cm 크기로 썬다.

6　매운 양념 재료중 양파, 생강, 파인애플, 간장, 맛술을 넣어 믹서에 간 다음 나머지 재료를 섞어 매운 양념을 만든다.

7　⑥을 ④의 육수에 삶은 사태와 같이 넣고 국물이 반으로 줄어들 때까지 끓인다.

8　⑦에 고구마를 넣고 자작하게 조린 다음 양파를 넣고 한 번 더 섞어서 그릇에 담는다.

고구마는 찬물에 담가 전분을 뺀다
찜에 넣는 고구마는 오랫동안 익히기 때문에 부서지기 쉽다. 껍질을 벗겨 찬물에 담가 전분을 뺀 뒤 조리하면 부서지지 않고 모양이 잘 유지된다. 전분을 빼지 않으면 국물을 흡수해 걸쭉해지고 지저분해진다. 또 고구마는 고기에 양념이 배어 익도록 충분히 끓인 뒤 넣는다.

소고기무양념조림

감칠맛이 좋은 소고기와 달달한 무의 맛이 잘 어울리는 반찬.
달고 수분이 많은 겨울 무를 넣으면 더 맛있다. 무 대신 단호박을 넣고 조려도 좋다.

소고기(불고기용) 200g
무 200g
물 5컵
향채
→ 마른 청양고추 1개
　생강 ½쪽
　대파 ⅓뿌리

조림 양념
저염간장 3큰술
설탕 1큰술
올리고당 1큰술
맛술 1큰술
물 2컵

1 소고기는 1.5×3cm 크기로 도톰하게 썰어 찬물에 10분간 담가 핏물을 뺀다. 무도 같은 크기로 썬다.

2 소고기를 끓는 물에 살짝 데쳐둔다. 냄비에 향채와 물을 넣고 끓으면 고기를 넣어서 35분간 푹 삶다가 무를 넣어서 함께 삶는다.

3 소고기가 익으면 무와 같이 건진 후 냄비에 무와 조림 양념 재료를 먼저 넣고 자작하게 조린다.

4 무에 색이 들고 국물이 거의 다 졸면 건져놓았던 소고기를 넣고 좀 더 조리다가 불을 끈다.

무를 먼저 조린 뒤
고기를 넣어야 질겨지지 않는다
고기와 무는 양념을 넣고 조리기 전에 끓는 물에 먼저 삶아야 간이 잘 밴다. 고기를 삶을 때 무도 함께 넣고 삶으면 고기의 감칠맛이 배어들어 더 맛있고 무와 고기를 따로 삶는 번거로움도 줄일 수 있다. 간장 양념을 넣고 조릴 때는 무를 먼저 넣고 고기를 나중에 넣어야 육질이 질기지 않다.

소고기완자조림

고기와 채소를 싫어하는 아이들이 좋아할 만한 반찬이다.
너무 짜지 않게 간을 맞추되 단맛이 약간 진하게 나도록 조려야 제맛을 즐길 수 있다.

다진 소고기 200g
양파 ¼개
당근(3cm) 1토막
쪽파 2뿌리
달걀물 3큰술
빵가루 3큰술

소고기 양념
다진 마늘 ½작은술
참기름 ½작은술
저염소금 ⅛작은술
후춧가루 조금

조림 양념
저염간장 3큰술
설탕 1작은술
올리고당 2큰술
맛술 2큰술
물 ½컵

반죽을 차지게 치대야 부서지지 않아
완자는 재료들을 넣고 잘 치대지 않으면 조릴 때 부서져서 모양이 망가지므로 차지게 치대는 게 중요하다. 또 완자를 오래 조리면 식은 다음 딱딱해지므로 팬에 굴려서 익힌 다음 양념을 넣고 조린다. 그래야 오래 조리지 않고도 충분히 잘 익고 간도 속까지 잘 배어든다.

1. 양파와 당근은 곱게 다지고, 쪽파는 송송 썰어 다진 소고기에 넣은 다음 소고기 양념, 달걀물, 빵가루도 넣어서 고루 섞는다.

2. 고기 반죽을 차지게 치댄 뒤 직경 2cm 크기로 둥글게 완자를 빚는다.

3. 코팅이 잘된 팬에 기름을 두르지 않은 상태에서 완자를 타지 않도록 굴려가며 익힌다.

4. 준비한 양념 재료를 섞어 조림 양념을 만들어 ③에 넣고 국물이 거의 없어지도록 자작하게 조린다.

소고기감자고추장조림

소고기 반찬은 대개 간장으로 맛을 내지만 고추장을 넣어 매콤한 맛을 살린 이색 반찬. 국물을 넉넉히 준비하고 감자는 전분을 빼야 깔끔하다.

소고기(불고기용) 100g
감자(중간 크기) 2개
물 1½컵
참기름 1작은술
풋고추 1개
붉은 고추 1개

조림 양념
고추장 2½큰술
저염간장 1작은술
다진 파 2큰술
다진 마늘 1큰술
설탕 1큰술
올리고당 2큰술
후춧가루 조금

1. 소고기는 키친타월에 올려 핏물을 뺀 다음 2cm 크기로 썬다.
2. 감자는 껍질을 벗겨 반 갈라 도톰하게 썰어서 찬물에 담가둔다. 풋고추와 붉은 고추는 송송 썬다.
3. 준비한 조림 양념 재료를 고루 섞은 뒤 냄비에 감자, 물과 같이 넣어서 바글바글 끓인다.
4. 감자가 익으면 ①의 고기를 넣고 자작하게 조린 다음 참기름을 넣어 고루 섞는다. 그릇에 담고 고추를 고명으로 올린다.

감자부터 익힌 후 고기를 나중에 넣어야

감자는 단단하기 때문에 고기보다 익는 속도가 더디다. 먼저 감자에 양념을 넣고 끓이다가 감자가 익으면 고기를 넣어 조린다. 고기는 기름기 없는 부위라야 맛이 깔끔하다. 칼칼하면서도 톡 쏘는 매운맛을 즐기려면 마른 고추를 넣는다.

소고기오이볶음

아삭거리는 오이와 고소한 소고기가 어우러져 담백하면서 깔끔한 맛이 난다.
물기 없이 고슬고슬하게 볶는 게 포인트. 오이를 소금에 절이는 것이 비결이다.

다진 소고기 50g
오이 1개
깨소금 ½큰술
참기름 1작은술
식용유 ½큰술
실고추 조금
굵은소금(씻기용·절이기용) 조금

고기 양념
저염간장 ½작은술
다진 마늘 ⅓작은술
맛술 1작은술
후춧가루 조금

1 오이는 소금으로 문질러 씻어 세로로 갈라 가운데 씨를 제거하고
   1×5cm 크기로 썬다.

2 오이에 소금 ½작은술을 뿌려 10분간 재운다.
   다진 소고기는 고기 양념을 넣어 고루 섞는다.

3 절인 오이는 씻어서 물기를 꼭 짠 다음
   달군 팬에 식용유를 두르고 볶는다.

4 ②의 소고기를 볶아서 식힌 다음 오이와 같이 버무린다.
   여기에 깨소금과 참기름을 넣어 다시 버무리고,
   실고추를 고명으로 올린다.

오이는 센 불에서 살짝 볶는다
오이는 수분이 많은 채소로
볶을 때 물이 나오지 않도록 하는
요령이 필요하다. 소금에 절여서
물기를 꼭 짠 뒤 센 불에서 가볍게
볶은 다음 그대로 두지 말고
그릇에 옮겨 재빨리 열기를 식혀야
물기 없이 고슬고슬하다.

소고기단호박찜

소고기와 단호박, 피망, 콜리플라워 등을 함께 조려 고른 영양 섭취가 가능하다.
단호박 대신 고구마를 넣어도 비슷한 맛을 낼 수 있다.

소고기(다리살) 200g
단호박 ¼개
녹색 피망 ¼개
붉은 피망 ¼개
콜리플라워 ⅕개
양파 ¼개
물 3컵

찜 양념
저염간장 3큰술
설탕 1큰술
올리고당 2큰술
맛술 1큰술
후춧가루 조금

**소고기가 어느 정도 익은 뒤
단호박을 넣는다**
소고기를 약간 도톰하게 썰었기
때문에 다른 부재료의 익는 속도를
감안해서 조리한다. 먼저 소고기를
볶다가 ⅔ 정도 익었을 때
단호박을 넣어야 익는 속도가
맞는다. 피망은 제일 나중에 넣어
선명한 색감을 살린다..

1 소고기는 사방 2cm, 0.5cm 두께로 자른 다음
   찬물에 담가 핏물을 뺀다.

2 기름 두르지 않은 팬에 소고기를 볶은 다음 물을 넣고 끓인다.

3 단호박은 가운데 씨를 제거하고 3cm 크기로 썬다.
   피망, 콜리플라워, 양파도 같은 크기로 썬다.

4 ②의 소고기가 익기 시작하면 설탕, 간장, 맛술, 후춧가루를 넣고
   조린다. 고기가 어느 정도 익으면 단호박을 넣는다.

5 국물이 자작해지면 올리고당과 콜리플라워를 넣어
   조금 더 익힌 다음 양파와 피망을 넣고 한 번 더 가열한다.

떡갈비새송이버섯찜

소고기를 곱게 다져 새송이버섯에 도톰하게 얹어 찐 전통식 반찬.
깔끔한 맛의 새송이버섯과 결이 고운 소고기의 맛이 조화롭다.

다진 소고기 200g
새송이버섯 2개
당근(3cm) 1토막
양파 ⅓개
쪽파 2뿌리
달걀물 3큰술
빵가루 3큰술
녹말가루 1컵
굵은소금(절이기용) 조금

소고기 양념
저염소금 ⅓작은술
참기름 ½작은술
후춧가루 조금

1. 당근과 양파는 곱게 다지고, 쪽파는 송송 썬다.

2. 다진 소고기에 당근, 양파, 쪽파를 넣고 소고기 양념을 넣어
   고루 섞은 다음 차지게 치댄다.

3. 새송이버섯은 길이 5cm, 사방 2cm 크기로 자르거나
   크기가 작은 것으로 고른 다음 소금을 조금 뿌려둔다.

4. 새송이버섯에 녹말가루를 발라서
   ②의 떡갈비 반죽이 떨어지지 않도록 잘 붙여둔다.

5. ④의 고기에 녹말가루가 충분히 붙을 수 있도록 고루 바른 다음
   잠시 그대로 둔다.

6. 충분히 김이 오른 찜기에 ⑤의 고기를 넣어서 10분간 찐다.

김이 충분히 오른 뒤 넣어야
김이 충분히 오르지 않았을 때
넣어서 찌면 고기와 버섯이
분리되므로 충분히 김이 오를 때까지
기다렸다가 찐다. 버섯 대신
두부나 양배추 등을 이용해도
맛이 잘 어울린다.

소고기숙주냉채

아삭거리는 숙주와 고소한 소고기의 맛이 잘 어울린다. 매콤한 청양고추로 맛을 더한 소스에 버무려 식욕을 돋운다. 입맛 없을 때 준비하면 인기 만점.

소고기(샤부샤부용) 200g
숙주 150g
식용유 1큰술
물 2컵

고기 삶을 양념
저염간장 2큰술
맛술 1큰술

냉채 소스
저염간장 2큰술
청양고추 2개
설탕 1큰술
식초 1큰술
참기름 1작은술
다시마 국물 ¼컵

1 냄비에 물 2컵을 붓고 끓으면 간장과 맛술을 넣고 샤부샤부용 소고기를 넣어 살짝 삶아 건진 다음 물기를 뺀다.

2 청양고추는 송송 썰고, 나머지 냉채 소스 재료와 함께 고루 섞어 소스를 만든다.

3 숙주는 씻어서 체에 받쳐 물기를 뺀 다음 식용유를 두른 팬에 볶아 차게 식힌다.

4 볼에 소고기, 숙주, 냉채 소스를 넣어 고루 버무린 다음 그릇에 담는다.

고기 삶을 때 누린내 제거를 확실히!
차게 즐기는 냉채용 고기는 누린내 제거를 제대로 하지 않으면 맛이 떨어진다. 고기를 삶는 물에 간장과 맛술을 넣으면 누린내나 잡냄새를 제거할 수 있다.
간장은 누린내 제거 효과도 있지만 소스에 버무렸을 때 맛이 더 살아난다.

소고기채소말이조림

특별한 날 상에 올릴 수 있는 별미 메뉴 같지만 준비해야 할 재료도, 만드는 방법도 간단하다. 속에 넣는 채소는 당근, 양파, 버섯 등으로도 대체할 수 있다.

소고기(불고기용) 100g
배추김치 ½포기
붉은 파프리카 1개
녹색 파프리카 1개
노란 파프리카 1개
미나리 20줄기

소고기 양념
저염소금 ¼작은술
후춧가루 ¼작은술

조림 양념
저염간장 1큰술
생강즙 ½작은술
설탕 1작은술
올리고당 1큰술
맛술 1큰술

살짝 가열해도 충분
채소는 익히지 않고
생것으로도 먹을 수 있고
소고기는 얄팍하기 때문에
오랜 시간 가열하지 않아도 된다.
너무 오랫동안 가열하면
채소의 아삭한 맛이 떨어지고
고기는 질겨져 제대로 된 맛을
느낄 수 없다. 먹기 직전에
고기가 익을 정도로
살짝만 가열해 불에서 내린다.

1 소고기는 그릇에 넓게 펼쳐서 소금, 후춧가루를 고루 뿌려 밑간한다.

2 배추김치는 소를 털어내고 깨끗이 씻어서 찬물에 담갔다가 물기를 꼭 짠 다음 5cm 길이로 굵게 채 썬다.

3 파프리카는 반 잘라 씨를 도려낸 뒤 배추김치와 같은 크기로 채 썬다. 미나리도 5cm 길이로 썬다.

4 소고기에 배추김치, 파프리카, 미나리를 조금씩 덜어 차례로 올려서 돌돌 만다.

5 팬에 소고기 만 것을 넣고 살짝 익히다가 조림 양념을 넣어 센 불에서 살짝 조린다.

PART

04

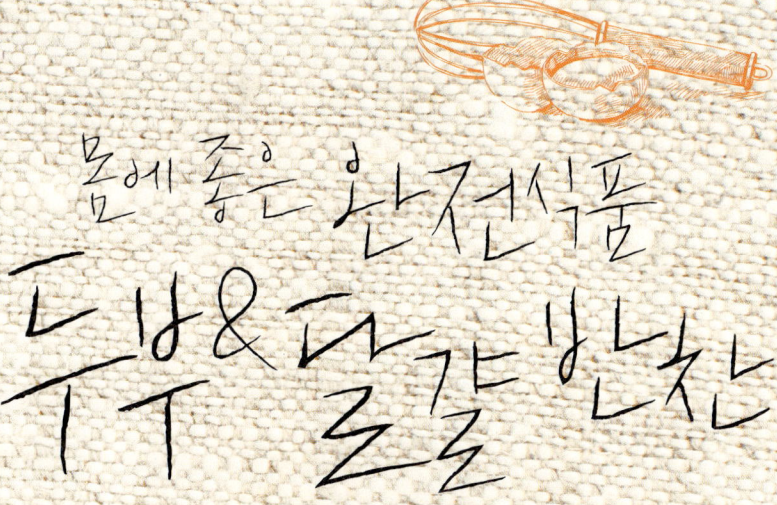

몸에 좋은 완전식품
두부 & 달걀 반찬

담백하면서 부드러운 맛이 나
누구나 좋아하는 두부와 달걀 반찬.
영양 면에서도 뒤지지 않아
우리 밥상에 꾸준히 오르며 오랜 세월 사랑받고 있다.
고기 못지않은 단백질 덩어리,
두부와 달걀이 있어 식탁이 더욱 풍성하다.

두/부/로/

두부구이양념조림

두부를 기름에 한 번 구운 후 조림 양념을 끼얹어 다시 한 번 더 구운,
정성 가득한 반찬. 두부를 굽기 전 물기를 충분히 빼야 기름이 튀지 않는다.

두부 1모(400g)
대파(6cm) 1토막
식용유 1큰술
실고추 ½큰술
굵은소금 ½작은술

조림 양념
저염간장 2큰술
다진 마늘 ½큰술
설탕 1큰술
깨소금 ½큰술
참기름 1큰술
후춧가루 조금
물 ½컵

1 두부는 흐르는 물에 가볍게 씻은 뒤 모양을 살려서 도톰하게 썬다.

2 두부에 소금을 뿌려서 15분 정도 두었다가 수분을 제거한다.

3 달군 팬에 식용유를 두르고 두부를 앞뒤로 노릇하게 부친다.

4 조림 양념 재료를 고루 섞어 양념을 만든다.
   대파는 3cm 길이로 채 썬다.

5 구운 두부에 양념을 넣고 조리다가 대파, 실고추를 넣고
   뚜껑을 덮어서 5분 정도 뜸을 들인 다음 불을 끈다.

두부에 소금을 뿌리면 부서지지 않아
두부는 부드러워 조리 과정에서
부서지기 쉬운데, 미리 소금을
뿌려두면 단단해져서 기름에 부칠 때
잘 부서지지 않는다.
또 팬을 달군 뒤 식용유를 두르고
구워야 두부가 팬 바닥에 달라붙지
않고 깔끔하게 잘 부칠 수 있다.

두부멸치양념조림

조림을 할 경우 두부는 조금 크고 도톰하게 잘라야 조리는 도중에 부서지지 않는다.
양념에 멸치 가루를 더하면 감칠맛을 더할 수 있다.

두부 1모(400g)
식용유 1큰술
굵은소금 ½작은술

조림 양념
저염간장 2큰술
다진 마늘 1큰술
다진 파 1큰술
고춧가루 ½큰술
멸치 가루 2큰술
설탕 ½큰술
깨소금 ½큰술
참기름 1큰술
후춧가루 조금
물 1컵

1. 두부는 흐르는 물에 가볍게 씻은 뒤 5×6cm 크기로 도톰하게 썰어서 소금을 뿌린다.

2. 두부를 15분 정도 놓아뒀다가 겉에 수분이 올라오면 키친타월이나 천에 올려 수분을 제거한다.

3. 달군 팬에 식용유를 두르고 두부를 앞뒤로 노릇하게 부친다.

4. 멸치는 국물용 멸치로 준비해 머리와 내장을 떼어낸 뒤 믹서에 갈아 멸치 가루를 만든다. 조림 양념 재료를 모두 섞어 조림 양념을 만든다.

5. 두부가 먹음직스럽게 구워지면 조림 양념을 넣고 국물이 자작할 정도로 조린다.

**멸치는 바삭하게 말려서
갈아야 고소해**
멸치를 축축한 상태로 믹서에 갈면 곱게 갈아지지 않고 비린내도 심하다. 이럴 때는 마른 팬에 볶거나 전자레인지에 '강'으로 1분 정도 돌린 후 믹서에 갈면 곱게 갈리고 비린내도 안 난다.

두부명란조림

두부에 명란의 짭짤한 맛과 감칠맛을 더해 밥반찬으로 잘 어울린다.
명란은 자칫 짠맛이 진하게 날 수 있으므로 양 조절을 잘해야 한다.

두부 1모(400g)
명란(중간 크기) 1토막
쪽파 2뿌리
식용유 1큰술
굵은소금 ½작은술

조림 양념
다진 마늘 ½작은술
고춧가루 ½큰술
참기름 ½큰술
맛술 2큰술
물 1컵

1. 두부는 흐르는 물에 가볍게 씻어 4×5cm 크기로 도톰하게 썰어서 소금을 뿌려둔다. 두부 겉에 수분이 나오면 키친타월이나 천으로 수분을 제거한다.
2. 명란은 얇은 막을 잘라서 칼로 긁어내고, 쪽파는 송송 썬다.
3. 볼에 조림 양념 재료를 넣고 명란을 섞는다.
4. 달군 팬에 식용유를 둘러 두부를 앞뒤로 노릇하게 부친 뒤 ③의 명란 양념, 쪽파를 넣어 조린다.

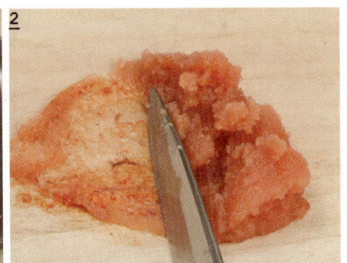

명란을 넣을 땐 간 조절에 신경 써야
명란 크기가 작으면 알을 터트리지 않고 송송 썰어 두부와 함께 조리한다. 통째로 흐르는 물에 씻어 양념과 짠맛을 덜어내면 염분 걱정도 줄일 수 있다.

두부강정

바삭하게 튀겨 겉은 쫄깃하고 속은 부드러운 두부에 매콤달콤한 소스를 끼얹은 반찬.
식어도 맛의 변화가 적고 밥 위에 얹으면 별미로 즐길 수 있다.

두부(부침용) 1모(400g)
쪽파 2뿌리
붉은 고추 ½개
녹말가루 4큰술
식용유 적당량
굵은소금 ½작은술

강정 소스
고추장 2큰술
저염간장 ½큰술
토마토케첩 3큰술
다진 마늘 1작은술
설탕 ½큰술
올리고당 4큰술
물 3큰술

1. 두부는 흐르는 물에 가볍게 씻은 뒤 사방 2cm 크기로 썰어서 소금을 뿌려 15분 정도 둔다.
2. 키친타월로 두부의 수분을 제거한 다음 녹말가루를 고루 묻힌다.
3. 쪽파는 잘게 썰고 붉은 고추도 같은 크기로 잘게 썬다.
4. 오목한 팬에 식용유를 붓고 170℃로 달궈지면 ②의 두부를 바삭하게 튀긴다.
5. 냄비에 올리고당을 제외한 나머지 강정 소스 재료를 넣고 조린다. 국물이 바특해지면 불을 끄고 올리고당을 넣은 다음 식힌다.
6. 튀긴 두부를 식혀서 볼에 담고, 강정 소스와 쪽파, 고추를 넣어 버무린다.

튀기기 전에 녹말가루 옷을 입힌다
강정은 바삭하게 튀긴 재료와 소스가
잘 어우러지게 만드는 것이
맛 내기의 관건이다. 밀가루보다
녹말가루를 묻혀 튀겨야 더 바삭하다.
녹말가루를 미리 묻히면 두부의 수분이
빠져나와 녹말가루 옷이 벗겨지므로
튀기기 직전에 녹말가루를 입혀야 한다.

연두부와 양념장

연두부는 불에 가열하지 않고 먹어야 부드러운 맛을 즐길 수 있다.
양념장을 준비하고 어린잎 채소나 새싹채소를 곁들이면
반찬은 물론 한 끼 식사로도 손색없다.

연두부 1팩
어린잎 채소 1컵

양념장
저염간장 3큰술
다진 마늘 1큰술
고춧가루 ½큰술
설탕 1큰술
깨소금 ½큰술
참기름 ½큰술

1. 어린잎 채소는 물에 담가 살살 흔들어 씻은 뒤 찬물에 5분 정도 담가서 싱싱하게 준비한다.

2. 어린잎 채소를 키친타월에 올려 물기를 제거하고 그대로 통에 담아 냉장고에 30분간 둔다.

3. 팩에 든 연두부는 겉의 포장지를 떼어내 그대로 물에 씻고 한 입에 먹기 좋은 크기로 자른다.

4. 볼에 고춧가루, 참기름을 제외한 나머지 양념장 재료를 넣어 먼저 섞고, 고춧가루, 참기름 순으로 넣어 잘 섞는다.

5. 접시에 연두부를 담고 어린잎 채소를 곁들인 후 양념장을 끼얹어서 낸다.

어린잎 채소는 씻은 뒤 물기를 꼭 제거해야

어린잎 채소는 깨끗이 씻은 뒤 찬물에 담갔다가 건져서 물기를 제거하고 냉장고에 넣어두면 시원하면서 아삭한 맛이 살아난다. 잎이 연하기 때문에 물기를 머금은 채 그대로 두면 짓무르기 쉬워 씻은 뒤에는 반드시 키친타월이나 깨끗한 거즈에 감싸듯 올려 물기를 제거하는 게 중요하다.

구운두부냉채

생두부에 소스를 뿌려서 먹기도 하지만 기름에
노릇하게 구운 뒤 채 썰어 소스를 곁들이면 고소한 맛이 난다.
구운 뒤 기름기를 빼야 깔끔하다.

두부 ½모(200g)
오이 ½개
식용유 1큰술
굵은소금(씻기용) ½작은술

냉채 소스
저염간장 ½큰술
다진 마늘 1큰술
설탕 1큰술
깨소금 ½큰술
식초 2큰술
들기름 1큰술
후춧가루 조금

1 두부는 흐르는 물에 가볍게 씻은 뒤 1cm 두께로 썬다.
　소금 ½작은술을 뿌려 15분간 두었다가 키친타월에 올려
　수분을 제거한다.

2 달군 팬에 식용유를 두르고 두부를 중간 불에서 앞뒤로
　노릇하게 굽는다. 키친타월에 올려 두부의 기름기를 빼둔다.

3 두부가 식으면 굵게 채 썬다.

4 오이는 돌기를 제거하고 소금으로 문질러 씻은 다음
　곱게 채 썰어 찬물에 담갔다가 물기를 제거한다.
　새싹채소도 씻어서 물기를 제거한다.

5 준비한 양념 재료를 고루 섞어 냉채 소스를 만든다.

6 볼에 채 썬 두부와 오이를 넣고 냉채 소스를 붓는다.

　※ 기호에 따라 새싹채소 혹은 어린잎채소나 쌈채소를 곁들인다.

구운 두부는 식혀서 잘라야 깔끔!
두부를 구운 뒤 뜨거운 상태에서
칼로 자르면 한 번에 깔끔하게
잘라지지 않고 부서지기 쉽다.
구운 두부는 식혀서 열기를 뺀
다음 잘라야 모양이 깔끔하다.
냉채는 차게 먹어야 맛있으므로
제맛을 내기 위해서도
완전히 식히는 게 중요하다.

두부햄전

잘게 다진 햄을 넣은 달걀물로 두부에 옷을 입혀 지진 전.
달걀로 옷을 입힌 것이므로 중간 불이나 약한 불에 구워야 쉽게 타지 않는다.

두부 1모(400g)
햄 50g
달걀 1개
저염소금 1작은술
식용유 적당량

1 두부는 사방 5cm 크기로 도톰하게 썰어서 소금을 뿌려 10분 정도 두었다가 키친타월에 올려 수분을 제거한다.
2 햄을 잘게 다진 후 달걀과 함께 잘 섞는다.
3 두부는 앞뒤로 밀가루를 입힌 다음 ②의 달걀물에 넣어 고루 적신다.
4 달군 팬에 식용유를 둘러 두부를 앞뒤로 노릇하게 부친다.

햄을 넣은 달걀물은 간을 약하게
햄은 짠맛이 진하기 때문에 달걀과 섞어 달걀물을 만들 때 소금을 조금만 넣는다. 브로콜리나 대파, 양파 등의 채소를 잘게 썰어 넣어 맛의 밸런스를 맞추는 것도 좋은 방법.

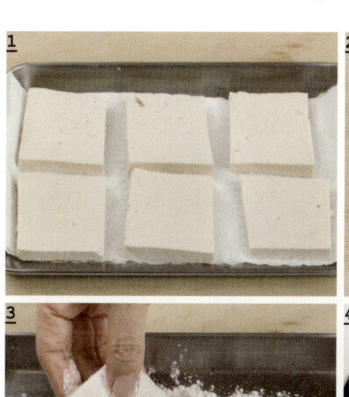

두부잡채

노릇하게 구운 두부를 채 썰고 냉장고 속 늘 있는 채소도 채 썰어 함께 볶은 두부잡채.
씹는 맛이 서로 다른 재료가 만나 연출하는 맛은 기대 이상. 보기에도 좋다.

두부 ½모(200g)
당근 ⅙개
양파 ¼개
붉은 파프리카 ¼개
노란 파프리카 ¼개
주황 파프리카 ¼개
쪽파 5뿌리
식용유 1큰술
굵은소금 ½작은술

잡채 양념
다진 마늘 1큰술
저염간장 2큰술
설탕 1큰술
깨소금 ½큰술
참기름 ½큰술
후춧가루 조금

1 두부는 흐르는 물에 가볍게 씻어 1cm 두께로 썬 다음 소금을 뿌려 15분간 두었다가 키친타월에 올려 수분을 제거한다.

2 달군 팬에 식용유를 두르고 두부를 중간 불에서 앞뒤로 노릇하게 굽는다. 키친타월에 올려 기름을 뺀다.

3 두부가 식으면 굵게 채 썬다.

4 당근, 양파, 파프리카는 손질해서 0.3×5cm 크기로 채 썰고, 쪽파는 4cm 길이로 썬다.

5 달군 팬에 식용유를 두르고 마늘을 볶다가 쪽파를 제외한 나머지 채소를 볶는다. 여기에 간장, 설탕 섞은 것을 넣는다.

6 채소가 익으면 ③의 두부를 넣고 한 번 더 볶은 다음 쪽파와 후춧가루를 넣어 고루 섞고 깨소금, 참기름을 넣는다.

채소는 센 불에서 재빨리 볶아야
채소는 센불에서 후다닥 볶아야 수분이 빠져나오지 않아 채소 고유의 아삭거리는 맛을 살릴 수 있다. 두부에 소금을 뿌리면 단단해져 구운 후에도 쉽게 부서지지 않는데, 녹말가루를 살짝 뿌려 구워도 같은 효과를 얻을 수 있다.

두부참치동그랑땡

으깬 두부에 통조림 참치살을 넣고 부쳐 부드럽다. 양념을 할 때 빵가루를 넣으면 두부의 물기를 흡수하고 잘 뭉쳐지게 하는 효과를 얻을 수 있다.

두부 ½모(200g)
참치 통조림 1캔
밀가루 ½컵
달걀물 1개 분량
식용유 적당량

양념
다진 양파 4큰술
다진 당근 2큰술
다진 파 1큰술
다진 마늘 ½큰술
달걀 1개
빵가루 4큰술
저염소금 ⅓작은술
깨소금 ½큰술
참기름 1작은술
후춧가루 조금

1. 두부는 면 보로 감싸 꼭 짠 후 물기가 없어지면 으깬다.
2. 참치는 체에 밭쳐 기름을 제거한다.
3. 볼에 두부, 참치, 분량의 양념을 넣고 고루 섞어가며 차지게 반죽한다.
4. 반죽을 직경 6cm 정도 크기로 동글납작하게 빚어서 밀가루, 달걀물 순으로 옷을 입힌다.
5. 달군 팬에 식용유를 두르고 ④의 반죽을 넣어 앞뒤로 노릇하게 부친다.

동그랑땡 반죽은 충분히 치대야
동그랑땡 반죽은 재료들을 대충 치대면 서로 겉돌기 때문에 옷을 입혀서 기름에 부쳐도 잘 부서진다. 섞듯이 충분히 치대야 내용물이 서로 잘 붙어 있다. 또 각 재료의 물기를 충분히 빼지 않으면 질척거리므로 두부의 수분과 참치의 기름을 잘 빼는 게 중요하다.

두부채소볶음

두부에 간장을 뿌려 맛과 색을 낸 후 채소를 넣어 볶은 이색 반찬.
마지막 과정에 녹말물을 넣어 윤기가 돌게 조리하면 일품 별미 반찬이 된다.

두부 1모(400g)
브로콜리 ¼송이
양파 ¼개
당근(2cm) 1토막
풋고추 ½개
붉은 고추 ½개
대파 ¼뿌리
녹말물 1큰술
식용유 1큰술

양념
저염간장 3큰술
다진 마늘 1큰술
설탕 2큰술
참기름 1작은술
후춧가루 조금

1 두부는 흐르는 물에 가볍게 씻어 사방 2cm 크기로 썬 다음
   키친타월 위에 올려 수분을 제거한다.

2 볼에 두부를 담고 간장을 고루 뿌려 10분 정도 재워둔다.

3 브로콜리는 끓는 물에 데쳐 사방 2cm 크기로 썰고,
   양파도 브로콜리와 같은 크기로 썬다.
   당근은 반달 모양으로 얇게, 고추와 대파는 어슷하게 썬다.

4 달군 팬에 식용유를 두르고 마늘과 손질해놓은 채소들을 볶다가
   ②의 간장에 재운 두부, 설탕을 넣고 볶는다.

5 채소와 두부가 어우러지게 볶아지면 녹말물을 넣고 후춧가루를
   뿌려 고루 섞은 다음 불을 끄고 참기름을 넣어 고루 섞는다.

두부에 밑간한 뒤 볶아야 맛이 나
두부에 미리 간장을 뿌려서
밑간을 한 뒤 채소와 함께 볶으면
맛이 겉돌지 않고 서로 잘 어우러진다.
또 두부에서 물이 많이 나오기 때문에
녹말물을 넣으면 채소와 두부가
잘 어우러져 더욱 맛있다.

두부굴소스볶음

청경채에 굴소스만 넣었을 뿐인데 맛이 별스럽다. 마늘과 생강을 팬에
미리 볶아 기름에 향이 돌게 한 후 청경채를 넣어 아삭하면서 향까지 각별하다.

두부 1모
청경채 3포기
물 ⅔컵
녹말물 1큰술
식용유 1큰술
향채
　➡ 대파 ¼뿌리
　　마늘 3쪽
　　생강 ½쪽

양념
굴소스 1½큰술
참기름 1작은술
후춧가루 조금

1　두부는 흐르는 물에 가볍게 씻어 사방 2cm, 길이 3cm로 썬다.

2　청경채는 속의 흙을 깨끗하게 제거한 다음 씻어서 3cm 길이로 썬다.

3　대파는 2cm 길이로 썰고, 마늘과 생강은 편으로 썬다.

4　달군 팬에 식용유를 둘러 마늘과 생강을 볶는다.

5　④에 두부와 물, 굴소스를 넣어 끓이다가 두부에 간이 배면 녹말물을 넣는다.

6　국물이 걸쭉해지면 청경채, 대파, 후춧가루를 넣고 불을 끈 다음 참기름을 넣어서 고루 섞는다.

녹말물은 음식에 윤기를 더하고 천천히 식게 해줘
녹말물은 물과 녹말가루를 동량의 비율로 섞은 것으로 찜이나 탕, 볶음 등을 할 때 마지막 과정에 넣어 음식에 윤기를 더하고 양념이 재료에 깊게 배어들도록 한다.

두부매운볶음

끓는 물에 데쳐 탄력이 생긴 두부에 고추장 양념을 넣고 맛을 낸 볶음.
매콤한 맛이 밥과 잘 어울린다. 청양고추를 넣으면 매운맛이 진해진다.

두부 1모(400g)
양파 ½개
대파 ¼뿌리
청양고추 2개
식용유 1큰술
굵은소금(데치기용) 1작은술

볶음 양념
고추장 2큰술
저염간장 ½큰술
설탕 ½큰술
올리고당 1큰술
맛술 1큰술
후춧가루 조금

1 두부는 흐르는 물에 가볍게 씻은 뒤 사방 1cm, 길이 4cm로 썬다.

2 끓는 물에 소금을 조금 넣고 두부를 데친 뒤 물기를 뺀다.

3 양파는 곱게 채 썰고, 대파는 어슷하게 썬다. 청양고추는 잘게 다진다.

4 준비한 양념 재료를 고루 섞어 볶음 양념을 만든다.

5 달군 팬에 식용유를 둘러 양파와 대파를 볶다가 볶음 양념을 넣어서 끓인다.

6 양념 국물이 거의 없어지면 ②의 데친 두부를 넣고 고루 섞으면서 볶는다. 청양고추 넣고 한 번 더 섞은 다음 그릇에 담는다.

양념을 바특하게 조리는 게 포인트
수분이 많은 재료를 이용한 볶음이나 조림의 경우 양념을 넣고 볶다 보면 물이 생겨 간이 싱거워질 수 있다. 두부도 마찬가지. 그러므로 양념을 바특하게 조린 뒤 두부를 넣으면 간이 싱거워지지 않으면서 두부 속까지 양념이 진하게 배어든다.

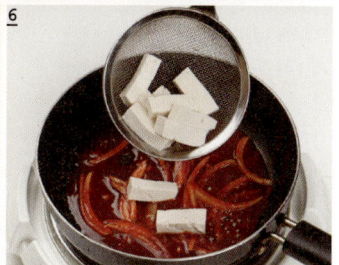

두부선

으깬 두부에 잘게 다진 표고버섯을 넣고 양념해서 찐 다음 초간장을 찍어 먹는 전통 찜. 씹을수록 고소한 맛이 나고 부드러워 자꾸 먹게 되는 정성 가득한 반찬.

두부 1모(400g)
마른 표고버섯 4개

초간장
저염간장 2큰술
식초 1큰술
물 1큰술

양념
다진 마늘 1작은술
다진 파 ½큰술
저염소금 ⅔작은술
깨소금 1큰술
참기름 1작은술
후춧가루 조금

1 두부는 흐르는 물에 가볍게 씻은 다음 면 보로 감싸 꼭 짜서 물기가 없어지면 으깬다.

2 표고버섯은 뜨거운 물에 부드럽게 불려 밑동을 잘라낸 다음 물기를 꼭 짜서 잘게 다진다.

3 볼에 두부, 버섯을 넣고 양념 재료를 모두 넣어 차지게 잘 섞는다.

4 그릇에 종이 포일을 깔고 ③의 반죽을 잘 펴서 눌러 담는다.

5 김이 오른 찜통에 ④를 넣어 10분 정도 찐다. 식으면 먹기 좋게 자르고 초간장을 곁들인다.

재료를 충분히 치대는 게 비결
두부에 표고버섯을 넣어 치댈 때는 재료가 잘 섞이도록 충분히 치대야 반죽이 분리되지 않는다.
가끔은 표고버섯 대신 닭고기나 소고기를 잘게 다져서 넣으면 색다른 맛을 즐길 수 있다.
고기를 넣을 경우 부드럽고 소화가 잘되는 안심이 적당하다.

두부통새우찜

두부와 새우는 모두 단백질과 칼슘이 풍부한 식품이다. 단, 알칼리성과 산성이라는 차이가 있는데 함께 조리하면 서로 보완해줘 균형을 이룰 수 있다.

두부 1모(400g)
생새우(대하) 8마리
녹말가루 4큰술
저염소금 ½작은술
참기름 ½큰술

간장 양념
저염간장 2큰술
조청 2큰술
다진 마늘 1작은술
참기름 1작은술
물녹말 1작은술
물 2큰술

1 새우는 꼬치로 두 번째 마디에서 내장을 제거하고 껍질을 벗긴다. 손질한 새우는 옅은 소금물에 헹군 다음 물기를 제거한다.

2 두부는 면 보로 감싸 꼭 짜서 물기가 없어지면 으깬다.

3 볼에 두부, 소금, 참기름을 넣고 잘 섞는다.

4 새우에 녹말가루를 바른 다음 두부로 새우를 감싸고 겉에 녹말가루를 뿌린다. 김 오른 찜통에 넣어 찐다.

5 간장 양념 재료중 물녹말을 제외한 모든 재료를 섞어 끓이다가 물녹말로 농도를 맞추어 간장 양념을 완성한다.

6 한 김 나간 찜을 그릇에 담고 간장 양념을 만들어 곁들인다.

대하는 내장을 빼야 깔끔해
작은 새우는 껍질만 벗기고 그대로 조리해도 되지만 대하는 등 쪽에 실처럼 보이는 내장을 제거해야 깔끔하다. 대하의 두 번째 마디에 있는 내장은 꼬치를 이용하면 쉽게 뺄 수 있다.

두부날치알무침

담백한 두부에 톡톡 터지는 날치알을 넣어 씹는 재미와 맛을 더했다.
양념으로 넣은 참기름의 고소한 향이 입맛을 돋운다.

두부 1모(400g)
날치알 3큰술
쪽파 3뿌리
굵은소금(데치기용) 1작은술

식초 물
물 1컵
식초 1작은술

양념
저염소금 ½작은술
참기름 ½큰술

1 두부는 흐르는 물에 가볍게 씻은 뒤 사방 2cm 크기로 썬다.

2 끓는 물에 소금 1작은술을 넣고 두부를 넣고 데친다.

3 두부에 소금 ½작은술을 넣어서 간한 다음 키친타월에 올려 수분을 제거한다. 쪽파는 송송 썬다.

4 날치알은 체에 담고 식초 물에 헹군 다음 물기를 뺀다.

5 볼에 두부, 쪽파, 날치알, 참기름을 넣고 두부가 부서지지 않도록 살살 버무린다.

날치알은 식초 물에 헹궈 비린내를 없앤다
날치알은 그냥 먹으면 비린 데다 비위생적이기도 하므로 체에 담은 채로 식초 물에 담가 살살 흔들어 씻은 다음 물기를 뺀다. 이때 식초를 너무 많이 넣으면 날치알이 짓무를 수 있으므로 아주 소량만 사용한다.

두부소박이

소박이는 사이에 고기나 채소 등을 채우는 조리법.
두부에 다진 돼지고기를 양념해 채우고 구운 두부소박이는 맛과 모양 모두 만족.

두부 ½모(200g)
다진 돼지고기 50g
밀가루 ½컵
달걀물 1개 분량
식용유 적당량
굵은소금 ½작은술

고기 양념
생강즙 1작은술
참기름 ½작은술
다진 마늘 ½작은술
저염소금 조금
후춧가루 조금

1 두부는 흐르는 물에 가볍게 씻어서 사방 5cm, 두께 0.3cm로 얇게 썬 다음 소금을 뿌려 물기를 제거한다.

2 다진 돼지고기는 준비한 고기 양념을 넣어 밑간한다.

3 두부의 한쪽 면에 밀가루를 고루 묻힌 다음 밀가루 묻힌 면에 ②의 돼지고기를 얇게 바른다.

4 곱게 푼 달걀물에 ③의 두부에 밀가루를 묻혀서 넣는다.

5 달군 팬에 식용유를 둘러 두부를 앞뒤로 노릇하게 부친다.

두부가 두꺼우면 잘 익지 않아

두부소박이를 만들 때 두부가 너무 두꺼우면 고기가 제대로 익기 전에 두부가 탈 수 있으므로 두께가 0.5cm를 넘지 않게 썬다. 두부에 밀가루를 묻힌 뒤 고기를 펴 발라야 고기가 떨어지지 않는다. 기름에 굽기 전 밀가루로 옷을 입히는 것도 달걀물이 잘 달라붙도록 하기 위한 것.

달/걀/로/

달걀새우젓찜

국이나 무침, 찌개 등에 국간장 대신 새우젓을 넣으면 간도 되는 데다
감칠맛도 더할 수 있다. 달걀찜에 넣을 때는 다진 새우젓즙을 넣는다.

달걀 3개
물 1컵
새우젓 1큰술

고명
석이버섯 조금
쪽파 1뿌리
실고추 조금

1 새우젓은 잘게 다진 다음 즙만 짜서 준비한다.

2 볼에 달걀을 넣고 알끈을 제거한 다음 새우젓즙과 물을 넣고 고루 섞는다.

3 달걀물의 거품을 제거해서 그릇에 담는다. 김이 오른 찜통에 달걀물 담은 그릇을 넣고 기포가 생기지 않도록 약한 불에서 찐다.

4 석이버섯은 뜨거운 물에 담가 부드러워지면 비벼서 씻은 다음 곱게 채 썬다. 쪽파와 실고추는 1cm 길이로 썬다.

5 달걀이 다 쪄지면 뜨거울 때 석이버섯, 쪽파, 실고추를 얹는다.

**새우젓즙으로 간해야
간이 고루 배고 깔끔해**
새우젓으로 달걀찜의 간을 하면
달걀의 비린 맛이 나지 않는다.
이때 새우젓을 통째 넣으면 짠맛이
한쪽에서만 강하게 날 수 있으므로
곱게 다져서 즙만 사용한다.

가쓰오부시달걀찜

닭고기, 밤, 버섯, 죽순 등 영양이 가득한 재료들을 푸짐하게 넣고 만든 찜.
가쓰오부시 우린 물을 부어 부드러우면서 감칠맛이 진하다.

달걀 2개
마른 표고버섯 1개
밤 1개
죽순(통조림) ¼개
닭고기(안심) 2토막
맛술 ½큰술
저염소금 ½작은술

다시마 국물
다시마(사방 5cm) 3장
가쓰오부시 1줌
물 2½컵

1. 다시마는 마른 거즈로 깨끗이 닦은 다음 냄비에 물과 다시마를 넣고 거품이 날 정도로 끓인다. 불을 끄고 가쓰오부시를 넣어 5분간 두었다가 체에 걸러서 다시마 국물을 준비한다.
2. 볼에 달걀, 소금, 맛술, 다시마 국물을 넣고 잘 섞은 다음 체에 거른다.
3. 마른 표고버섯은 뜨거운 물에 불려 부드러워지면 2cm 두께의 은행잎 모양으로 썬다.
4. 밤은 껍데기를 벗겨 사방 1cm 크기로 썰고, 죽순은 2cm 크기로 썬다.
5. 닭고기 안심은 2cm 두께로 썰어 끓는 물에 삶는다.
6. 그릇에 표고버섯, 밤, 죽순, 닭고기를 넣고 ②의 달걀물을 붓는다.
7. ⑥의 뚜껑을 덮어 김이 오른 찜통에 넣고 기포가 생기지 않도록 약한 불에서 은근하게 15분간 찐다.

닭고기를 삶을 때 간을 하면 좋아
달걀찜을 만들 때 넣을 닭고기는 생으로 사용해도 되지만 애벌로 삶아 넣으면 더 맛있다. 간장으로 간을 맞춘 물에 삶으면 간이 배면서 더욱 부드러워진다.

달걀두부찜

달걀은 비타민 C를 제외한 모든 영양소가 고루 들어 있는 완전식품이다.
두부와 양파, 당근 등의 채소를 더해 찐 영양 반찬.

달걀 3개
두부 ¼모
양파 ¼개
당근 ⅙개
쪽파 2뿌리
다시마 국물 ½컵
국간장 ½큰술

1. 달걀은 깨뜨려 볼에 넣고 알끈을 제거한다.
2. 달걀에 국간장과 다시마 국물을 넣어 고루 섞는다.
3. 양파와 당근은 잘게 썰고, 쪽파는 송송 썬다.
4. 두부는 사방 0.5cm 크기로 썰어 물기를 제거한다.
5. 볼에 달걀물, 두부, 양파, 당근, 쪽파를 넣고 고루 섞는다. 그릇에 담은 다음 뚜껑을 덮고 김이 오른 찜통에 넣어 15~18분간 기포가 생기지 않게 약한 불에서 찐다.

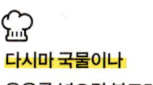

**다시마 국물이나
우유를 넣으면 부드러워**

달걀찜에 두부를 넣으면 물이 나와 다시마 국물이나 물을 조금 덜 넣어야 부드러우면서 농도도 알맞다. 다시마 국물 대신 우유를 섞으면 좀 더 부드러운 달걀찜을 만들 수 있다.

달걀명란뚝배기찜

명란의 톡톡 터지는 맛이 달걀과 어우러져 입맛을 확 살린다.
다시마 국물을 섞어 짠맛을 희석하고 파를 넣어 맛과 영양의 균형을 이뤘다.

달걀 3개
명란 1토막
쪽파 2뿌리
다시마 국물 2/3컵

1　달걀은 알끈을 제거해 고루 섞는다.

2　명란은 얇은 막을 칼이나 수저로 긁어서 속의 알만 빼둔다.

3　달걀물의 거품을 제거한 다음 명란을 넣고 고루 섞는다.

4　뚝배기에 다시마 국물을 넣어 끓으면 ③을 넣고 타지 않게 은근한 불에 익힌다.

**뚝배기를 가열한 뒤
달걀물을 넣어야 타지 않아**

찜통에 넣어 찜을 하는 것보다 좀 더 간편한 방법은 뚝배기를 사용하는 것. 뚝배기에 달걀물을 넣고 처음부터 가열하면 타기 쉽다. 먼저 뚝배기에 다시마 국물을 넣어 끓이다가 달걀물을 넣으면 타지 않고 부드러운 달걀찜을 만들 수 있다.

달걀말이

양파, 당근, 피망, 대파 등 자투리 채소를 넣어 맛의 변화를 줄 수 있는 달걀말이. 달걀물을 여러 번 나눠 붓고 돌돌 말아가며 완성해야 부드럽다.

달걀 4개
양파 ¼개
다진 당근 2큰술
쪽파 2뿌리
다시마 국물 2큰술
저염소금 ½작은술
식용유 2큰술

1 양파는 잘게 다지고, 쪽파는 송송 썬다.
2 볼에 달걀을 넣고 알끈을 제거한 다음 양파, 당근, 쪽파, 다시마 국물, 소금을 넣어서 고루 섞는다.
3 달군 팬에 식용유를 두른 다음 키친타월로 살짝 닦는다.
4 팬에 ②의 달걀물을 조금씩 나눠서 붓는다.
5 달걀 한쪽 면이 익는 대로 돌돌 말아 한 김 식힌 다음 먹기 좋게 썬다.

달걀물에 물을 조금 넣으면 부드러워져

달걀말이를 만들 때 달걀에 물을 1~2큰술 정도 넣으면 부드럽고 야들해진다. 또 팬에 기름을 많이 두르면 달걀이 부풀어 올라 깔끔하지 않으므로 달군 팬에 기름을 두른 뒤 키친타월로 살짝 닦는다.

달걀김말이

비타민이 부족한 달걀에 달걀 2개분의 비타민 A와 B1, B2, C 등이 들어 있는 김을 더한 건강 반찬. 생김을 넣어야 김 특유의 향을 즐길 수 있다.

달걀 4개
김 1장
다시마 국물 3큰술
저염소금 ½작은술
식용유 2큰술

1. 알끈을 제거한 달걀과 다시마 국물, 소금을 고루 섞는다.
2. 달군 팬에 식용유를 두른 다음 키친타월로 살짝 닦는다.
3. ①의 달걀물에서 거품을 제거한 다음 팬에 ⅓분량만 붓는다. 달걀이 어느 정도 익으면 김을 얹는다.
4. 달걀이 익으면 돌돌 말고 다시 식용유를 조금 부어서 키친타월로 닦는다.
5. 남은 달걀물의 반을 팬에 붓고 익으면 돌돌 만다.
6. 다시 한 번 식용유를 두르고 키친타월로 닦은 다음 나머지 달걀물을 부어서 익으면 돌돌 말아 완성한다. 한 김 식힌 뒤 먹기 좋게 썬다.

달걀물은 조금씩 나누어 붓는다
달걀말이에 넣을 김은 향이 좋은 파래김이나 굽지 않은 생김이 좋다. 또 달걀물을 한 번에 부어 익히면 너무 두꺼워서 속까지 고루 익지 않을뿐더러 말 때도 쉽게 부서진다. 달걀물은 3~4번에 나눠 붓는 것이 좋다.

달걀치즈말이

짭짤하면서 고소한 맛이 진한 체다 슬라이스 치즈를 넣은 달걀말이는
아이들이 좋아하는 반찬. 양파와 당근, 파 등을 넣어 맛과 영양의 균형을 맞췄다.

달걀 4개
슬라이스 치즈 2장
다진 당근 2큰술
양파 ¼개
쪽파 2뿌리
저염소금 ⅓작은술
식용유 2큰술

1 양파는 잘게 다지고, 쪽파는 송송 썬다.
2 알끈을 제거한 달걀과 당근, 양파, 쪽파, 소금을 고루 섞는다.
3 달군 팬에 식용유를 조금 두른 다음 키친타월로 살짝 닦는다.
4 팬에 ②의 달걀물을 조금 덜어 붓고 치즈를 그 위에 얹는다.
5 달걀이 익으면 돌돌 말아가면서 남은 달걀물을 조금씩 붓고
   다 익으면 다시 돌돌 만다.
6 달걀말이가 완성되면 김발 위에 올려 한 김 식힌 다음 먹기 좋게 썬다.

**한 김 식힌 뒤 썰어야
치즈가 흘러나오지 않아**

달걀말이를 뜨거울 때 썰면
깔끔하게 썰리지 않고 부서지기 쉽다.
특히 치즈를 넣은 달걀말이를
뜨거울 때 썰면 치즈가 흘러나와
지저분하다. 어느 정도 식은 뒤
따뜻할 때 김발로 말아 모양을
단단하게 잡고 나서 썰면 치즈가
흘러나오지 않고 모양도 깔끔하다.

달걀부추볶음

단백질과 비타민이 고루 들어 있는 영양가 높은 부추는 소화를 돕는 채소이기도 하다.
달걀의 부드러운 맛은 마늘과 비슷한 부추의 향과 잘 어울린다.

달걀 3개
부추 ¼단
저염소금 ½작은술
후춧가루 조금
식용유 2큰술

1 알끈을 제거한 달걀에 소금을 넣어 고루 섞는다.

2 부추는 4cm 길이로 썬다.

3 달군 팬에 식용유를 두른 다음 ①의 달걀물을 붓는다.
  젓가락으로 재빨리 휘저어가며 스크램블드에그로 만든다.

4 달걀이 어느 정도 익으면 부추, 후춧가루를 넣고 섞는다.
  바로 불에서 내린다.

달걀은 오래 익히면 퍽퍽해져
스크램블드에그는 오래 가열하면
퍽퍽해지므로 부추를 넣고
바로 불을 끈다. 부추도 오래 익히면
숨이 너무 죽고 질겨진다.
센 불에서 후다닥 볶는 것이 기본!

달걀새우볶음

영양 덩어리인 달걀과 새우를 한데 볶은 반찬으로 칼로리가 조금 걱정된다면
양파와 대파 등의 채소를 넣어 영양 균형을 잡는 것이 좋다.

달걀 3개
알새우 80g
(머리와 꼬리를 떼고 껍질 벗긴 새우)
양파 ¼개
대파 ⅕뿌리
간장 1큰술
저염소금 ½작은술
후춧가루 조금
식용유 2큰술

1 달걀의 알끈을 제거한 다음 소금을 넣고 고루 섞는다.

2 알새우는 옅은 소금물에 헹궈서 물기를 제거한다.

3 양파는 채 썰고, 대파는 어슷하게 썬다.

4 달군 팬에 식용유 1½큰술을 둘러 ①의 달걀물을 부어서
   재빨리 젓가락으로 섞는다. 어느 정도 익으면 그릇에 담는다.

5 달군 팬에 나머지 식용유 ½큰술을 둘러 새우를 볶다가
   양파와 대파를 넣어서 볶는다.

6 새우가 익으면 ④의 달걀과 후춧가루를 넣고 한 번 더 볶은 다음
   그릇에 담는다.

재료를 각각 볶은 뒤 섞어야 맛나
달걀에 채소나 새우를 넣고 볶을 때
모든 재료를 한 번에 볶으면
간 맞추기가 쉽지 않고 맛도 떨어진다.
재료의 질감과 익는 속도가
서로 다르기 때문에 각각의 재료를
따로 볶은 뒤 나중에 섞어야 깔끔하다.

달걀햄구이

별다른 손질 없이 간단하게 만들 수 있는 스피드 반찬.
양파를 넉넉히 넣어 맛과 영양을 보충하고 다진 파슬리를 넣어 색을 더했다.

달걀 4개
스팸 60g
양파 ½개
다진 파슬리 1큰술
저염소금 ⅓작은술
식용유 1큰술

1 햄은 얇게 썰어서 준비하고, 양파는 잘게 다진다.
2 알끈을 제거한 달걀에 양파, 파슬리, 소금을 넣고 고루 섞는다.
3 달군 팬에 식용유를 두르고 ②의 달걀물을 붓는다.
4 얇게 썬 햄을 얹고 뚜껑을 덮어서 약한 불에 8분 정도 구운 다음 뒤집는다.
5 먹기 좋게 썰어서 그릇에 담는다.

햄은 얇게 썰어 넣어야
팬에 달걀물을 붓고 자른 햄을 얹어 조리하는 간단 요리지만 불의 세기와 햄 두께에 신경 써야 한다.
달걀이 익을 때 햄도 같이 익으면서 달걀과 어우러지게 하려면 불은 약하게, 햄은 얄팍하게 저며야 한다.

달걀견과류매운조림

견과류와 칼칼한 고춧가루를 넣은 이색 달걀장조림.
견과류를 넣어 산패하기 쉬우므로 서너 번 정도 먹을 양만 만든다.

달걀 4개
견과류 ¼컵
(호두, 호박씨, 해바라기씨 등)
식초 1큰술
저염소금 ½큰술

조림 양념
간장 3큰술
고춧가루 ½큰술
설탕 1큰술
올리고당 2큰술
맛술 2큰술

1. 냄비에 달걀과 식초, 소금을 넣어 끓기 시작하면 13분간 삶는다.
2. 삶은 달걀을 찬물에 헹군 다음 5분 정도 놔뒀다가 껍질을 벗긴다.
3. 견과류는 기름 두르지 않은 팬에 볶아서 그대로 식힌다.
4. 냄비에 준비한 조림 양념, 삶은 달걀을 넣고 중간 불에서 조린다.
5. 국물이 거의 졸아들면 볶아놓은 견과류를 넣고 한 번 더 조린다.

달걀 완숙을 빨리 익히려면
달걀을 삶을 때 식초와 소금을
넣으면 빨리 응고되어 삶는 시간을
단축할 수 있고, 단백질이
단단하게 응고되어 삶는 도중에
터지지 않는다. 완숙으로 삶을 때
걸리는 시간은 보통 12~13분 정도.

PART
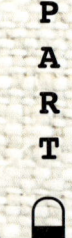
05

매일 반찬 걱정 없는
저장 밑반찬

짭조름한 맛의 장조림, 장아찌, 젓갈무침은
조금만 먹어도 입맛을 돋워줘
자주 식탁에 올리는 반찬이다.
하지만 짠맛이 강한 게 흠.
소금이나 간장의 양을 줄여
보관 기간을 단축하면 짠맛 걱정을 덜 수 있다.

소고기장조림 _{4일 정도 보관 가능}

밑반찬의 대표. 싱거우면 오래 보관하기 어렵고 육질의 맛도 떨어진다.
조림 양념에 고추를 넣으면 깔끔한 맛을 낼 수 있다.

소고기(홍두깨) 500g
마늘 4쪽
마른 청양고추 1개
물 8컵
향채
→ 대파 1/5뿌리
　 마늘 2쪽
　 통후추 1/3작은술

조림 양념
저염간장 5큰술
설탕 1큰술
올리고당 3큰술
맛술 2큰술

1　소고기는 찬물에 30분간 담가 핏물을 뺀 다음 끓는 물에 데친다.

2　냄비에 소고기와 물, 대파, 마늘 2쪽, 통후추를 넣어 끓인다.
　　고기 속까지 푹 무르도록 50분 정도 삶는다.

3　삶은 고기는 건져서 찢어놓고, 육수는 체에 거른다.

4　고기와 육수를 냄비에 담고, 마른 청양고추를 0.5cm 크기로 잘라
　　같이 넣는다.

5　④에 올리고당을 제외한 나머지 조림 양념과 마늘 4쪽을 넣고
　　끓이다가 불에서 내리기 전에 올리고당을 넣어 끓인다.

**소고기를 끓는 물에 씻어내면
국물도 담백해져**
소고기를 찬물에 담가 핏물을 뺀 뒤
끓는 물에 데치면 겉에 있는
불순물을 없애고 누린내를 줄일 수
있는 데다 육즙도 잘 안 빠진다.

돼지고기장조림

1주 정도 보관 가능

돼지고기는 조려도 육질이 부드럽다.
칼칼한 고추를 함께 넣으면 누린내가 나지 않고 깔끔하다.

돼지고기(안심) 600g
청양고추 2개
붉은 고추 1개
대파 ⅓뿌리
물 8컵
향채
　➜ 생강 1쪽
　　마늘 2쪽
　　통후추 ½작은술

조림 양념
저염간장 5큰술
설탕 1⅓큰술
올리고당 3큰술
맛술 2큰술

1　돼지고기는 찬물에 30분간 담가 핏물을 뺀 뒤 끓는 물에 데친다.

2　냄비에 물과 준비한 향채를 넣어 끓으면 돼지고기를 넣어서 35분간 끓인다.

3　고추와 대파는 어슷하게 썬다.
　　삶은 돼지고기는 건져서 체에 받쳐 육수를 따로 걸러둔다.

4　돼지고기는 먹기 좋게 찢어서 냄비에 넣고, ③의 육수와 올리고당을 제외한 조림 양념을 넣어서 자작하게 조린다.

5　돼지고기에 간이 충분히 배면 올리고당을 넣고 한 번 더 끓인 다음 고추와 대파를 넣고 고루 섞어서 불을 끈다.

**고기는 센 불로 시작,
중간 불에서 익힌다**
고기를 삶을 때 처음부터 센 불에서
끓여야 맛있는 육즙이 빠지지 않는다.
어느 정도 끓으면 중간 불로 줄여
은근하게 끓여야 육질이 부드럽다.

닭가슴살마늘장조림

4일~1주 보관 가능

담백한 닭가슴살에 통마늘을 넣고 조려 입맛을 돋운다.
고추나 양파 등을 함께 넣고 조려도 된다.

닭가슴살 4조각
마늘 20쪽
청양고추 1개
붉은 고추 1½개
식용유 1큰술

닭고기 양념
저염간장 ½작은술
참기름 1작은술
맛술 ½큰술
후춧가루 조금

조림 양념
저염간장 3½큰술
설탕 1½큰술
올리고당 2큰술
맛술 1큰술
물 ½컵

1. 닭가슴살은 길이로 반 잘라 사방 2.5cm 크기로 썰어서 닭고기 양념에 5분간 재운다.
2. 마늘은 꼭지를 자르고, 고추는 어슷하게 썬다. 조림 양념 재료를 고루 섞어 조림 양념을 만들어둔다.
3. 팬에 식용유를 두르고 ①의 닭고기를 볶다가 ②의 조림 양념을 넣고 끓인다.
4. 닭고기에 ②의 마늘을 넣고 국물이 거의 없어질 정도로 조린 다음 고추를 넣고 고루 섞어 매운맛을 더한다.

닭고기는 결 반대 방향으로 썬다
닭가슴살은 폭이 넓기 때문에 길이로 반 자른 다음 결 반대 방향으로 썰어야 퍽퍽하지 않고 육질이 연하다. 고기와 마늘을 함께 넣고 조리면 익는 속도가 달라 마늘이 부서질 수 있으므로 고기를 익힌 뒤 마늘을 넣는다.

메추리알호두장조림

1주 정도 보관 가능

단백질이 풍부한 메추리알과 레시틴이 많아 두뇌 발달에 좋은 호두를 함께 조린 반찬으로 아이들도 잘 먹는다.

메추리알 30개
호두 ½컵
굵은소금(삶기용) ½작은술

조림 양념
저염간장 3큰술
설탕 1큰술
올리고당 1큰술
맛술 1큰술
물 ¼컵

1 메추리알은 끓는 물에 소금을 넣어 8분간 삶은 다음 찬물에 담가 껍질을 벗긴다.

2 호두는 마른 천으로 닦아서 기름 두르지 않은 팬에 볶는다.

3 냄비에 메추리알과 조림 양념을 넣고 메추리알 속까지 간이 배도록 조린다.

4 메추리알에 간이 충분히 배어들면 볶아둔 호두를 넣고 좀 더 조린다.

삶은 메추리알 껍질 벗기기
메추리알은 크기가 작아서 껍질 벗기기가 달걀에 비해 까다로운 편. 메추리알 서너 개를 손바닥으로 누르듯 밀어 껍질에 크랙이 가게 한 다음 벗기면 잘 벗겨진다.
삶은 후 찬물에 담가 두어야 껍질 벗기기가 더 쉽다.
껍질 벗긴 것을 구입했을 경우 뜨거운 물로 튀기듯 헹궈낸 후 조리한다.

꽈리고추달걀장조림 4일 정도 보관 가능

달걀에 비타민 C가 많은 꽈리고추를 함께 조려 맛과 영양의 균형을 잡은 반찬이다. 장조림용 달걀은 알이 작은 것이 좋다.

달걀 6개
꽈리고추 15개
굵은소금(삶기용) ½작은술

조림 양념
저염간장 3큰술
설탕 ½큰술
올리고당 1큰술
맛술 1큰술
물 ½컵

1 달걀은 끓는 물에 소금을 넣고 13분간 삶은 다음 찬물에 담가 껍질을 벗긴다.

2 꽈리고추는 꼭지를 제거하고 큰 것은 반 자른다.

3 냄비에 달걀과 조림 양념을 넣어서 달걀 속까지 간이 배어들도록 조린다.

4 ③에 꽈리고추를 넣어서 한 번 더 섞은 다음 불을 끄고 그릇에 담는다.

실온에 둔 달걀이 삶을 때 잘 안 깨져
달걀은 흔들어서 소리가 나지 않는 것이 신선하다.
냉장고에서 바로 꺼내서 삶기보다는 실온에 두었다가 삶아야 잘 깨지지 않는다.
삶은 뒤 찬물에 담가 식힌 후 껍질을 벗겨야 깨끗하게 벗길 수 있다.

새송이버섯장조림

1주 정도 보관 가능

버섯의 쫄깃한 맛과 짭짤한 맛이 입맛을 돋우는 반찬이다.
조림 간장에 다시마 국물을 넣으면 감칠맛이 더욱 진하다.

새송이버섯 400g
마른 청양고추 1개

다시마 국물
다시마(사방 5cm) 2장
물 1컵

조림 양념
저염간장 3½큰술
맛술 1큰술
다시마 국물 ¼컵
올리고당 4큰술

1 다시마는 찬물에 30분간 담갔다가 냄비에 다시마와 물을 넣어 거품이 날 정도로 끓인 뒤 불을 끈다.

2 다시마 국물에 올리고당을 제외한 조림 양념 재료를 모두 넣어 섞는다. 다시마는 1 × 2cm 크기로 썬다.

3 새송이버섯은 큰 것을 골라 길이 5cm, 폭 2cm 크기로 썰어서 기름 두르지 않은 팬에 살짝 볶는다.

4 새송이버섯에 ②의 조림 양념을 넣고 바글바글 끓인다.

5 마른 청양고추는 0.5cm 길이로 썬다.
새송이버섯에 간장이 배어들면 마른 청양고추와 다시마를 넣고 좀 더 조리다가 올리고당을 넣는다.

센 불에서 조려야 쫄깃
새송이버섯에서 물이 많이 나오므로 조림 양념에는 물을 조금만 넣는다. 또 센 불에서 조리해야 쫄깃하고 맛있는 버섯장조림이 되므로 불의 세기에 신경 쓴다.

마른 홍합조림   1주 정도 보관 가능

고소하면서 감칠맛이 진한 마른 홍합으로 조리한 밑반찬.
부드럽게 불린 뒤 조려야 간이 잘 배어들고 먹기에도 좋다.

마른 홍합 150g
대파 ¼뿌리
마늘 3쪽
생강 ½쪽

조림 양념
저염간장 4큰술
설탕 2½큰술
깨소금 1큰술
참기름 ½큰술
맛술 1큰술
후춧가루 조금
물 ½컵

1 마른 홍합은 따뜻한 물에 부드럽게 불린다.

2 조림 양념을 만들어 불린 홍합과 함께 냄비에 넣어 자작하게 조린다.

3 대파는 2cm 길이로 썰고, 마늘과 생강은 납작하게 썬다.

4 ②의 홍합 국물이 거의 없어지면 대파, 마늘, 생강을 넣어 고루 섞으면서 한 번 더 끓인 다음 불을 끈다.

마른 홍합은 따뜻한 물에 불린다
마른 홍합은 찬물에서는 잘 불지 않으므로 따뜻한 물에 불리거나 냄비에 넣고 한 번 끓인 뒤 그대로 식혀서 불리면 손쉽게 부드러워진다.

멸치간장볶음

1주 정도 보관 가능

멸치 자체에 짠맛이 있으므로 간은 약하게 한다.
짠맛이 진한 멸치라면 흐르는 물에 살짝 씻어 조리한다.

잔멸치 100g
깨소금 1큰술
참기름 ½작은술
식용유 2큰술

볶음 양념
저염간장 1큰술
다진 마늘 1큰술
설탕 2큰술
올리고당 3큰술

1 잔멸치는 체에 쳐서 가루를 제거한다.
2 팬을 달궈 식용유를 두른 다음 잔멸치를 바삭하게 볶는다.
3 볶음 양념 재료를 고루 섞는다.
4 잔멸치가 바삭하게 볶아지면 불을 끄고 볶음 양념을 넣어서 고루 섞은 다음 깨소금, 참기름을 넣어서 버무린다.

멸치볶음에 참기름을 뿌리면 비린 맛이 싹~
멸치에 간장을 넣어서 조리한 다음 마지막에 참기름을 넣으면 비린 맛이 덜 나고
더 고소하게 먹을 수 있다. 참기름은 불을 끄고 마지막에 넣는다.
올리고당이나 물엿을 넣어 윤기를 더하고 싶을 때도 불에서 내린 후 마지막에 넣는다.

뱅어포구이 1주 정도 보관 가능

멸치보다 칼슘이 많은 뱅어포는 살짝 굽기만 해도 맛있다.
고추장 양념을 바르면 밥반찬으로 좋다.

뱅어포 5장

구이 양념
고추장 5큰술
다진 마늘 1큰술
다진 파 2큰술
설탕 2큰술
깨소금 1큰술
참기름 ½큰술
올리고당 3큰술

1 뱅어포는 통째 기름을 두르지 않은 팬에 살짝 굽는다.

2 구이 양념 재료를 고루 섞는다.

3 뱅어포가 식으면 구이 양념을 고루 바른 다음 먹기 좋게 자른다.
   밀폐 용기에 보관해두고 꺼내 먹는다.

뱅어포는 살짝 데우듯 굽는다
뱅어포는 너무 센 불에서 구우면 타거나 딱딱해지므로 중간 불에서
살짝 데우는 정도로만 굽는다. 이렇게 하면 비린내를 제거하는 효과도 있다.

오징어채무침 1주 정도 보관 가능

오징어채를 매콤한 고추장 양념에 무친 밑반찬.
간간해서 밥반찬은 물론 도시락 반찬으로, 주먹밥 재료로도 좋다.

오징어채 120g
깨소금 1큰술
참기름 1작은술

무침 양념
고추장 2큰술
저염간장 ½큰술
다진 마늘 ½큰술
설탕 ½큰술
올리고당 6큰술
물 4큰술

1. 오징어채는 5cm 길이로 썰어 따뜻하게 달군 팬에 타지 않게 볶은 다음 식힌다.

2. 냄비에 올리고당을 제외한 무침 양념 재료를 넣어서 자작하게 끓이다가 불을 끄고 올리고당을 넣어서 식힌다.

3. 볼에 오징어채와 무침 양념을 넣어 고루 무친 다음 깨소금, 참기름을 넣는다.

오징어채를 볶아서 식힌 뒤 양념에 버무린다
오징어채는 볶아서 열기가 남았을 때 양념을 넣고 무치면 비린내가 나기 쉽다.
볶은 오징어채와 양념은 반드시 차게 식힌 뒤 무친다.

마른새우볶음 _{1주 정도 보관 가능}

마른 새우를 기름에 애벌로 바삭하게 볶은 후 양념을 넣고 볶아 맛이 깊다.
마른 새우는 크기에 따라 불의 세기와 간 조절을 달리한다.

마른 새우 120g
깨소금 1큰술
참기름 1작은술
식용유 3큰술

볶음 양념
고추장 3큰술
저염간장 1작은술
설탕 2큰술
맛술 2큰술
후춧가루 조금

1 마른 새우는 잡티와 가루 등을 제거하고 달군 팬에 식용유를 둘러 바삭하게 볶는다.

2 볶음 양념을 만들어 ①에 넣어서 볶는다.

3 새우에 양념이 고루 배면 불을 끄고 깨소금과 참기름을 넣어서 버무린다.

새우는 바삭하게 볶아서 양념한다
마른 새우를 기름에 볶으면 속이 투명해지면서 고소한 맛이 더 진해진다.
양념에 버무리기 전 튀기듯 바삭하게 볶는 게 포인트.

북어채무침

1주 정도 보관 가능

가늘고 잘게 뜯은 북어 채에 양념을 넣고 버무린 밑반찬.
볶는 것이 아니므로 조금만 만들어 1주일 이내에 다 먹도록 한다.

북어 채 50g
저염간장 2큰술
고운 고춧가루 1큰술
설탕 2큰술
깨소금 ½큰술
참기름 1큰술

1 북어 채는 보푸라기가 생길 정도로 가늘게 찢는다.

2 북어 채에 참기름을 넣어 조물조물 무친다.

3 간장, 고춧가루를 넣어서 색이 잘 배도록 무친다.

4 마지막으로 설탕, 깨소금을 넣어서 버무린다.

참기름에 버무린 뒤 양념
북어 채는 양념에 버무리기 전 미리 참기름을 고루 뿌려 무쳐두면
간장으로 간할 때 간이 골고루 배고 짜지지 않는다. 북어 채가 너무 굵거나 길면
먹을 때 입가에 묻을 수 있으므로 적당한 길이로 두껍지 않게 손질한다.

오이양파피클 _{1주 정도 보관 가능}

시원한 맛의 오이와 단맛의 양파를 섞어 피클을 담그면 맛이 잘 어우러진다. 수분이 많고 아삭하게 씹히는 맛이 식욕을 돋운다.

오이 3개
양파 1개
마른 청양고추 1개
굵은소금(절이기용) 2큰술

피클 절임물
식초 ½컵
설탕 ½컵
굵은소금 2작은술
월계수 잎 4장
정향 5알
통후추 ½작은술
물 4컵

1 오이는 씻어 0.5cm 두께로 둥글게 썰고, 양파는 사방 2cm 크기로 썬다.

2 오이와 양파에 굵은소금을 뿌려 30분간 절인 다음 물기를 빼둔다. 마른 청양고추는 1cm 크기로 썬다.

3 피클 절임물을 바글바글 끓인다.

4 밀폐 용기에 오이, 양파, 고추를 담고 ③의 피클 절임물을 부어 뚜껑을 잘 닫은 다음 냉장고에 보관한다.

5 하루 지나 국물을 따라서 다시 끓인 다음 식혀서 재료에 부어 냉장 보관한다.

오이는 뜨거운 피클 절임물을 부어야 무르지 않아
오이는 조직이 무르고 수분이 많아서 소금에 절여 수분을 빼야 피클로 담갔을 때 아삭한 맛이 살아난다. 또 뜨거운 절임물을 부어야 오이가 무르지 않는다.

무 비트 파프리카 피클

붉은색의 비트를 피클에 넣으면 시각적으로 식욕을 돋운다. 수분이 많은 무와 아삭한 맛의 파프리카로 맛낸 별미 피클.

4일 정도 보관 가능

무(5cm) 1/2토막(400g)
비트 15g
녹색 파프리카 ½개
주황 파프리카 ½개
붉은 파프리카 ½개
굵은소금(절이기용) 2큰술

피클 절임물
식초 ½컵
설탕 ½컵
굵은소금 2작은술
월계수 잎 4장
정향 5알
통후추 ½작은술
물 4컵

1 무는 1.5×4cm 크기로 썰고, 파프리카도 씨를 제거해 0.5×4cm 크기로 썬다.

2 무에 굵은소금을 넣어서 10분간 절인 뒤 물만 따라둔다.

3 피클 절임물을 끓여 식힌 다음 파프리카와 절인 무에 넣고 밀폐 용기에 담아 냉장 보관한다.

4 하루 지나 국물을 따라내서 끓인 다음 식힌 후 그 국물에 비트를 섞어 믹서에 간다. 국물을 체에 걸러서 다시 재료에 붓고 냉장 보관한다.

비트를 중간에 건져내도
피클 담글 때 비트를 넣으면 색이 좋아지는데 시간이 지나면 색이 더욱 짙어진다. 적당한 색이 돌면 건져내도 된다.

연근우엉피클

1주 정도 보관 가능

연근과 우엉을 피클로 만들면 입맛을 돋우고 저장성이 좋은 반찬이 된다.
피클 절임물을 만들어 붓고 3~4일 후면 먹을 수 있다.

연근(10cm 길이) 1개
우엉(20cm 길이) 1토막
식초 3큰술
마른 청양고추 2개

피클 절임물
식초 ½컵
설탕 ½컵
굵은소금 2큰술
월계수 잎 4장
정향 5알
통후추 ½작은술
물 4컵

1. 연근은 껍질을 벗겨 얇게 썰고, 우엉도 껍질을 벗겨 어슷하게 썬다.
   연근과 우엉을 씻어서 식초 물에 잠시 두어
   갈색으로 변하는 것을 막는다.

2. 마른 청양고추는 1cm로 썬다.
   피클 절임물을 팔팔 끓여서 식힌다.

3. 연근과 우엉에 피클 절임물과 마른 청양고추를 넣어 고루 섞은 뒤
   밀폐 용기에 담아 냉장 보관한다.

4. 하루 지나서 국물만 따라내서 끓인 다음 식혀서 다시 붓고
   냉장 보관한다.

끓는 물에 살짝 데쳐도
연근과 우엉은 껍질을 벗겨
식초 물에 담가야 갈색으로
변하는 것을 막을 수 있다.
피클 절임물이 재료에 배어드는
시간을 앞당기려면 연근과 우엉을
끓는 물에 살짝 데쳐서 써도 된다.

양배추오이피클

1주 정도 보관 가능

양배추는 생으로 먹는 것이 영양소 섭취를 가장 잘하는 방법.
피클도 그런 방법 중 하나다. 오이와 함께 피클을 담그면 뒷맛이 개운하다.

양배추 300g
오이 2개
마늘 4쪽
마른 청양고추 1개
굵은소금(절이기용) 2큰술

피클 절임물
식초 ½컵
설탕 ½컵
굵은소금 2작은술
월계수 잎 4장
정향 5알
통후추 ½작은술
물 4컵

1. 양배추는 1×3cm 크기로 썬다. 오이는 길이로 4등분 한 다음 가운데 씨를 제거하고 3cm 길이로 썬다. 마른 청양고추는 1cm 크기로 썬다.

2. 양배추와 오이에 소금을 뿌려 30분 정도 절인 다음 찬물에 헹궈서 물기를 뺀다.

3. 피클 절임물을 끓여서 식힌 다음 양배추, 오이, 청양고추에 넣고 잘 섞은 뒤 밀폐 용기에 옮겨 담아 냉장 보관한다.

4. 하루 지나서 국물을 따라내 끓인 다음 식혀서 다시 붓고 냉장 보관한다.

고추 맛의 차이
피클을 담글 때 풋고추 대신 붉은 고추를 넣으면 단맛이 많이 나지만, 청양고추를 넣으면 칼칼한 맛이 나서 한결 풍미가 좋다.

배추풋고추피클

3일 정도 보관 가능

담가서 바로 먹을 수 있는 즉석 피클로 맛이 시원하고 입안이 개운하다.
오래 두고 먹으면 배추가 질겨지므로 3일 안에 다 먹는다.

배추 잎 5장
풋고추 5개
굵은소금(절이기용) 2작은술

피클 절임물
저염간장 1½큰술
식초 5큰술
설탕 5큰술
굵은소금 1작은술
월계수 잎 2장
정향 5알
통후추 ½작은술
물 2컵

1. 배추는 사방 2.5cm 크기로 썰고 풋고추는 1cm 폭으로 썰어서 소금에 10분간 절인다.
2. 절인 배추와 고추의 물기를 빼고, 준비한 피클 절임물을 끓여서 식힌다.
3. 배추, 고추, 피클 절임물을 밀폐 용기에 담아 냉장 보관한다.
4. 하루 지나서 국물을 따라내 끓인 다음 식혀서 다시 부어 냉장 보관한다.

배추는 수분이 적은 것을 선택
피클용 배추는 수분이 적으면서
아삭한 맛이 살아 있는 것을 고른다.
그래야 피클을 담갔을 때
무르거나 질겨지지 않아
씹는 느낌이 좋고 더 맛있다.

양파장아찌 2주 정도 보관 가능

5월에 수확하는 양파는 수분도 많고 단맛이 진해서 장아찌를 담그면 맛있다.
속이 단단한 양파로 담가야 무르지 않고 아삭하다.

양파 1kg
마른 청양고추 2개
굵은소금(절이기용) 3큰술

장아찌 국물
저염간장 ½컵
식초 ½컵
설탕 5큰술
올리고당 2큰술
맛술 2큰술
물 5컵

1 양파는 껍질을 벗겨 작은 것은 그대로, 큰 것은 반 자른 다음
   소금을 뿌려 2시간 정도 절인다.

2 냄비에 장아찌 국물 재료를 넣어서 끓인 다음
   차게 식힌다. 마른 청양고추는 1cm 크기로 자른다.

3 ①의 양파가 다 절여지면 물을 따라낸 다음 식힌 간장,
   마른 청양고추와 같이 밀폐 용기에 담고서 무거운 것으로 눌러둔다.

4 하루 정도 두었다가 국물을 따라내 바글바글 끓인 다음
   차게 식혀서 다시 붓는다.

양파를 소금에 절이면 더 아삭해
양파를 소금에 절여 수분을
어느 정도 빼낸 뒤 장아찌 국물을 부어
장아찌를 담그면 무르지 않고 아삭하다.
보관 기간도 더 길어진다.

고추장아찌

2주 정도 보관 가능

밥반찬은 물론 고기 먹을 때 곁들이는 찬으로도 좋고
다져서 양념장에 넣어 생선 조릴 때 양념으로 사용해도 좋다.

풋고추 600g
굵은소금(절이기용) ¼컵

장아찌 국물
저염간장 ½컵
식초 ½컵
설탕 ½컵
올리고당 2큰술
맛술 1큰술
물 3컵

1 고추는 씻어 물기를 뺀 다음 꼭지 쪽에 꼬치로 구멍을 뚫는다. 고추에 소금을 뿌리고 무거운 것으로 눌러 4시간 정도 절인다.

2 냄비에 장아찌 국물 재료를 넣어서 끓인 다음 식힌다.

3 ①의 절인 고추는 물을 따라버리고 식힌 장아찌 국물과 같이 밀폐 용기에 넣어서 무거운 것으로 눌러둔다.

4 하루 정도 지나서 국물을 따라내고 끓여 식힌 다음 다시 붓는다.

고추는 꼬치로 구멍을 뚫어야 간이 잘 밴다
고추는 꼬치로 구멍을 뚫어야 간장의 간이 속까지 고루 스며든다. 고추를 썰어서 장아찌를 담그는 방법도 있는데, 이 경우 물이 많이 생기므로 1주일 이내 먹을 양만 만들거나 양이 많을 때는 중간에 국물만 따로 끓여서 붓기를 반복해야 한다.

오이간장장아찌

1주 정도 보관 가능

오이를 소금에 절여 아삭한 맛이 그대로인 오이간장장아찌.
오이를 통째로 담가도 되고 적당한 크기로 잘라서 담가도 된다.

오이 4개
마른 청양고추 2개
굵은소금(절이기용) 2큰술

장아찌 국물
저염간장 ⅓컵
설탕 ½큰술
올리고당 2큰술
물 1컵

1 오이는 길이로 4등분 하여 4cm 길이로 썰고
   가운데 씨를 제거한다.

2 오이는 소금에 10분 정도 절이고,
   준비한 장아찌 국물을 끓인 다음 식힌다.

3 절인 오이는 씻어서 물기를 제거하고,
   마른 청양고추는 0.5cm 두께로 썬다.

4 오이에 ②의 장아찌 국물과 청양고추를 넣어서 잘 밀봉하여
   하루 정도 보관한다.

5 하루 지나 국물을 따라내서 바글바글 끓여 식힌 다음 다시 붓고
   냉장고에 보관한다.

**오이가 떠오르지 않도록
무거운 것으로 눌러 보관**

오이장아찌는 오이가 위로 뜨지 않도록
무거운 것으로 눌러 보관해야 한다.
그래야 표면에 공기가 닿아
무르는 것을 막을 수 있고
다 먹을 때까지 맛이 그대로 유지된다.

오이지무침

1개월 정도 보관 가능

백다다기나 조선오이, 백오이라고도 부르는 것이 오이지 담그기에 좋은데 씨가 많지 않고 아삭해서 오래 두고 먹는 장아찌 만들기에 좋다.

백다다기오이 5개
굵은소금 80g
물 4컵
굵은소금(씻기용·절이기용) 조금

무침 양념
(오이지 2개 기준)
고춧가루 1큰술
다진 파 ½큰술
다진 마늘 1작은술
설탕 1작은술
깨소금 1작은술
참기름 ½작은술

1. 오이는 소금으로 문질러 씻어 물기를 뺀 다음 소금에 30분 정도 절인다.
2. 물에 소금을 섞어 끓인 다음 달걀을 넣어 500원짜리 동전 크기만큼 떠오르는 정도로 농도를 확인한 다음 식힌다.
3. 절인 오이는 씻어서 물기를 제거한 다음 밀폐 용기에 담고 ②의 끓인 소금물을 붓는다.
4. 비닐을 덮고 무거운 돌로 눌러 1주일간 삭힌다.
5. 노랗게 익은 오이지를 0.2cm 두께로 썰어 물에 담가 짠맛을 우린 다음 무침 양념을 넣어 조물조물 무친다.

오이지는 꼭 눌러 보관
오이지는 비닐을 덮어 꼭꼭 누르거나 돌을 올려 눌러서 공기에 노출되지 않도록 해야 곰팡이가 생기지 않고 아삭하다. 이렇게 보관하면 한 달 정도 두고 먹을 수 있다. 양념에 무친 오이지는 1주일 정도 두고 먹을 수 있다.

마늘장아찌 1개월 이상 보관 가능

아삭하면서 알싸한 맛이 좋은 마늘장아찌는 짜지 않게 담그면 건강 반찬으로도 좋다. 고추장, 고춧가루 등 다양한 양념을 넣어서 무치면 색다른 맛을 즐길 수 있다.

통마늘 1kg
마른 청양고추 2개
식초 5컵

장아찌 국물
저염간장 1컵
설탕 ½컵
올리고당 ½컵
맛술 4큰술
물 6컵

1 마늘은 껍질을 벗겨 깨끗이 씻은 뒤 물기를 완전히 없애고 식초를 부어 하룻밤 정도 담가두었다가 식초를 따라낸다.

2 장아찌 국물 재료를 냄비에 넣어서 끓인 다음 식힌다. 마른 청양고추는 1cm 크기로 썬다.

3 냄비에 ②의 재료를 넣어 다시 한 번 끓인 다음 식혀서 ①의 마늘에 붓고 밀봉한다. 하루 지난 뒤 국물을 따라내고 다시 한 번 끓여서 붓는다. 이 과정을 3번 반복한다.

마늘은 식초에 담가 아린 맛을 뺀다
통마늘은 아린 맛이 강하므로 하루 정도 식초를 부어둬서 아린 맛을 제거해야 먹기에 좋다.

마늘종간장장아찌

1개월 이상 보관 가능

줄기가 연한 것을 고르는 게 맛있는 마늘종장아찌 담그는 첫 번째 비법이다.
간장에 담근 장아찌는 한 달 이상 보관해두고 먹어도 괜찮다.

마늘종 400g
마른 청양고추 1개
물 ½컵
굵은소금(절이기용) 1큰술

장아찌 국물
저염간장 ½컵
식초 ½컵
설탕 ½컵
올리고당 2큰술
물 3컵

1 마늘종은 씻어서 물기를 제거하여 5cm 길이로 썬다.

2 마늘종에 소금 1큰술과 물 ½컵을 넣어서 30분 정도 절인 다음 체에 밭쳐 물기를 뺀다.

3 냄비에 장아찌 국물을 넣어서 끓인 다음 식혀서 마늘종, 0.5cm 크기로 썬 마른 청양고추와 함께 밀폐 용기에 담는다.

4 하루 지난 다음 국물만 따라내서 끓인 다음 식혀 다시 붓는다. 이것을 2번 반복한다.

선명한 녹색을 고른다
마늘종은 누렇게 뜬 것보다는 녹색이 선명한 것이 아삭하고 맛있다. 소금물에 담가서 피클처럼 만드는 방법도 있고, 2~3cm 길이로 잘라 간장에 하루 정도 담갔다가 건져 고추장에 박아두고 먹는 장아찌로도 만들 수 있다.

삭힌고추무침

`1개월 이상 보관 가능`

고추는 소금에 절이면 자칫 쓴맛이 나지만, 잘 삭힌 고추는 쓴맛이 없으면서 입맛을 당긴다. 삭힌 고추를 고추장이나 된장에 박았다가 먹어도 맛있다.

삭힌 고추 200g

무침 양념
고춧가루 1½큰술
다진 마늘 1작은술
설탕 1작은술
깨소금 ½큰술
올리고당 2큰술

1 삭힌 고추는 찬물에 담가 짠맛을 우린다.

2 삭힌 고추의 물기를 제거해 볼에 넣고 마늘, 고춧가루, 설탕, 깨소금을 넣어서 무친다.

3 ②에 올리고당을 넣어서 다시 버무린다.

고추에 구멍을 뚫어 삭힌다
고추를 소금물에 삭힐 때는 고추 끝 쪽의 꼭지에 꼬치로 구멍을 뚫은 다음 소금물을 부어야 속까지 간이 고루 스며든다. 밀폐 용기에 담은 후엔 무거운 것으로 눌러서 한 달 이상 삭혀야 제대로 맛이 든다.

삭힌깻잎양념 1개월 이상 보관 가능

삭힌 깻잎은 액젓, 고춧가루, 마늘로 양념하면 다른 반찬 없이도
밥 한 그릇을 쉽게 비울 정도로 맛있다. 살짝 쪄 양념해도 맛있다.

삭힌 깻잎 100g

양념
저염간장 2큰술
고춧가루 1큰술
다진 파 1큰술
붉은 고추 1개
풋고추 1개
다진 마늘 ½큰술
설탕 ½큰술
올리고당 1큰술
맛술 2큰술
깨소금 1큰술

1 삭힌 깻잎은 하루 이상 찬물에 담가 짠맛과 아린 맛을 제거한다.

2 붉은 고추와 풋고추는 잘게 썰어 나머지 재료와 함께 고루 섞어
   양념을 만든다.

3 깻잎의 짠맛이 빠졌으면 물기를 꼭 짜서 2~3장씩 나누어
   양념을 바른다.

깻잎의 짠맛을 완전히 뺀 뒤 양념에 무쳐
삭힌 깻잎은 찬물에 충분히 담가 짠맛을 완전히 빼지 않으면 쓴맛이 많이 난다.
최소한 하루 정도 찬물에 담가두어 깻잎에 밴 짠맛을 충분히 뺀다.

김장아찌 _{1개월 이상 보관 가능}

짭짤하면서 달달하고 쫄깃한 맛이 특징인 김장아찌는
오래 두어도 맛이 변하지 않는 밑반찬이다.

김 20장
마른 청양고추 1개

장아찌 양념
저염간장 2큰술
다진 마늘 1작은술
통깨 ½큰술
설탕 ½큰술
올리고당 2큰술
맛술 1큰술

1 김은 8등분 한다.

2 마른 청양고추는 1cm 두께로 썰어 냄비에 넣고
   올리고당을 제외한 나머지 장아찌 양념 재료를 같이 넣어
   바글바글 끓이다가 올리고당을 넣고 불을 끈다.

3 ②의 장아찌 양념을 식힌 뒤 김을 3장씩 나누어
   양념을 끼얹고 통깨를 뿌려 밀폐 용기에 담는다.

양념은 식힌 뒤 끼얹는다
장아찌로 담글 김은 얄팍한 것보다는
두꺼운 것이 적당하다. 끓인 양념장을
완전히 식힌 뒤 끼얹어야
김 특유의 비린내가 나지 않는다.

도라지고추장아찌

1개월 이상 보관 가능

도라지로 장아찌를 담그면 쫄깃하게 씹는 느낌이 좋다.
넉넉하게 담가두었다가 입맛 없을 때 조금씩 꺼내 먹으면 좋다.

도라지 1kg
굵은소금(절이기용) 1큰술

고추장 양념
고추장 1컵
다진 마늘 1큰술
올리고당 ½컵
매실청 ¼컵

1. 도라지는 껍질을 벗겨 4cm 길이로 썰어 소금에 절인다.
2. 절인 도라지는 물에 헹궈 꼬들꼬들하게 말린다.
3. 준비한 양념 재료를 고루 섞어 고추장 양념을 만든 뒤 도라지에 버무려 한 달 이상 익힌다.
4. 도라지가 익으면 기호에 맞게 깨소금, 참기름, 마늘, 파 등을 넣어서 무쳐 먹는다.

집고추장은 80%만 넣어야 짜지 않아
도라지를 고추장에 박아서 장아찌를 담글 때 단맛이 진한 시판 고추장을 사용하면 무난하다. 그에 비해 집에서 담근 고추장은 짠맛이 진한 편이므로 시판 고추장의 80% 정도 분량만 넣는 게 적당하다.

더덕고추장장아찌

1개월 정도 보관 가능

'밭의 인삼'이라 불리는 더덕은 기관지를 튼튼하게 하는 밑반찬.
시간이 지나면 결대로 보푸라기처럼 부드럽게 찢어져 먹기에 좋다.

더덕 1kg
굵은소금(절이기용) 1큰술
물 ½컵

고추장 장아찌 양념
고추장 1컵
다진 마늘 1큰술
올리고당 ½컵
매실청 ¼컵

1 더덕은 껍질을 벗겨 큰 것은 도톰하게 잘라서 밀대로 밀어
   부드럽게 손질한 다음 물과 소금을 넣어 1시간 정도 절인다.

2 절인 더덕을 헹궈서 물기를 꼭 짠 다음 채반에 2시간 정도 널어서
   꼬들꼬들하게 말린다.

3 고추장 장아찌 양념을 만들어서 더덕에 버무려
   한 달 이상 익힌다.

4 더덕이 익으면 먹기 좋게 찢어 입맛에 맞춰
   깨소금, 참기름, 마늘, 파 등을 넣어서 무쳐 먹는다.

밀대로 밀어 아린 맛을 뺀다
더덕을 밀대로 밀면 아린 맛도
잘 빠지고 소금물에 잘 절여진다.
장아찌용은 물이 많으면 안 되기 때문에
절인 더덕은 수분을 충분히 제거해야
저장 기간도 길어진다.

오징어젓무침 `1개월 정도 보관 가능`

싱싱한 생물 오징어로 젓갈을 담그면 조미료나 염분 걱정을 조금은 덜고
싱싱한 맛을 즐길 수 있다. 쫄깃한 오징어의 씹는 맛이 일품.

생물 오징어 3마리
마늘 6쪽
고운 고춧가루 3큰술
올리고당 5큰술
굵은소금(절이기용) ½큰술

1. 오징어는 내장을 빼고 깨끗하게 씻어서 0.3cm 폭으로 곱게 채 썰어 소금을 뿌려 고루 섞는다.

2. 오징어에 고춧가루를 섞어 10분 정도 두어 고춧가루가 물이 들도록 한다.

3. 오징어에 올리고당을 넣어서 잘 섞는다. 마늘은 편으로 썬다.

4. ③의 오징어젓에 마늘을 넣어 잘 섞은 다음 밀폐 용기에 담아두었다가 3일 정도 후부터 꺼내 먹을 수 있다.

5. 입맛에 따라 쪽파 썬 것, 깨소금, 참기름, 다진 마늘 등을 넣어서 무쳐 먹는다.

껍질은 벗겨내고 담근다
질긴 것을 싫어하면 오징어의 껍질을
벗겨내고 젓갈을 담근다.
소금을 적게 넣어 싱겁게 담갔다면
반드시 냉장고에 보관한다.

조개젓무침 *2주 정도 보관 가능*

조개는 싱싱한 것을 골라야 젓갈을 담갔을 때 비릿하지 않고 감칠맛이 좋다.
많은 양을 만들어 오래 두고 먹기보다는 1~2주 이내에 다 먹을 분량만
양념에 무쳐 보관한다.

조개젓 200g
풋고추 1개
붉은 고추 1개
다진 쪽파 1큰술
다진 마늘 ½큰술
고춧가루 1큰술
깨소금 ½큰술
굵은소금(씻기용) 1작은술
물 2컵

1 조개젓은 옅은 소금물을 부어 짠맛을 뺀 다음 물기를 제거한다.

2 풋고추와 붉은 고추는 잘게 썰어 조개젓에 넣고,
    쪽파, 마늘, 고춧가루, 깨소금도 함께 넣어 고루 무친다.

먹을 때 참기름을 넣는다
양념한 조개젓은 냉장 보관한다. 먹을 때 참기름을 떨어뜨리면 비릿한 맛도 감춰준다.
단, 참기름을 미리 넣으면 저장성이 떨어진다.

명란젓무침 _1주 정도 보관 가능_

명란젓은 냉동실에 두고 조금씩 꺼내 먹는 게 맛있게 오래 먹을 수 있는 방법이다.
양념으로 무친 명란젓은 오래 보관할 수 없으므로 1주일가량 두고 다 먹는다.

명란젓 100g

무침 양념
쪽파 6뿌리
다진 마늘 1작은술
고춧가루 1큰술
깨소금 ½큰술
참기름 1작은술

1 명란젓은 칼등이나 수저로 알만 긁어낸다.
2 명란젓에 분량의 무침 양념을 넣어 무친다.

알만 꺼내 먹으면 더 고소
명란젓은 껍질째 잘게 잘라서 양념에 무치는 방법도 있지만
껍질을 벗기고 알만 빼내면 좀 더 부드러운 맛을 느낄 수 있다.
명란젓을 달걀에 섞어 찜을 만들거나 탕으로 끓여도 맛있다.

어리굴젓무침 *2주 정도 보관 가능*

보통 젓갈은 소금을 뿌려 삭힌 뒤 고춧가루 양념을 하지만
어리굴젓은 고춧가루를 넣고 삭히기 때문에 칼칼하면서 구수한 맛이 난다.

굴(젓갈용) 400g
굵은소금(씻기용) 1작은술
물 2컵

무침 양념
찹쌀 풀 4큰술
다진 마늘 1작은술
고운 고춧가루 3큰술
굵은소금 ½큰술

1. 굴은 옅은 소금물에 흔들어 씻어 물기를 제거한 다음 양념용으로 준비한 굵은소금 ½큰술을 넣어 1시간 정도 절인다.
2. 볼에 찹쌀 풀과 마늘, 고춧가루를 넣고 잘 섞는다.
3. ①의 굴에 ②의 양념을 넣어서 잘 섞고 1주일 정도 삭혀서 먹는다.
4. 입맛에 따라 깨소금, 참기름, 파 등을 넣어서 무쳐 먹는다.

젓갈용 굴은 작은 것을 고른다
어리굴젓 담글 때 굴이 너무 크면
양념이 골고루 배지 않고
군물이 많이 생기기 때문에
구입할 때 가능한 한 양식보다는
자연산의 알이 자잘한 굴을 고른다.

김부각

1주 정도 보관 가능

찹쌀풀을 입혀 말린 김을 한 입에 먹기 좋은 크기로 튀겨 기름기를 뺀 김부각은 정성이 가득한 슬로 반찬이다.

김(김밥용) 6장
통깨 2큰술
대파(4cm) 1토막
식용유 적당량

찹쌀풀
찹쌀가루 3큰술
물 1컵
소금 ⅛작은술

1. 냄비에 찹쌀가루, 물, 소금을 넣어 잘 섞은 다음 주걱으로 저어가면서 풀을 쑨다.

2. 풀이 식으면 김의 매끈한 부분에 고루 펴 바른다. 대파에도 풀을 바른 다음 통깨에 묻혀서 도장을 찍는다.

3. ②의 김부각이 어느 정도 마르면 먹기 좋은 크기로 잘라서 바싹 말린다. 먹기 전에 180℃로 달궈진 식용유에 김부각을 튀긴 다음 키친타월에 올려 기름을 제거한다.

찹쌀 풀은 묽지 않게 쑨다
얇은 김으로 부각을 만들면
쉽게 찢어질 수 있으므로
2장을 겹쳐서 만들고 찹쌀 풀은
묽지 않게 쑤어야 김에 잘 발라진다.

깻잎부각 1주 정도 보관 가능

깻잎에 찹쌀 풀을 묻혀 튀긴 부각. 반찬은 물론 간식으로도 좋은데
깨보숭이로 만들어도 향과 맛이 좋다. 잎은 너무 크지 않은 것이 좋다.

깻잎 20장
식용유 적당량

찹쌀 풀
물 1컵
찹쌀가루 3큰술
소금 ⅛작은술

1 물과 소금, 찹쌀가루를 잘 섞어 냄비에 넣고
   주걱으로 저어가면서 풀을 쑨다.

2 깻잎은 씻어서 마른 천으로 물기를 닦은 다음 ①의 식힌 풀을
   깻잎의 뒷면에 고루 바른다.

3 ②의 깻잎은 30분 정도 말린 다음 다시 한 번 더 풀을 바른다.

4 ③의 깻잎을 바삭하게 말려 180℃로 달궈진 식용유에 튀긴 다음
   키친타월에 올려 기름을 뺀다.

풀은 적당히 마른 상태에서 덧바른다
깻잎에 풀을 바를 때는 3번 이상
발라도 좋은데, 풀을 바른 뒤
너무 마른 상태에서 바르면
고루 발라지지 않으므로 주의한다.

고추부각

1주 정도 보관 가능

반 갈라 쪄 말린 고추로 부각을 만들면 매운맛은 누그러지면서
특유의 향이 돌아 반찬으로 그만이다. 고추는 중간 크기가 적당하다.

풋고추 12개
붉은 고추 12개
밀가루 ½컵
콩가루 2큰술
식용유 적당량
굵은소금(절이기용) ½큰술

1 고추는 길이로 반 자르고 속의 씨를 제거한 다음
   소금에 1시간 정도 절였다가 씻는다.

2 밀가루와 콩가루를 섞어서 고추와 버무린 다음
   김이 오른 찜기에서 10분간 찐다.
   다 쪄지면 채반에 올려 바싹 말린다.

3 말린 고추는 180℃로 달궈진 식용유에서 바삭하게 튀긴 다음
   키친타월에 올려 기름을 제거한다.

높은 온도의 기름에 튀기면 타기 쉬워
바싹 말린 고추부각은 너무 높은
온도의 기름에서 튀기면 타기 쉽다.
튀김 기름의 온도를 잘 맞추는 게
중요한데, 180℃로 달군 상태에서
불을 약하게 줄이고 튀긴 후 온도가
너무 내려간 듯하면 불을 올려
뜨겁게 한 후 다시 고추를 넣고 튀겨야
전체적으로 고르게 튀길 수 있다.

다시마와 미역튀각

1주 정도 보관 가능

옷을 입히지 않고 튀긴 것을 튀각이라고 한다.
다시마와 미역은 자체에 간이 되어 있으므로 튀기기만 해도 간간한 맛이 좋다.

마른 다시마(사방 5cm) 10장
마른미역 30g
황설탕 3큰술
깨소금 ½큰술
식용유 적당량

1. 마른 다시마는 마른 천으로 닦고, 마른미역은 사방 3cm 크기로 자른다.

2. 다시마는 180℃로 달궈진 식용유에 넣어서 부풀면 꺼내 키친타월에 올려 설탕, 깨소금을 뿌린다.

3. ②의 식용유에 미역을 넣어서 튀긴 뒤 설탕, 깨소금을 뿌리고 키친타월에 올려 기름을 뺀다.

잘 말린 뒤 튀겨야 바삭
마른 다시마나 마른미역은 수분이 많으면 바삭하게 잘 튀겨지지 않고 먹을 때도 질기기 때문에 튀기기 전 바삭하게 잘 말려졌는지 확인하고 튀긴다.

맛&건강 담은 홈메이드 천연 조미료

멸치 가루

가루를 내는 멸치는 작은 것보다는 중간 크기 이상의 것이 맛이 좋다. 멸치는 머리와 내장을 제거한 다음 마른 팬에 살짝 볶아 완전히 식힌다. 마른 팬에 볶으면 비린내가 없어진다. 식힌 멸치를 믹서나 분쇄기에 넣어서 곱게 간 다음 밀폐 용기에 넣어 냉장 보관한다. 멸치 가루는 다른 가루보다 맛이 강하기 때문에 너무 많이 넣지 않아야 다른 재료의 맛을 살릴 수 있다.

- 된장찌개, 국, 전골 등의 국물 요리에 넣으면 감칠맛이 진해진다.
- 생선조림, 생선찜
- 마늘종볶음, 애호박볶음, 양파가 들어가는 채소볶음

새우 가루

생새우의 머리를 따로 모아 그늘에서 바싹 말려서 믹서에 곱게 갈아 만든다. 또는 마른 새우를 체에 걸러서 가루를 털어내고 팬에 살짝 볶아 소독한 다음 그대로 바싹 말려서 차게 식혀 믹서에 곱게 간다.

- 각종 찌개, 탕, 국 등에 넣으면 깔끔하면서도 시원한 맛이 난다.
- 감자조림, 호박이 들어가는 조림에 넣으면 구수하고 감칠맛이 난다.
- 양배추볶음, 무채볶음, 가지볶음

북어 가루

북어포나 북어 채를 바싹 말려서 가위로 잘게 썬 다음 팬에 살짝 볶아 소독한다. 볶은 북어를 완전히 식힌 다음 믹서에 곱게 갈아서 굵은 체에 한 번 거른 다음 냉장 보관한다. 북어 가루는 육수를 따로 만들지 않아도 국이나 찌개에 넣으면 맛이 구수하면서 시원하고 나물 등에 넣어서 무치면 감칠맛이 난다.

- 채소로 만드는 각종 조림, 닭고기조림, 닭볶음
- 콩나물이나 숙주나물을 이용한 무침

다시마 가루

다시마는 표면에 묻어 있는 하얀 가루를 마른 천으로 닦은 다음 잘게 부숴서 믹서에 곱게 갈아 체에 거른다. 이렇게 갈아둔 다시마는 밀폐 용기에 담아서 냉장 보관하면 오랫동안 두어도 맛이 변하지 않는다. 짠맛을 더 누그러뜨리고 싶다면 다시마를 흐르는 물에 씻어 바람과 볕에 완전히 말린 후 작게 잘라 믹서나 분쇄기에 갈면 된다.

- 콩나물국이나 조개탕, 생선지리, 버섯전골 같은 맑은 국물 요리
- 두부조림, 어묵조림
- 고사리볶음, 버섯볶음
- 겉절이 양념

멸치 가루

새우 가루

북어 가루

다시마 가루

음식 맛은 손맛이라고 하지만 솜씨 없는 주부라면 조미료의 유혹 앞에서 한 번쯤 고민해봤을 것이다.
하지만 화학조미료가 건강에 좋지 않다는 건 이미 잘 알려진 사실.
감칠맛도 살리면서 건강에도 좋은 천연 조미료를 몇 가지만 준비해두면 요리에 자신감이 생긴다.

표고버섯 가루

생표고버섯을 바짝 말린 다음 마른 천으로 닦아서 갈거나, 마른 표고버섯을 사서 마른 천으로 닦아 잘게 부순 다음 믹서에 넣어 곱게 간다. 곱게 가루 내고 싶을 때는 믹서에 간 다음 체에 거르면 아주 고운 가루로 만들 수 있다. 시판하는 수입 표고버섯 가루도 많이 있지만, 수입한 것보다는 국산이 향이 더 진하고 맛도 좋다. 표고버섯 가루는 천연 핵산인 구아닐산나트륨이 풍부해 감칠맛이 뛰어나다.

- 찌개, 국, 탕 등의 국물 요리에 감칠맛을 더할 때
- 된장이나 청국장을 이용한 국물 요리, 순두부찌개, 감잣국, 매운탕
- 미역줄기볶음, 양배추볶음, 감자볶음
- 생선조림, 각종 채소무침
- 김치

들깻가루

들깻가루는 산패하기 쉬우므로 구입은 물론 보관에 각별히 신경 써야 한다. 껍질을 벗긴 들깨를 거피 들깨라고 하는데 방앗간에서 바로 빻은 것을 사거나 유통기간을 잘 알아본 다음 산다. 들깻가루는 상온에 두면 산화가 일어나서 맛이 변하므로 구입한 즉시 밀폐 용기에 담아 냉동하거나 냉장 보관하는 것이 좋다.

- 각종 찌개나 미역국에 넣으면 맛이 달고 감칠맛이 난다.
- 머위나물, 취나물을 이용한 무침이나 볶음
- 버섯조림

견과류 가루

가루를 내어 조미료로 활용할 수 있는 견과류는 땅콩, 아몬드, 호두, 호박씨, 해바라기 씨, 캐슈너트 등이 있다. 호두는 뜨거운 물에 넣어서 껍질을 벗긴 다음 바짝 말려서 물기를 제거하고, 호박씨나 해바라기 씨는 볶아서 차게 식힌다. 견과류는 기름이 많기 때문에 종이를 깔고 그 위에 견과류를 놓고 밀대로 밀어서 어느 정도 잘게 되면 칼로 한 번 더 곱게 다져 보슬보슬하게 준비한다. 견과류는 지방이 많기때문에 잘못 다지면 덩어리져서 가루로 만들기가 쉽지 않다. 산화가 빨리 돼서 오래 두고 먹을 수 없으므로 조금씩 자주 만들어 사용하는 게 좋다.

- 취나물, 시금치, 냉이 등의 나물을 무칠 때
- 고기볶음, 생선강정 등에 고소한 맛을 더할 때

홍삼 가루

홍삼은 마른 천으로 닦은 다음 분쇄기에 곱게 갈아 고운 체에 걸러서 만든다.

- 소고기, 돼지고기 등을 이용한 조림
- 생선볶음이나 생선조림의 비린 맛 제거
- 각종 찌개의 잡냄새나 비린 맛 제거
- 국물 요리의 누린 맛이나 잡냄새 제거

표고버섯 가루

들깻가루

견과류 가루

홍삼 가루

요리에 자신만만! 양념장 & 소스

기본 양념장이나 소스 몇 가지만 냉장고에 들어 있어도 요리하기가 수월하고 맛 내기도 훨씬 간편하다. 가족들이 좋아하는 요리가 어떤 것인지 생각해 조림용, 무침용, 샐러드용 등 용도별로 만들어두거나 채소, 소고기, 해산물 등 재료별로 어울리는 소스를 만들어두고 그때그때 꺼내 쓰면 된다.

조림 간장

재료 간장 1½컵, 다진 마늘 2큰술, 설탕 1컵, 맛술 4큰술, 후춧가루 조금, 물 ¼컵

만들기 냄비에 물, 맛술, 다진 마늘을 넣고 끓이다가 간장, 설탕, 후춧가루를 넣어 걸쭉하게 조린다. 시원한 실온에서 2주 이상 보관할 수 있다.

• 생선조림이나 각종 채소조림에 이용한다. 입맛에 따라서 올리고당, 고춧가루 등을 첨가하여 맛을 달리해도 된다.

간장 양념

재료 간장 2컵, 배 ⅛개, 마늘 5쪽, 대파 ⅕뿌리, 양파 ¼개, 생강 1쪽, 마른 청양고추 1개, 맛술 2큰술, 물 4컵

만들기 채소와 과일은 씻어서 잘게 썬 다음 마른 청양고추, 물 4컵과 같이 끓인다. 물의 양이 반으로 줄어들면 간장, 맛술을 넣고 한 번 더 끓인 다음 그대로 불을 끄고 식힌다. 체에 건더기를 밭쳐 버리고 간장을 받는다. 병에 담아서 냉장 보관하면 2주 이상 두고 먹을 수 있다.

• 봄동이나 얼갈이, 참나물 등의 생채소를 이용한 겉절이를 만들 때 고춧가루, 깨소금과같이 넣어서 무친다. 채소볶음이나 고기볶음에 넣으면 별다른 양념을 넣지 않아도 맛이 좋아진다.

가쓰오 간장 양념

재료 다시마(사방 5cm) 2장, 가쓰오부시 10g, 간장 1컵, 물 2컵

만들기 다시마는 마른 천으로 닦은 다음 찬물 2컵에 넣어서 30분 동안 두었다가 간장을 넣어 끓인다. 다시마 주위로 거품이 붙을 정도로 끓인 다음 불을 끄고 가쓰오부시를 넣는다. 냉장 보관하면다 먹을 때까지 보관할 수 있다.

• 팽이버섯냉채에 넣어서 소스로 활용하거나 생선, 해물, 고기를 이용한 볶음이나 무침 요리에 넣는다.

강정 양념

재료 고추장 ½컵, 간장 2큰술, 다진 마늘 1큰술, 토마토케첩 ½컵, 설탕 1컵, 맛술 2큰술, 올리고당 1컵, 물 4큰술

만들기 올리고당을 제외한 나머지 재료를 넣어서 수분이 없어질 정도로 끓인 다음 불을 끄고 올리고당을 넣어서 섞는다. 소스 병이나 밀폐 용기에 담아 상온에서 2주 정도 보관 가능하다.

• 생선, 고기 등에 달걀, 녹말가루를 넣고 버무린 다음 바삭하게 튀겨서 강정 양념을 넣고 버무리거나 찍어서 먹는다.

조림 간장

간장 양념

가쓰오 간장 양념 / 강정 양념

고추장 무침 양념

재료 고추장 1컵, 간장 4큰술, 다진 마늘 2큰술, 설탕 ½컵, 올리고당 1½컵, 맛술 4큰술, 물 ¼컵

만들기 재료를 바글바글 끓인 다음 불을 끄고 그대로 식힌다. 다 식으면 고추장을 풀어 넣는다. 해가 들지 않으면서 서늘한 곳에 2주 이상 보관 가능하다.

• 오징어채무침, 해물을 이용한 무침에 넣으면 뒷맛이 산뜻하다.

된장 무침 양념

재료 된장 1컵, 다진 마늘 2큰술, 올리고당 1컵, 맛술 3큰술

만들기 분량의 재료를 모두 넣고 고루 섞는다.

• 풋고추를 썰어서 무치거나 구운 가지를 무칠 때 넣으면 맛있다. 삶은 취나물을 무칠 때도 이용할 수 있다. 이때는 고춧가루, 깨소금, 참기름을 입맛에 따라서 첨가해도 좋다.

돈가스 소스

재료 바나나 1개, 간장 ¼컵, 우스터소스 ¼컵, 식초 2큰술, 양파 ¼개, 올리고당 ½컵

만들기 분량의 재료를 모두 넣고 믹서에 갈아서 끓인 다음 식힌다.

• 튀긴 돈가스에 끼얹거나 소고기볶음에 넣어도 잘 어울린다. 스테이크 소스로도 활용할 수 있다. 냉장 보관하면 1주일 이상 보관 가능하기 때문에 조금 넉넉히 만들어두어도 된다.

들깨 소스

재료 간장 3큰술, 들깻가루 2큰술, 들기름 ½큰술, 식초 2큰술, 올리고당 1큰술

만들기 들기름을 제외한 나머지 재료를 고루 섞은 다음 나중에 들기름을 넣는다.

• 참나물, 미나리, 배추, 양배추 등의 채소로 겉절이를 할때 양념으로 사용하거나 고기를 구워 찍어 먹는 소스로도 활용 가능하다. 매콤한 맛을 내고 싶으면 청양고추를 송송 썰어 넣고, 기호에 따라 들기름을 가감한다.

와사비 마요네즈 소스

재료 와사비 ½큰술, 마요네즈 4큰술, 호스래디시 1작은술, 레몬즙 1큰술, 다진 양파 2큰술, 간장 1작은술

만들기 분량의 재료를 모두 넣고 고루 섞는다.

• 주로 튀긴 새우, 생선, 구운 채소, 육류와 잘 어울리는 소스. 톡 쏘는 래디시와 와사비가 비린 맛이나 누린내를 잡아준다. 냉장고에 넣어서 2일 까지 보관 가능하므로 가능한한 빨리 먹거나 먹을 만큼만 소량씩 만들어 먹도록 한다.

토마토케첩 소스

재료 토마토케첩 5큰술, 핫소스 1큰술, 우스터소스 ½큰술, 다진 양파 2큰술, 후춧가루 조금

만들기 분량의 재료를 모두 넣고 고루 섞는다.

• 해물을 데쳐 찍어 먹거나 채소, 닭고기, 돼지고기 등을 굽거나 쪄서 찍어 먹어도 좋다.

허니 머스터드 소스

재료 마요네즈 4큰술, 머스터드 1큰술, 꿀 2큰술

만들기 분량의 재료를 모두 넣고 고루 섞는다.

• 닭고기와 잘 어울리는 소스. 튀긴 닭을 찍어 먹거나 샐러드 드레싱으로 활용한다. 냉장 보관하고, 많이 만들기보다는 바로 만들어 먹는 것이 좋다.

오리엔탈 드레싱

재료 간장 4큰술, 다진 마늘 1작은술, 다진 양파 2큰술, 마른 청양고추 다진 것 1개, 설탕 1큰술, 식초 2큰술, 매실청 2큰술, 참기름 ½작은술, 현미유 4큰술, 후춧가루 조금

만들기 재료를 섞은 다음 나중에 현미유를 넣어서 섞는다.

• 채소가 메인인 샐러드의 드레싱으로 좋다. 전이나 튀김을 찍어 먹는 소스로도 잘 어울린다.

맛내기 공략, 4대 조리법 마스터하기

 찜    구이

김이 오른 다음 재료를 넣는다
김이 오르지 않은 찜통에 재료를 넣고 찌면 고기는 맛있는 육즙이 빠져나오고 채소는 수분이 많이 생긴다. 김이 충분히 오른 다음 재료를 넣으면 김에 의해 생선이나 육류는 육즙이 빠지지 않고, 채소는 아삭한 맛을 살릴 수 있다.

생선과 채소를 함께 넣고 찜을 할 경우
조기, 대구, 생태 등의 살이 연한 흰 살 생선을 콩나물, 미나리 등의 채소와 함께 찜을 만들 때 중간에 뒤적거리면 살이 부서지기 쉽다. 생선과 채소를 찐 다음 생선이 익으면 꺼내서 채소에 양념을 넣고 버무린 뒤 다시 생선을 넣어 양념을 끼얹어가면서 얌전하게 조리하면 깔끔하다.

달걀찜은 은근하게 쪄야 부드럽다
달걀찜은 보통 중탕을 하는데 온도가 너무 높으면 부풀어 오르고 기포가 생겨 부드럽지 않다. 70℃ 정도에서 은근하게 쪄야 기포가 생기지 않아 달걀찜이 매끈하고 부드럽다.

고기류는 핏물을 뺀 뒤 찜을 해야 연하고 깔끔하다
소갈비, 돼지갈비, 닭고기 등으로 찜을 할 경우 미리 찬물에 담가 핏물을 뺀다. 그런 다음 끓는 물에 데치면 불순물이 제거되고 누린내가 없어져 맛이 깔끔하다. 데칠 때는 마늘, 생강, 대파, 양파 등의 향채를 넣고 다 삶은 다음 간장이나 소금 등의 짠맛이 나는 간을 하면 부드럽고 연한 찜을 맛볼 수 있다.

재료 넣기 전, 팬이나 석쇠를 반드시 달군다
구이 요리는 대개 석쇠나 팬을 사용하는데, 반드시 달군 다음 재료를 넣고 굽는다. 달구지 않으면 수분이나 육즙이 흘러나와 제맛을 느낄 수 없고, 재료가 팬이나 석쇠에 들러붙어 모양도 망가진다.

생선은 미리 소금에 재워둔다
생선은 소금에 미리 재워두면 살이 단단해져서 구울 때 잘 부스러지지 않는다. 생선살의 두꺼운 쪽은 소금을 조금 많이 뿌리고, 꼬리 가까이에는 소금을 덜 뿌리면 간이 잘 맞는다. 시간은 10분 정도가 적당하다.

생강즙, 맛술 등으로 비린 맛과 누린내를 제거한다
등 푸른 생선과 돼지고기는 생강즙에 재우면 비린 맛이나 누린내가 덜 난다. 고등어, 닭가슴살 등을 우유에 담갔다가 구우면 고등어는 비린 맛이 나지 않고 닭가슴살은 부드러워진다. 고등어를 쌀뜨물에 담그는 방법도 비린내 제거에 효과적.

고추장 양념구이는 유장으로 애벌구이를 한다
더덕이나 북어 등은 고추장 양념을 발라서 바로 구우면 양념이 타기 때문에 양념을 바르기 전에 유장(기름 3 : 간장 1)을 발라 애벌구이한다. 애벌구이는 약 80% 이상 익히는 것이 좋고 양념을 바른 다음 양념이 약간 마르는 듯한 느낌이들 정도로만 익혀야 타지 않는다.

생선이나 육류는 칼집을 넣어 굽는다
생선, 육류를 구울 때 재료에 칼집을 넣으면 양념도 잘 배고 열이 속까지 빨리 도달해 익는 시간이 단축된다. 또한 육즙이 빠지는 것도 막아준다.

음식 맛의 핵심은 조리법에 있다. 재료의 특징을 잘 파악하고
구이, 볶음, 조림, 찜 등 어떤 방법으로 조리할 것인지, 그에 따른 요령을 알아두면 실패할 확률이 적다.

조림

볶음

단단한 채소는 삶은 뒤 조린다
무, 감자, 당근처럼 단단한 채소는 미리 삶아서 조리면 간이 쉽게 배어들고 조리 시간도 줄일 수 있다. 생선조림에 넣는 무나 감자는 조림 간장을 넣고 속까지 충분히 익힌 다음 반 정도 익었을 때 생선을 넣는다. 육류를 조릴 때는 반대로 육류를 먼저 넣고 반 정도 익었을 때 무를 넣어서 조리면 된다.

올리고당은 나중에 넣어야 부드럽다
올리고당은 조림이 다 완성되고 양념이 어느 정도 식은 후에 넣어야 먹을 때 부드럽다. 올리고당을 다른 양념과 같이 처음부터 넣고 조리면 올리고당의 수분이 증발해 식은 다음 딱딱해지고 덩어리지기 때문이다.

고기는 밑간해서 조린다
고기가 들어가는 조림은 고기를 밑간한 뒤 조리하면 재료와 양념장이 잘 어우러져 한결 맛있다. 특히 밑간한 고기를 달군 팬에 노릇하게 구운 뒤 조리면 감칠맛이 더 많이 나고 조리 시간도 단축되며 식은 다음 딱딱해지는 것도 막을 수 있다.

생선 조림, 비린내 제거가 중요하다
고등어, 꽁치, 삼치 등과 같이 비린 맛이 강하게 나는 등 푸른 생선은 우유나 쌀뜨물에 담그거나 식초를 넣은 물에 헹구면 비린 맛이 줄어든다. 또 양념에 된장을 넣으면 구수한 맛이 살고 비린 맛도 덜 난다. 시간을 두고 은근하게 조리는 것이 좋지만 재료에 따라 조리 시간이나 불의 세기를 잘 조절해야 한다.

연한 고기장조림 만들기
장조림은 고기를 삶을 때부터 간장을 넣으면 고기가 질겨지고 색깔도 검게 된다. 먼저 고기를 푹 삶은 다음 나중에 간장을 넣고 조리면 부드럽다.

익는 시간이 오래 걸리는 재료부터 먼저 넣는다
감자, 무, 당근처럼 단단한 재료를 먼저 볶고, 연한 재료를 나중에 넣으면 식감이나 맛의 균형을 맞출 수 있다.

푸른색 재료는 마지막에 넣는다
고추, 피망, 쪽파, 미나리, 브로콜리 등 색이 푸른 재료는 주재료가 다 익어서 바로 먹을 수 있을 때 넣어 살짝 볶은 다음 재빨리 식혀야 색이 파릇하게 살아 있다.

익는 시간이 서로 다른 재료는 각각 볶아 버무린다
채소와 해산물, 채소와 육류를 함께 볶을 때는 채소를 먼저 볶아 덜어내고 다음으로 해산물이나 육류를 볶은 뒤 각각 간을 따로 해서 나중에 버무리듯이 섞으면 모든 재료에 간이 고루 배고 맛도 균형을 이룬다.

전분이 많은 재료는 전분을 뺀 뒤 볶는다
감자, 고구마와 같이 전분이 많은 재료는 썰어서 찬물에 담가 전분을 뺀 다음 볶으면 팬에 들러붙지 않아 깔끔하고 아삭하게 씹는 느낌도 좋다. 또 소금으로 살짝 절인 다음 볶으면 잘 부스러지지 않는다.

건어물은 볶은 다음 양념한다
마른 새우, 멸치 같은 건어물은 팬을 달궈 기름을 두르고 볶은 다음 양념을 넣고 조리거나 무치면 훨씬 더 고소하면서 비린 맛도 덜 나고 윤기도 난다. 단, 이렇게 볶은 건어물은 마른 팬에 볶은 건어물보다 빨리 먹어야 한다.

양념장은 재료가 익은 뒤 넣어야 타지 않는다
고춧가루나 고추장이 들어가는 양념을 넣는 볶음 요리는 양념을 재료와 함께 넣기보다 재료가 거의 다 익을 무렵 넣어야 타지 않고 깔끔하다.

INDEX

   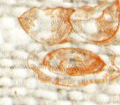 

ㄱ

가쓰오부시달걀찜 456
가자미살감자조림 226
가자미양념조림 224
가지나물 028
가지채소볶음 032
가지튀김 030
갈치무조림 228
갈치생강간장구이 232
갈치양념구이 230
감자양파간장조림 052
감자채볶음 048
고등어김치조림 276
고등어무조림 278
고등어소금구이 274
고사리나물 196
고추부각 515
고추장아찌 499
구운두부냉채 432
굴비양념구이 240
굴전 296
굴튀김 294
김간장무침 176
김부각 513
김자반 174
김장아찌 506
깻잎나물 078
깻잎부각 514
깻잎참치전 080
꼬막과 양념장 298
꼬막살채소무침 300
꽁치강정 268
꽁치고추장조림 270
꽁치깻잎채소말이튀김 272

꽁치소금구이 266
꽃게무침 326
꽃게장 328
꽃게튀김 330
꽈리고추달걀장조림 482

ㄴ

낙지콩나물매운볶음 316
낙지해초무침 318
냉이무침 120
냉이콩가루된장무침 122
느타리버섯전 160

ㄷ

다시마말이 186
다시마와 미역튀각 516
다시마조림 184
달걀견과류매운조림 474
달걀김말이 464
달걀두부찜 458
달걀말이 462
달걀명란뚝배기찜 460
달걀부추볶음 468
달걀새우볶음 470
달걀새우젓찜 454
달걀치즈말이 466
달걀햄구이 472
달래묵무침 124
달래오이무침 126
닭가슴살가지볶음 360
닭가슴살겨자소스냉채 364
닭가슴살마늘장조림 480

닭가슴살카레소스구이 368
닭고기간장찜 354
닭고기김치찜 356
닭고기매운볶음 348
닭고기채소조림 352
닭다리살고추장꼬치 366
닭다리살양념구이 370
닭다리살튀김고추장소스 350
닭다리살피망볶음 362
닭봉매운조림 346
닭안심견과류볶음 358
대구살베이컨말이 264
대구살풋고추조림 262
대구조림 258
대구포두반장볶음 260
더덕고추장장아찌 508
더덕구이 154
더덕생채 152
도라지고추장장아찌 507
도라지나물 148
도라지생채 150
도미찜 332
도토리묵무침 216
동태매운조림 252
동태살전 254
돼지갈비찜 380
돼지고기강정 388
돼지고기고추장볶음 372
돼지고기김치볶음 376
돼지고기두반장볶음 374
돼지고기배추찜 384
돼지고기부추볶음 378
돼지고기삼합 386
돼지고기생강구이와 파채무침 382

돼지고기양배추볶음 390
돼지고기장조림 479
두릅된장무침 130
두릅숙회 132
두부강정 428
두부구이양념조림 422
두부굴소스볶음 442
두부날치알무침 450
두부매운볶음 444
두부멸치양념조림 424
두부명란조림 426
두부선 446
두부소박이 452
두부잡채 436
두부참치동그랑땡 438
두부채소볶음 440
두부통새우찜 448
두부햄전 434
떡갈비새송이버섯찜 414

마늘장아찌 502
마늘종간장장아찌 503
마늘종초고추장무침 070
마늘종보리새우볶음 068
마른가지볶음 204
마른가지소고기볶음 206
마른새우볶음 489
마른호박돼지고기볶음 202
마른호박볶음 200
마른홍합조림 484
메밀묵김치무침 220
메추리알호두장조림 481

멸치간장볶음 486
명란젓무침 511
명태무조림 256
모둠버섯잡채 162
무나물 134
무다시마조림 138
무말랭이간장조림 214
무말랭이액젓무침 212
무비트파프리카피클 492
무생채 136
문어초무침 338
미나리나물 086
미나리숙주무침 088
미역깨무침 182
미역레몬고추장소스무침 178
미역줄기볶음 180

배추꼬막무침 106
배추느타리버섯굴소스볶음 108
배추풋고추피클 496
뱅어포구이 487
병어양념구이 334
봄동겉절이 110
봄동나물 112
부추액젓무침 092
부추오이무침 090
부추장떡 094
북어양념구이 250
북어채무침 490
브로콜리마늘볶음 128

ㅅ
삭힌고추무침 504
삭힌깻잎양념 505
삼겹살청양고추소스무침 392
삼치간장구이 282
삼치된장구이 284
삼치조림 286
상추겉절이 100
새송이버섯간장볶음 170
새송이버섯장조림 483
새우장 324
새우케첩볶음 320
새우튀김 322
소갈비찜 400
소고기감자고추장조림 408
소고기꽈리고추볶음 398
소고기단호박찜 412
소고기무양념조림 404
소고기버섯불고기 394
소고기사태매운찜 402
소고기숙주냉채 416
소고기오이볶음 410
소고기완자조림 406
소고기장조림 478
소고기채소말이조림 418
소고기청경채굴소스볶음 396
숙주굴소스볶음 064
숙주나물 062
숙주오이냉채 066
시금치나물 072
시금치들깨볶음 076
시금치오징어무침 074
시래기된장지짐이 208
시래기들깨볶음 210

쑥갓겉절이 098
쑥갓나물무침 096
씀바귀토장무침 156

ㅇ
알감자조림 050
애느타리버섯나물 158
애호박눈썹나물 034
애호박새우젓볶음 036
양미리조림 290
양미리찜 292
양배추볶음 082
양배추오이피클 495
양배추찜 084
양송이두반장조림 164
양파장아찌 498
어리굴젓무침 512
얼갈이겉절이 118
연근빈대떡 142
연근우엉피클 494
연근조림 140
연두부와 양념장 430
연어구이 342
열무된장무침 116
열무홍합살볶음 114
오이간장장아찌 500
오이고추장무침 026
오이나물 022
오이생채 024
오이양파피클 491
오이지무침 501
오징어링조림 310
오징어미나리초고추장무침 306

오징어볶음 302
오징어불고기 304
오징어젓무침 509
오징어채무침 488
우엉조림 144
우엉채볶음 146
임연수어고구마조림 244
임연수어소금구이 242

ㅈ
자반고등어찜 280
장어양념구이 336
조개젓무침 510
조기고추장조림 234
조기찜 236
조기탕수 238
주꾸미마늘구이 314
주꾸미매운볶음 312

ㅊ
참나물겉절이 104
참나물무침 102
청어소금구이 288
청포묵무침 218
취나물볶음 198

ㅋ
코다리조림 246
코다리콩나물찜 248
콩나물간장볶음 058
콩나물다시마냉채 060

콩나물매운무침 056
콩나물무침 054

ㅌ
톳두부무침 192
톳콩나물무침 194
통오징어양념구이 308

ㅍ
파래굴전 190
파래무무침 188
패주버터구이 340
팽이버섯폰즈소스냉채 172
표고버섯고구마조림 166
표고버섯찜 168
풋고추잡채 040
풋고추전 042
피망어묵볶음 044
피망잡채 046

ㅎ
호박전 038

All about KOREAN SIDE DISH

짜지 않은
반찬

초판 1쇄 발행 2013년 9월 30일
초판 2쇄 발행 2015년 1월 20일

지은이 김외순

발행인 이웅현
발행처 (주)도서출판도도

전무 최명희
편집국장 백진이
편집부 박주희
디자인부 김진희
마케팅 이인택, 차은영, 이선영

기획 최승주
진행 김지영
디자인 이윤임 Design I'm
표지 이지은
사진 박영하
교정·교열 김현지

출판등록 제 300-2012-212호
주소 서울시 중구 충무로 29 아시아미디어타워 503호
전자우편 dodo7788@hanmail.net
내용 및 판매문의 02)739-7656~9

ISBN 979-11-950335-6-0
정가 24,000원

잘못된 책은 구입하신 곳에서 바꾸어 드립니다.
이 책에 실린 글과 사진은 저작권법에 의해 보호되고 있으므로
무단 전재와 복제를 일절 금합니다.

도도 마스터 쿡 시리즈

짜지 않은 반찬
제철 채소, 생선과 해물, 고기, 두부와 달걀로 만드는 반찬과 일품요리, 두고두고 먹을 수 있는 저장 밑반찬까지 260가지 밥도둑 레시피를 한데 모았다. 모든 레시피는 맛깔스러움은 더하고 나트륨은 덜어 낸 저염 요리법으로 만들어졌다.

짜지 않은 밥 국수
맛있는 밥 짓기 노하우와 국수 삶는 요령부터 밥과 국수를 활용해 만들 수 있는 다양한 한 그릇 요리가 가득하다. 요리와 잘 어울리는 양념장, 반찬, 국물, 후식 레시피는 물론이며 여러 가지 스타일링 아이디어까지 두루 담았다.

짜지 않은 국 찌개
매일 먹어도 질리지 않는 기본 국물요리와 사계절 제철 재료를 마음껏 즐길 수 있는 다양한 국, 찌개, 전골, 탕 요리백과, 보다 건강한 식탁을 차릴 수 있는 저염 조리 비결과 쉽게 만드는 밑 국물, 맛깔스러운 양념 노하우까지 가득하다.